Eric Voegelin
Die Natur des Rechts
Batterien NF 010

Eric Voegelin

DIE NATUR DES RECHTS

Aus dem Englischen,
mit Anmerkungen und einem Nachwort
versehen von Thomas Nawrath

Matthes & Seitz Berlin

Vorbemerkung des Herausgebers

Was soll man jemandem zu lesen empfehlen, der nichts von diesem ›dunklen und merkwürdigen‹ Denker Eric Voegelin (1901-1985) weiß – außer eben, dass er dunkel und sehr merkwürdig sein solle. Greift man zu den *Politischen Religionen* (1938), dann verharrt man bei einem Voegelin *in statu nascendi* und verpasst die hochkomplexen Analysen, die mit der Wende zur Mythostheorie gerade einmal beginnen und dann auf mehrere Schritte verteilt über die Bewusstseinsphilosophie bis hin zur Seelenmystik führen. Für die *Neue Wissenschaft* (1952) gilt Ähnliches, konzentriert sie sich doch auf das Repräsentationsproblem und dabei auf die sogenannte Moderne Gnosis als Hauptausdruck der ›atrophischen Deformation eines dekapitierten Geistes‹. Bereits aus dieser Minimalzusammenfassung wird deutlich, dass sie für einen Leser, der sich nicht mit Theologie oder gar der Debatte um politische Theologie auskennt, wenig zugänglich sein wird. Und jemandem die mehrbändigen Werke *History of Political Ideas* (ab 1938) oder *Ordnung und Geschichte* (ab 1956) nahezulegen, dürfte aufgrund des ausufernden Umfangs eher abschrecken, denn als Einladung zur Voegelin-Lektüre verstanden werden. Was einem schließlich bliebe, wären Kompilationen wie *Anamnesis* (1966), *Wissenschaft, Politik und Gnosis* (1959) oder *Der Gottesmord* (1999). Allerdings sind auch diese sehr voraussetzungslastig und scheinen dem Leser bereits sehr klar definierte Spezialinteressen abzuverlangen. Wie man es auch dreht und wendet: Es scheint, dass man immer zu viel oder zu wenig Voegelin bekommt. Was für den

Fachwissenschaftler gewinnbringend sein mag, droht für den Außenstehenden zur fruchtlosen Quälerei zu werden.

Demgegenüber stellt die Vorlesung zur Rechtsphilosophie (1957) aus der Blütezeit von Voegelins denkerischem Zu-Grunde-Gehen – dem Gang bis an den Grund des Seins und der Dinge – einen erfreulichen Mittelweg dar. Sie führt den Leser auf die gleiche Art und Weise in das Voegelin'sche Denken ein, wie Voegelin selbst seine Hörer in die Probleme des Rechts einführen wollte. Er erklärt, was er unter einer ›Analyse‹ versteht, warum nicht nur ein Geisterseher für Moderne Gnostiker gerade diese Form der Analyse braucht und welche erhellenden und befreienden Eruptionen für ein naives Realitätsverständnis, das sich bislang keinem tieferen, eine parteiliche Dialektik übersteigenden Nachdenken hingab, entstehen werden. Wer wissen möchte, wer der Denker Eric Voegelin war, der wird in dieser Vorlesung nicht nur eine klare und nahezu allgemeinverständliche Antwort, sondern zudem auch einige äußerst anregende Diskussionen zum Recht und zur rechtlichen Gesellschaftstheorie insgesamt finden, wenn die Frage aufgeworfen wird nach *The Nature of Law*.

Mein herzlicher Dank gilt Herrn Prof. Paul Caringella, der als Verwalter der Urheberrechte der englischsprachigen Texte Voegelins einer Übersetzung unmittelbar zustimmte, den Mitarbeitern des Eric-Voegelin-Archivs in München mit seinem Leiter Herrn Prof. Peter J. Opitz, der mir immer wieder unterstützend zur Seite stand, sowie dem Verlagshaus Matthes & Seitz Berlin und meiner Ehefrau Eva-Maria Nawrath, ohne deren Hilfe ein druckfertiges Manuskript wohl nicht zustande gekommen wäre.

Paderborn, im August 2011

DIE NATUR DES RECHTS

von

Dr. rer.-pol. Eric H. W. Voegelin

Professor of Government
Louisiana State University

Provisorische Ausgabe ausschließlich für den privaten
Gebrauch der Hörer, die im Kurs Law 112
an der Louisiana State University Law School
eingeschrieben sind.
Baton Rouge, Louisiana 1957

INHALT

Kapitel V
Die Regel als Projekt
§1 Die zwei Arten von Projekten | §2 Der empirische und der philosophische Rechtsetzungsprozess

Kapitel VI
Die apersonale Geltung von Rechtsregeln
§1 Die Gesellschaft als eine sich selbst organisierende Entität | §2 Die Repräsentation der Gesellschaft | [6]§3 Das Fehlerkalkül | §4 Der Gewaltgebrauch

Kapitel VII
Konklusionen
§1 Die Komponenten der Geltung | §2 Die Rechtsordnung und die historisch konkrete Gesellschaft

PROLOG

Eine Untersuchung über die Natur des Rechts[2] ist mit Argwohn gegenüber ihrer Machbarkeit belastet, da die klassischen Philosophen, Platon und Aristoteles, gar keine Rechtsphilosophie kannten. Die Probleme, die wir in unserer modernen Rechtstheorie unter dieser Überschrift behandeln, erscheinen bei Platon unter den Sammelbegriffen »Gerechtigkeit« oder »die wahre Ordnung der Polis« und bei Aristoteles als ein Teil der *episteme politike*, nämlich in ihren Untergliederungen in Ethik und Politik. Daher wird wohl jeder, der auch nur etwas Zutrauen in den Scharfsinn und die Fähigkeiten dieser beiden Denker hat, angesichts des Aufkommens einer solchen Fragestellung in Sorge darüber geraten, dass das Recht vielleicht[3] gar keine Natur habe. Da nämlich der einzige Grund dafür, dass ein Ding keine Natur haben sollte, darin besteht, dass es bar jedes ontologischen Status[4] ist – der Tatbestand, dass es kein eigenständiges, konkretes Ding gleich welcher Seinssphäre[5] auch immer ist –, erwächst sogleich die unangenehme Frage, ob das Recht überhaupt existiert.

Falls Platon und Aristoteles Recht behalten sollten, würden daraus erhebliche Fragen nach den historischen Umständen erwachsen, unter denen sich die Illusion vom Recht als eines Dings mit ontologischem Status hat bilden können.[6] Aber ich will nichts vorwegnehmen. Die Fragen in einer philosophischen Untersuchung müssen sich aus der Analyse selbst ergeben[7] und dürfen nicht von außen herangetragen werden – gleichwohl ein Blick in die Klassiker immer von Wert sein wird. Es ist hiermit eigentlich nicht viel mehr als die Warnung beabsichtigt, dass die Analyse nicht unbedingt in ruhigen Bahnen verlaufen wird und sich unerwartete Ergebnisse einstellen könnten.

Die Untersuchung selbst wird – ohne unangebrachte Seitenblicke – bei den Phänomenen des Rechts beginnen, wie sie sich selbst im gegenwärtigen Horizont unseres Alltagswissens zeigen, bei der Alltagssprache, in der Anwälte über das Recht reden,[8] und bei den Fragen, die durch die Sprache in ihrem alltäglichen Gebrauch an der Oberfläche der Phänomene entstehen.

KAPITEL I

[7]*Die geltende*[9] *Ordnung*

Da jedermann über ›das Recht‹ spricht, als ob es ein Gegenstand innerhalb der allgemein bekannten Wissensbestände wäre, wird es angemessen sein, dieser Annahme zuzustimmen und die Analyse mit einer Beobachtung zu beginnen, die zur Frage nach der Natur bzw. dem Wesen führt.

§ 1. Das Wesen

Obgleich wir vom Recht im Singular sprechen, als ob es nur eines gäbe, tritt es in einer Vielzahl von Rechtsordnungen in Erscheinung, die wiederum in einer entsprechenden Vielzahl von Gesellschaften als gültig akzeptiert werden. Ferner sind die Gehalte der verschiedenen Rechtsordnungen keineswegs identisch. Die Kenntnis des amerikanischen Rechts wird in einem Prozess vor einem französischen Richter nur wenig Nutzen bieten. Und selbst gründliche Kenntnisse des Eigentumsrechts aus einem der achtundvierzig amerikanischen Staaten werden für sich genommen sicherlich hilfreich, aber doch insgesamt unzureichend sein, einen Fall in einem der anderen Staaten zu beurteilen.

Bevor wir nun aber zur Analyse schreiten können, müssen wir zunächst die analytische Legitimität dieser Beobachtung ausweisen, also wie sie von ihrer Wahrheit unterschieden ist.[10] Die Beobachtung ist als ein Ganzes und in allen ihren Teilen wahr. Aber sie ist keine zufällige Beobachtung, sondern wurde sorgfältig konstruiert, um die Alltagssprache gegenüber dem Problem des Wesens transparent zu machen.[11] Ein Kritiker könnte freilich einwerfen, dass ein Anwalt, wenn er von ›dem Recht‹ spricht, für gewöhnlich an eine konkrete Rechtsordnung denkt, die ihn aus professionellen Gründen interessiert, aber nicht an ›das Recht‹, das sich in einer Vielzahl von konkreten Rechtsordnungen manifestiert. Und der Einwand des Kritikers erschiene berechtigt. Nichtsdestoweniger gilt, dass das gar kein Argument im Rahmen der Analyse ist, sondern nur eine weitere Beobachtung der Phänomene auf dem Niveau des Alltagswissens. Auf diesem Niveau kann sich ›das Recht‹ dann allerdings entweder auf die einzelne Rechtsordnung beziehen oder auf ›das Recht‹ in dem Sinn, den der Kritiker voll Abscheu ›metaphysisch‹ nennen würde.

Dieser von ihm korrekt beobachtete äquivoke Gebrauch von ›das Recht‹ reichert hingegen den Ausgangspunkt zu einer anderen Analysereihe an, die das Problem betrifft, dass das positive Recht einer Gesellschaft Obertöne von Erwartungen[12] an ein ›höheres Recht‹ in sich trägt, wenn nicht sogar an dessen Verwirklichung. Die Frage nach einem ›höheren Recht‹, welcher Art auch immer, kann nicht an den Beginn der Untersuchung gestellt werden, [8]weil die Darlegung seiner Implikationen eine gewisse Klarheit gegenüber unserer Frage voraussetzt, ob das Recht einen Wesensgehalt habe. Die analytische Legitimität der Eingangsbeobachtung, die von ihrer Wahrheit unterschieden ist, hängt von derjenigen Ordnung ab, in der bei der Analyse Probleme entstehen. Sie wird von keiner gleichermaßen wahren, alternativen Beobachtung von Phänomenen berührt, die sich teilweise mit denen der ersten Beobachtung überlappen.

Die Unterscheidung zwischen der Wahrheit und der analytischen Rechtmäßigkeit einer Beobachtung, abgesehen von ihrer Relevanz für die Wissenschaftstheorie, genießt eine ganz praktische Bedeutung für das Verständnis der gegenwärtigen Rechtstheorie. Ein Großteil der dortigen

Konfusion wird dadurch verursacht, dass alternative Phänomenbetrachtungen gegeneinander ausgespielt werden. Das quälende Ergebnis besteht dann darin, dass Verallgemeinerungen voranalytischer Teilbeobachtungen unter dem Titel einer ›Theorie‹ den Ort der Analyse für sich vereinnahmen.

Obgleich die Rechtmäßigkeit der Eingangsbeobachtung nur durch die Rolle, die sie in der sich entfaltenden Analyse spielt, gezeigt werden kann, wurde sie für den Moment hinreichend gegen Einwände auf phänomenalem Niveau abgesichert. Um zur Analyse selbst zurückzukehren, lassen Sie mich den ersten Satz der Eingangsbeobachtung in Erinnerung rufen: Das Recht, obgleich wir von ihm im Singular sprechen, als ob es nur das eine Recht wäre, tritt in einer Vielzahl von Rechtsordnungen in Erscheinung, die in einer korrespondierenden Vielzahl von Gesellschaften als gültig akzeptiert werden. Dieser Satz behauptet, dass ›das Recht‹ irgendetwas wie ein essenzielles Aggregat von Regeln sei, eine Art oder Form, individuiert in eine Vielzahl von Rechtsordnungen – gerade wie eine biologische Art in eine Vielzahl von Exemplaren individuiert ist. Wenn das nun der Fall wäre, dann könnte die Suche nach dem Wesen des Rechts anhand von Vergleichen möglichst vieler Rechtsordnungen durchgeführt werden; es gälte dann nur die ihnen gemeinsamen Regeln in den Blick zu bekommen. Wenn so ein Aggregat von Regeln, die allen gemeinsam sind, ausgemacht würde, könnte man dieses als die Essenz des Rechts erachten, während Regeln mit abweichenden Gehalten für nicht-essenzielle Eigenschaften der Individuen der Art ›Rechtsordnung‹ angesehen werden könnten. Klassifikationen in dieser ›botanischen‹[13] Manier können uns allerdings in die Irre führen, und die Suche nach dem Wesensgehalt bliebe so lange unvollständig, bis die Analyse die Phänomene in Begriffe ›aufgelöst‹ hat.

An diesem Punkt, an dem die Dinge verknüpft sind, brauchen wir nicht in die Feinheiten zwischen vollständig vs. unvollständig, unvollkommen vs. vollkommen gehen, da der Rest der Eingangsbeobachtung (dass die Gehalte der verschiedenen Rechtsordnungen [9]nicht identisch sind) behauptete, dass das Verhältnis zwischen Art und Individuation keinerlei Bedeutung für den Fall der Rechtsordnung (verstanden als Aggregat geltender Regeln) hat. Im Gegensatz zu dem Verfahren, wonach quantitative Abweichungen unter den Individuen einer Tiergattung als individuelle Eigenschaften und somit als für ihr Wesen belanglos gekennzeichnet werden können, gestattet ›das Recht‹, für das sich ein Anwalt aus beruflichen Gründen interessiert, keine derartige Unterscheidung zwischen wesentlichen Regeln und solchen, die als unwesentlich beiseitegeschoben werden können. Im Recht, insofern es einen professionellen Anwalt betrifft, ist jede Regel ›wesentlich‹, wenn sie sich auf seinen Fall auswirken sollte – selbst wenn diese besondere Regel in keiner anderen bekannten Rechtsordnung vorkommen sollte.

Die Hürde, die einer Unterscheidung in wesentliche und unwesentliche Regeln im Wege steht, besteht in derjenigen Qualität der Rechtsregel, die wir als ›Geltung‹ bezeichnen. In einer komparatistischen Studie über Rechtsordnungen qua Aggregate von Rechtsregeln (falls jemand wirklich eine solche Studie mit dem Zweck, die Natur oder Essenz des Rechts zu finden, unternehmen sollte) mag eine partikulare Regel vielleicht als eine unwesentliche Kuriosität, die nur ein einziges Mal an einer verwaisten Stelle vorkommt, klassifiziert werden. Dennoch wäre die Regel innerhalb ihrer eigenen Ordnung ›geltend‹. Kein Anwalt würde ihre Geltung aufgrund der Singularität ihres Vorkommens in Frage stellen. Daher scheint auf der Oberfläche der Phänomene, die in den Blick geraten sind, weniger die Essenz als vielmehr die Geltung die Kategorie zu sein, unter der man sich ›dem Recht‹ nähern müsste.

Aber dann schiene die Analyse, wenn sie das Wesen sucht, obgleich sie nach Geltung hätte suchen sollen, gleich zu Beginn einen falschen Weg eingeschlagen zu haben. Das wird sie nun ganz gewiss nicht haben, denn Analyse ist die Suche nach dem Wesen. Und sie wird ihr Ziel erst erreicht haben, wenn die voranalytische Erfahrung der Phänomene in Begriffe aufgelöst wurde, die sich auf das Wesen beziehen. Wenn im Rahmen dieses ersten Schritts die Analyse über das Problem der Geltung stolpert, dann muss folglich die Ausgangsbeobachtung fehlerhaft sein, nicht die Analyse. Vielleicht ist, wie wir bereits argwöhnten, das Recht als ein Aggregat von geltenden Regeln somit gar kein Ding mit einem Wesensgehalt. Nun können wir Sachen, die mit einem solchen Argwohn belastet sind, allerdings nicht einfach auf sich beruhen lassen. Es würde dem gesunden Menschenverstand widersprechen anzunehmen,[14] dass unsere voranalytische Erfahrung des Rechts eine Illusion wäre, selbst wenn die Annahme, dass es ein Ding mit eigenständigem ontologischen Status sei, eine solche Illusion wäre. Gewiss ist das Recht etwas, selbst wenn sich zeigen sollte, dass es nur Bestandteil einer weit umfassenderen Wesenheit wäre. Die Schwierigkeiten [10]beschwören zwar für den Augenblick noch keinen Fehlschlag herauf, müssen aber – sachgemäß durchdacht – zu einem Ansporn zur Weiterentwicklung werden.

Zusammenfassend werden uns zwei Korollarien helfen, unseren Weg zu klären, indem die beiden fehlerbelasteten Konstruktionen, die sich in der ersten Phase der Analyse von selbst nahe legten, formal eliminiert werden:

1. Das Problem des Wesens des Rechts wird rätselhaft, wenn wir mit einer Geltung konfrontiert werden, die die gesamte Rechtsordnung so vollständig durchzieht, dass kei-

ne unwesentlichen Elemente verbleiben. Wenn die Analyse an diesem Punkt beendet würde, würde irgendjemand sich eine theoretische Konstruktion ausdenken, die die Situation ruhigstellen würde. Wir könnten annehmen, dass ›das Recht‹ keine anhand der Rechtsordnungen konkreter Gesellschaften in Arten individuierte Gattung wäre, sondern dass all die Regeln aller Ordnungen gleichermaßen am Wesen ›des Rechts‹ hängen und bloß die Exemplare einer unüberschaubaren Art ausmachen. Die philosophische Analyse ›des Rechts‹ wäre dann reduziert auf einen Katalog von Ordnungen und Regeln, die diese unüberschaubare Art zusammensetzen. Solch ein Konstrukt drängt sich allerdings nicht von selbst auf.

Wir wissen aus der Alltagserfahrung, dass eine beachtliche Zahl von Rechtsordnungen gewisse typische Eigenschaften gemeinsam hat, so wie das Zivilrecht, Strafrecht, Handelsrecht, Verwaltungsrecht, die dazugehörigen Verfahrensvorschriften usw. Wie wir sehen, würde eine solche Konstruktion – wenn man sie akzeptieren würde – einen davon abhalten, typische Strukturen in der Rechtsordnung zu erforschen, die so lange nicht in den Blick treten, wie das Recht für nichts anderes als ein Aggregat geltender Regeln gehalten wird. Entsprechend bleibt die Ausgangbeobachtung darin fragmentarisch, dass sie nur ein sehr kleines Segment der Rechtsphänomene in den Blick geraten lässt. Und eine Konstruktion, die nur einem sehr kleinen Segment unserer Erfahrung des Rechts adäquat ist, obgleich sie vorgibt, eine umfassende Beschreibung von der ›Natur des Rechts‹ zu sein, muss als fehlerhaft verworfen werden.

Nichtsdestoweniger ist Vorsicht geboten, da die Beobachtung, obgleich fragmentarisch, dennoch wahr war, und die auf ihr beruhende Konstruktion des Rechts als einer unüberschaubaren Art mag, obgleich möglicherweise fehlerhaft, immer noch ein Fünkchen Wahrheit enthalten. Jede

Rechtsregel gilt nämlich innerhalb ihrer eigenen Ordnung wirklich. Irgendetwas spricht daher durchaus für die Konzeption des Rechts als einer unüberschaubaren Art, die aus einzelnen Exemplaren besteht – auch wenn wir gegenwärtig nicht darauf vorbereitet sind zu ergründen, was dieses Irgendetwas sein mag.

2. Wenn die vorangegangene Konstruktion, obgleich sie aus den genannten Gründen verworfen werden musste, an dieser Stelle wenigstens das Problem der geltenden [11]Regeln befriedigend löst, dann ist die frühere Konstruktion des Problems des Wesens gewiss falsch. Der Versuch, die Natur des Rechts durch Vergleich verschiedener Rechtsordnungen in der Hoffnung zu ergründen, die Essenz könne als ein wiederkehrendes Aggregat gefunden werden, muss als sinnlos fallengelassen werden. Selbst wenn solch ein wiederkehrendes Aggregat gefunden werden könnte (obgleich es niemand bislang gefunden hat), hätte es keinerlei verständnissteigernden Wert, da wir aus unserer Alltagserfahrung mit dem Recht wissen, dass die Geltung jeder einzelnen Regel in der konkreten Ordnung irgendwie in der ›Natur des Rechts‹ liegt – was auch immer dieser Ausdruck am Ende bedeuten mag, nachdem er einer weiteren Analyse unterzogen wurde. Dieses *prima facie* Element der Essenz darf keinem Konstrukt geopfert werden, das das Modell der biologischen Wissenschaften auf den Fall des Rechts überträgt, das doch offenbar eine ganz andere ontologische Struktur hat.

Abschließend ist zu sagen, dass der enzyklopädische Ansatz in der Rechtsphilosophie – also der Versuch, das Wesen des Rechts durch Vergleich einer Vielzahl von Rechtsordnungen zu bestimmen – keineswegs neu ist. Er ist zum ersten Mal im fünften vorchristlichen Jahrhundert in der sophistischen Periode in Erscheinung getreten; bereits Platon stellt in seinem Dialog *Protagoras* den Sophisten Hippias als diesem Ansatz verpflichtet vor.[15]

§ 2. *Substanz und Existenz*

Der analytische Angriff auf das Essenzproblem wurde für den Augenblick abgewehrt. Wenn wir die Konstruktion einer einzigen unüberschaubaren Art aller geltenden Regeln aller Rechtsordnungen als Hinweis auf die Essenz des Rechts zurückweisen mussten, finden wir uns zurückgeworfen auf die konkreten Rechtsordnungen als Gegenstände der Beobachtung. Doch auch nachdem wir die Unterscheidung zwischen wesentlichen und unwesentlichen Regeln innerhalb ›des Rechts‹ zurückweisen mussten, lief die Untersuchung über die Natur des Rechts – verstanden als ein Aggregat geltender Regeln – in eine Sackgasse. Wir müssen nun durch Rückbezug auf die voranalytische Erfahrung des Rechts den Standort der Analyse wieder einnehmen.

Da nun die Geltung des Rechts die Quelle für diese Unannehmlichkeiten zu sein scheint, wird es ratsam sein, nach unserem Alltagswissen über die Geltung einer Rechtsordnung und ihre zugehörigen Regeln Ausschau zu halten. Wir werden nicht nach einer Definition suchen, um das ganz klar festzuhalten, da Definitionen erst am Ende einer Analyse stehen, nicht an deren Anfang. Was uns jetzt interessiert, ist gerade die Alltagssprache, wie sie noch nicht an analytischen Raffinessen gelitten hat, diejenige Sprache, in der Dinge immer noch Sinn machen.[16] [12]Allein von der Alltagssprache der Anwälte, an der phänomenalen Oberfläche ihres Gebrauchs, können wir erwarten, der Lösung unseres Problems nähergebracht zu werden.[17]

Auf dem Alltagsniveau sprechen wir von legalen Regeln, die ordnungsgemäß in statutarischer Form als geltende Rechtsregeln in Kraft gesetzt wurden, beispielsweise durch einen Akt des Kongresses. Bevor sie in Kraft traten, galten sie noch nicht; falls sie in Konflikt zu früheren Statuten stehen, werden die zu einem früheren Zeitpunkt erlassenen Regeln ungültig; falls ein späterer Erlass in Konflikt zu dem Gegenwärtigen steht, werden die Regeln, die durch das gegenwärtige Verfahren gültig geworden sind, ungültig. *Lex posterior derogat priori* – das spätere Recht erklärt das frühere für ungültig. Und so weiter.

Von diesem Bündel Alltagswissen her, das unter Anwälten allgemein akzeptiert wird, wird man mehr als eine Analysereihe anfangen können. Aber wir können nicht allen auf einmal folgen. Zum Beispiel gibt es in der Sprache die Ausdrücke »Erlass« oder »Akt des Kongresses«, von denen die Geltung der Regel abzuhängen scheint. Dieses von der Sprache aufgeworfene Problem wird für eine spätere Untersuchung zurückgestellt. Gegenwärtig sollten wir uns auf die Geltung konzentrieren, wie sie kommt und geht, wie ihr Erscheinen und Verschwinden in der Zeit herbeigeführt werden kann. Die Rechtsordnung, die aus solchen geltenden Regeln besteht, scheint somit eine Zeitdimension zu haben. Und nach all dem scheint sie eine Entität zu sein, die in der Zeit existiert. Vielleicht wird so das Element der Geltung, das uns bei der Klärung des Wesens des Rechts zum Hindernis wurde, doch noch von Hilfe sein, die Seinsweise des Rechts zu bestimmen. Was auch immer herauskommen mag infolge des Angriffs auf das Problem der Existenz: Vielleicht wird es das Problem des Wesens handhabbarer machen.

Wir sollten mit der Alltagsannahme beginnen, dass Rechtsordnungen existieren. Zur selben Zeit, wenn einige Regeln in einer Rechtsordnung ihre Geltung verlieren, werden andere Regeln gültig. Es gibt ein Kommen und Gehen von geltenden Regeln. Die Rechtsordnung ist im Wandel. Aber sie wandelt sich nicht in allen ihren Teilen zugleich. Vielmehr bleibt von einem Wechsel zum nächsten ein unveränderter Korpus von Regeln bestehen, der hinreichend genug dafür ist, die Identität der Ordnung aufrechtzuerhalten. Die Rechtsordnung des einen Zeitpunkts macht nicht Platz für eine neue, sondern sie ›wechselt‹. Dieses Problem nun, dass ein Ding seine Identität aufrechterhält, während es in der Zeit einer Veränderung unterliegt, scheint im Fall der Rechtsordnung nicht anders zu liegen als in den Fällen von Dingen in anderen Seinssphären: Ein Fels mag durch Wind und Regen erodiert sein, aber wir erkennen ihn als denselben Felsen, solange die Veränderungen langsam genug vonstattengehen. Falls der Fels – wie auch immer – unter irgendeine besondere Einwirkung gerät und in verschiedene Teile zersplittert, wären wir geneigt, von den Teilen als separate Felsen zu sprechen, [13]selbst wenn wir um ihre Verbindung mit dem früheren großen Felsen wissen. Wenn ferner Pflanzen bzw. Tiere wachsen oder verkümmern und die materielle Zusammensetzung ihres Organismus über eine Zeitdauer hinweg durch Stoffwechsel vollständig verändert wird, sprechen wir von Veränderungen in ein und derselben Pflanze oder in ein und demselben Tier – so lange wie die organische Form erhalten bleibt. Aber falls sich diese organische Form durch den Tod auflöst, sprechen wir nicht mehr von den Folgen der Veränderungsprozesse in diesem Individuum. Der Fall der Rechtsordnung ähnelt nun dem gerade beschriebenen – oder wenigstens scheint es so.

In jedem Fall müssen wir die Ergebnisse, die im ersten Schritt unserer Analyse gesichert wurden, gegen die Alltagsvermutung anführen. Die Rechtsordnung scheint durch und durch gültig zu sein. Und Geltung ist ›das Wesen des Rechts‹, wie wir sagten. Wir können ebenso wenig zwischen wesentlichen und unwesentlichen Regeln unterscheiden, wie wir zwischen wesentlichen und unwesentlichen Veränderungen unterscheiden können. Ebenso wenig können wir den Ein- und Ausgang geltender Regeln anhand eines Vergleichs mit den Veränderungen der Dinge in anderen Seinssphären einfach so abwinken. Der Fall des Rechts muss für sich selbst verhandelt werden. Falls wir eine Rechtsordnung für ein Aggregat geltender Regeln halten, dann müssen wir erneut die Frage stellen: Was geschieht mit der Rechtsordnung, wenn eine der ihr zugehörigen Regeln durch späteres Recht ungültig wird? Handelt es sich bei der Rechtsordnung nach der Ungültigkeitserklärung eines der ihr zugehörigen Teile immer noch um dieselbe Entität wie zuvor, die nur einem sanften Wandel unterlag? Oder erschafft jede Elimination von Regeln aus bzw. Addition von Regeln zum Aggregat eine ganz neue Rechtsordnung? Die folgende Antwort ist unvermeidbar: Wenn die Rechtsordnung als ein Aggregat geltender Regeln identifiziert wird, dann muss jedes Aggregat, das sich in Bezug auf seine zugehörigen Teile von irgendeinem anderen Aggregat unterscheidet, als ein anderes Individuum der Spezies ›Rechtsordnung‹ erachtet werden (unter Vernachlässigung aller Fragen bezüglich des Verhältnisses zwischen Arten und Individuation für den Augenblick). Jedes Mal, wenn der Kongress ein Statut erlässt, wäre das Ergebnis hiervon eine ganz neue Rechtsordnung; und falls es im Kongress betriebsam zugeht, gäbe es ein Spektakel von verschiedenen Rechtsordnungen, die einander allein im Laufe eines Tages ablösen würden.[18]

Kein Anwalt wird so etwas als endgültige Antwort akzeptieren. Er wird auf seinen alltäglichen Sprachgebrauch bestehen, wonach das Recht in dieser oder jener Hinsicht durch neue Statuten verändert wird, wobei doch die Identität der Rechtsordnung durch das Hinzukommen oder den Wegfall einer Anzahl geltender Regeln gar nicht berührt wird. Angesichts dieses Beharrens wird jedoch auch der Philosoph auf seiner Position bestehen. Denn sein Verdikt ist, weil es mit analytischer Notwendigkeit behauptet wurde, buchstäblich endgültig. Ein Kompromiss ist nicht möglich. Einen Ausweg aus diesem Konflikt können wir nur finden, wenn wir zur Kenntnis nehmen, dass in unserer Alltagserfahrung [14]gar kein Wissen um eine Rechtsordnung als ein Aggregat von legalen Regeln gemeint ist, sondern eine Sequenz solcher Aggregate.

Um nun die Analyse voranzutreiben, werden wir ein weiteres voranalytisches Rechtsphänomen hinzuziehen müssen. Wir haben uns jetzt dem Studium der phänomenalen Begleitumstände zuzuwenden, die die Rede vom Recht, das Veränderungen unterliegt, auf dem Alltagsniveau beeinflussen.

Eines dieser Phänomene besteht natürlich in dem bereits erwähnten graduellen Hinzukommen und Wegfallen von Regeln zum bzw. aus dem Gesetzeskorpus, der selbst jedoch in der Hauptsache unverändert bleibt. Das legt die Analogie zu anderen veränderlichen Dingen in anderen Seinssphären nahe. Allerdings hat sich diese Analogie wenigstens auf einem vordergründigen Niveau als untauglich erwiesen. Jemand könnte nunmehr versuchen, tiefer in die analogen Fälle einzudringen, um mit mehr Präzision herauszufinden, was darin die Auffassung stützt, dass ein Ding dasselbe bleiben könnte, während es in der Zeit Veränderungen unterliegt. Allerdings wird etwa das Beispiel des Felsens für diesen Zweck nicht von großer Hilfe sein. Felsen sind unnachgiebig. Und nichts ist so schwierig zu verstehen wie die Natur eines ausdruckslosen Felsens – wie jeder Philosoph wissen wird, der es jemals versucht hat. Organismen sind da schon viel zugänglicher. Für gewöhnlich gibt es morphologische Konstanten, die einen ersten Zugang zur Natur des Individuums gestatten; und dank der Fortschritte in der Genetik wird es in hohem Maß möglich, die phänotypischen Konstanten im Rahmen der Ätiologie zu verstehen. So scheint die Idee, in der Rechtsordnung so etwas wie eine organische Form aufzufinden, durchaus sinnvoll zu sein, obgleich ihre Erfolgsaussichten nicht gut sind. Denn sowohl die Unterscheidung zwischen wesentlichen und unwesentlichen Eigenschaften als auch das Verhältnis zwischen konstanter Form und veränderlichem Substrat scheiterten beide bereits an der Hürde der Geltung. Die Rechtsordnung, wie sie aus einer Abfolge von Aggregaten geltender Regeln besteht, müsste einen weiteren Faktor beinhalten, den wir noch nicht entdeckt haben.

Ein Anwalt wird kaum abwarten können von seinem voranalytischen Niveau aus diesen fehlenden Faktor beizusteuern – ja er wird sich vielleicht sogar wundern, warum er nicht schon längst in die Analyse eingeführt wurde. Die Antwort, obgleich sich ihre Selbstverständlichkeit als trügerisch herausstellen wird, ist ganz offensichtlich: Eine Reihe von Aggregaten wird dann als eine Rechtsordnung erachtet, wenn die Elemente dieser Serie nacheinander, aber durch eine konstante Prozedur erschaffen werden – im Fall Amerikas durch die Prozeduren, die die Verfassung vorsieht. Ohne als eine organische Form in den von ihr erzeugten Regelaggregaten präsent zu sein, steuert eine solche konstante Prozedur dennoch die Verknüpfung zwischen ihnen bei.

[15]Diese Antwort klingt zunächst einmal überzeugend. Aber sobald jemand den Geltungsbegriff in Bezug auf die Rechtsordnung qua Aggregatserie bedenkt, wird er daran zweifeln, dass die Lösung des Problems gefunden wurde. Sicherlich existiert ein Aggregat geltender Regeln, selbst angesichts dieses neuen Begriffs der Rechtsordnung. Aber was wurde aus den Regeln, die nicht mehr gelten bzw. ›in Kraft‹ sind, wie man zu sagen pflegt,[19] sondern nunmehr zur Rechtsordnung im neuerlichen Sinn einer Abfolge von Aggregaten gehören, die prozedural zusammengehalten werden? Worin besteht dieser Schwebezustand[20] der Ungültigkeit, in dem sie verschwunden sind? Und wenn wir diese Frage mit Blick auf die Regeln zu stellen haben, die zu einer Zeit gültig waren, dürfen wir nicht vergessen auch danach zu fragen, aus welchem Paradies ungeborener Regeln die

Geltung der gegenwärtigen stammt. Insbesondere diese letzte Frage muss gestellt werden, da im Ausdruck *de lege ferenda* (Recht im Rechtsetzungsverfahren) die rechtliche Praxis denjenigen Eckpfeiler zur Diskussion von Regeln ausmacht, wonach auch Teile, die in der gegenwärtigen Rechtsordnung nicht gültig sind, in der fachlichen Verständigung[21] als ihre Teile erachtet werden.

Die Rechtsordnung in diesem zweiten Sinn ist also aus sowohl geltenden als auch nicht-geltenden Regeln zusammengesetzt. Sie hat eine klare Zeitstruktur mit der Geltung als ihrem Gegenwartsbegriff, mit einer Vergangenheitsdimension bestehend aus Regeln, die ehedem galten, und mit einer Zukunftsdimension bestehend aus Regeln, die möglicherweise einmal gelten können. Ferner erscheint es von diesem Sprachgebrauch her so zu sein, dass vergangene und zukünftige Regeln keineswegs ohne weitere Qualifikation nicht-geltende Regeln sind. Sie beziehen weder die vergangenen Regeln, noch die zukünftigen Regeln anderer Rechtsordnungen mit ein; oder auch Regeln, die gegenwärtig in der gegebenen Ordnung nicht gültig sind, es aber in anderen koexistenten Ordnungen in der Gegenwart sind; oder Regeln, die jemandes ausschweifendem Vorstellungsvermögen entspringen, ohne in irgendeiner Rechtsordnung zu irgendeiner Zeit jemals zu gelten. Die nicht-geltenden Regeln einer gegebenen Rechtsordnung haben einen definitiven Status als formell geltende Regeln bzw. als Regeln *de lege ferenda* in Beziehung auf die gegenwärtig geltenden Regeln dieser Ordnung.

Im Licht dieser Reflexionen ist die Eingangsvermutung, das Recht wäre ein Aggregat geltender Regeln, offensichtlich viel zu beschränkt. Jede Rechtsphilosophie, wenn sie die im voranalytischen Wissen um das Recht enthaltene Bedeutung klar herausstellen will, darf sich selbst nicht dergestalt begrenzen, dass sie eine Theorie bloß des positiven Rechts wäre, d.h. desjenigen Rechts, das zu jedem gegebenen Gegenwartspunkt einer Rechtsordnung gilt. Das voranalytische Wissen und die Sprache, in der Anwälte über das Recht sprechen, ragt weit über diesen Grobschnitt des positiven Rechts hinaus in das Feld hinein, von dem wir ohne weitere analytische Klärung für den Augenblick provisorisch [16]als Rechtsgeschichte und Rechtsetzung sprechen. Wir sollten uns nun die frühere Konstruktion des Rechts als eine unüberschaubare Art, bestehend aus allen geltenden Regeln aller Rechtsordnungen, wieder ins Gedächtnis rufen. Obwohl wir diese Konstruktion zurückweisen mussten, wurden wir gemahnt, dass da ›irgendetwas‹ dran gewesen sein könnte – und ein Teil von diesem ›irgendetwas‹ rückt jetzt in den Blick.

§ 3. Das zenonische Problem

Die zuletzt skizzierten Probleme genießen einen hohen Grad an Komplexität. Daher müssen wir, bevor wir uns an sie heranwagen können, einige naheliegendere Fragen analysieren. Obgleich einfacher in ihrer Struktur wird die Analyse dieser Eingangsfragen offenlegen, dass die Frage nach der Rechtsordnung als einer identifizierbaren Entität, die in der Zeit existiert, keineswegs durch Rückbezug auf die gleichbleibende Prozedur, die die Verfassung vorsieht und die als Bindeglied zwischen den Normenaggregaten gelten sollte, beantwortet wird. Da die Regelaggregate eins ums andere in der Zeit einander ablösen, scheint die Geltung so etwas wie ein mit der Abfolge der Aggregate weiterrückendes Scheinwerferlicht zu sein. Für einen Augenblick leuchtet dieses Licht auf jedes Element dieser Abfolge – freilich nur, um danach wieder in der Finsternis der Ungültigkeit zu versinken, während das Licht weiterwandert und auf ein

Aggregat scheint, das zuvor noch nicht gegolten hat. Das Recht wird so zu einem Fluss[22] von Regeln, die durch die Gegenwart der Geltung wandern wie durch ein Nadelöhr – keine der Regeln jedoch von inhärenter Geltung. Allerdings sind selbst diese Metaphern, obwohl sie das Recht in einen Fluss von (ihrem Wesen nach) nicht-geltenden Regeln transformieren und Geltung auf eine vergängliche Qualität reduzieren, längst nicht radikal genug, um die Existenz des Rechts qua geltende Rechtsordnung zu schmälern. Denn die Rechtsordnung besteht nicht nur aus allgemeinen Regeln, die durch Statuten erlassen wurden, die gewöhnlich für eine deutlich erkennbare Zeitdauer ›in Kraft‹ sind und die dem allgemeinen Sprachgebrauch nach ihr Vorkommen über eine noch nicht analysierte Dauer als ›Geltung‹ erscheinen lassen. Es besteht auch – und zwar in hohem Maß – aus Gerichtsurteilen.

Wenn wir uns jetzt ins Bewusstsein rufen, dass das Gerichtsurteil derjenige Punkt ist, an dem ›das Recht‹ einem konkreten Fall gegenüber in Geltung tritt, und wenn wir uns an die Aura der Ungewissheit erinnern, die jeden ernstzunehmenden Rechtsstreit umgibt, dann müssen wir einsehen, dass wir niemals wissen, worin dieses Aggregat geltender Regeln in Wirklichkeit besteht, so lange bis ein Gericht in einem konkreten Fall sein Urteil gefällt hat. Sobald das Gericht sein Urteil gefunden hat, gehört das partikuläre Aggregat, dessen Geltung mit diesem Urteil [17]vollständig wurde, indem es sich das Urteil einverleibt hat, bereits der Vergangenheit an. Denn wenn Geltung zum ›Wesen des Rechts‹ gehört, und wenn jedes Regelaggregat in dieser Abfolge, die Rechtsordnung genannt wird, entweder zur Vergangenheit (darin es nicht mehr gilt) oder zur Zukunft (darin es für den entschiedenen Fall noch nicht gilt) gehört, dann scheint ›das Recht‹ insgesamt aus dem Feld der existierenden Dinge verschwunden zu sein.[23]

Dieses Ergebnis ist paradox. Und zwar in dem technischen Sinn der zenonischen[24] *Paradoxien*. Es wird daher opportun sein, uns die Struktur der Paradoxie ins Gedächtnis zu rufen, um einen Ausweg aus dieser neuerlichen Sackgasse zu finden. Das klarste Paradoxon ist dasjenige vom Läufer: Es ist unmöglich für den Läufer, ans Ziel zu gelangen, weil er hierzu eine Unendlichkeit von Punkten durchqueren muss. Ein berühmtes Beispiel für dieses Paradoxon ist dasjenige von Achilles und der Schildkröte: Wenn Achilles die Schildkröte verfolgt, kann er niemals zu ihr aufschließen.[25] Denn er müsste hierzu zunächst denjenigen Punkt erreichen, an dem die Schildkröte gestartet ist, und wenn er an diesen Punkt angelangt ist, dann muss er denjenigen Punkt erreichen, an dem die Schildkröte mittlerweile ist, und so weiter *ad infinitum*. Jedem werden sicherlich andere Beispiele für dieses Paradoxon einfallen, so etwa der fliegende Pfeil, der in der Luft steht. Sämtliche dieser *Paradoxien* finden ihren Ursprung in dem Bemühen, die Bewegung eines Dings zu beschreiben, das sich kontinuierlich durch eine kontinuierliche Zeit hindurch bewegt. Hierzu wird eine Unendlichkeit statischer Punkte vorgestellt, wie auf einer Schnur aufgereiht, die die Zeit repräsentiert, wobei das Ding an jedem dieser diskreten Punkte ruhen soll. Dieser Versuch wird allerdings nicht gelingen, da die Abfolge statischer Punkte, ganz egal wie wir ihre Abfolge auch immer dosieren mögen, niemals das Kontinuum eines Dings in Bewegung werden wird.

Wir können die gegenwärtige Sackgasse der Analyse anhand von Begriffen derartiger zenonischer Probleme verstehen. Wir fassten zuvor die Rechtsordnung erstens als ein Aggregat geltender Regeln und zweitens als eine Abfolge solcher Aggregate, die durch verfassungsgemäße Verfahren verbunden sind. Die Rechtsordnung in diesem ersten Sinn ist der statische Punkt in der Zeitdimension, der durch das verfassungsgemäße Verfahren erschaffen wurde; und die Rechtsordnung im zweiten Sinn stellt das Kontinuum dar, das als eine Serie statischer Punkte auf dieser Schnur beschrieben wird. Die Abfolge der statischen Punkte wird jedoch niemals mit dem authentischen Kontinuum eines Dinges, das wirklich in der Zeit existiert, zusammenfallen.

Da ist es nun, das peinliche Ergebnis, wenn eine philosophische Analyse den Zweck verfolgt, den Sinn, der im Alltagswissen enthalten ist, deutlich zu machen. Geht es doch nicht darum, es für Nonsens zu erklären, selbst wenn dieser Nonsens die intellektuelle Eleganz eines zenonischen [18]*Paradoxons* hat. Wieder werden wir uns an die voranalytische Erfahrung zu halten haben, um auf eine Hilfestellung zu hoffen, da ja nicht die Alltagserfahrung als eine Täuschung ausgewiesen wird, wenn im Verlauf der Analyse der Untersuchungsgegenstand aus der Existenz fällt. Das Ergebnis liefert vielmehr Verdachtsmomente, dass die ihm zugrunde liegenden Prämissen fehlerhaft waren. Wir hatten vermutet, dass die Rechtsordnung das Aggregat der geltenden Regeln sei, und weiteten dann ihren Begriff auf eine Abfolge solcher Aggregate aus, die durch verfassungsgemäße Verfahren verbunden sind. Indem diese Vermutungen jedoch zu einem paradoxen Ergebnis führten, kann die Schlussfolgerung nur lauten, dass entweder die Rechtsordnung überhaupt kein Aggregat geltender Regeln ist, oder die Sprache, wenn es um ›Regeln‹ und ›Geltung‹ geht, noch weitere Bedeutungen umfasst, die uns verlorengegangen sind, oder die Natur des Rechts so lange nicht bestimmt werden kann, bis die Aggregate geltender Regeln in Kontexte der Alltagserfahrung gerückt werden, die die Untersuchung bislang noch gar nicht berücksichtigte.

Die Auswahl aus diesen verschiedenen Schlussfolgerungen können wir wenigstens zu einem gewissen Grad eingrenzen, wenn wir als wichtiges Zwischenergebnis dieser zweiten Phase der Analyse formulieren: Keine Rechtstheorie kann aufgestellt werden, ohne in ein zenonisches Paradoxon zu münden, wenn die Theorie auf der Vermutung beruht, dass die Rechtsordnung ein Aggregat geltender Regeln oder Normen und nichts anderes als so ein Aggregat sei. Die Schwierigkeit hierbei erwächst aus der Tatsache, dass manch ein Bereich der Sinngehalte, wie etwa die Sinngehalte der Rechtsnormen, keine Zeitdimension hat. Diese Sinngehalte beziehen sich womöglich auf Gegenstände, Ereignisse und Handlungen in der Zeit, aber sie selbst haben keine Existenz in der Zeit. Die Geltung einer Regel, ihr normativer Charakter, ist Teil ihres Sinngehalts. Aber sie verleiht ihr keinen ontologischen Status. Ein theoretisches Konstrukt, das selbst auf dem normativen Charakter der Regeln basiert, ist an den ›statischen‹ Charakter ihres Sinngehalts gebunden und kann diesen nicht durchbrechen, um zum Kontinuum der Existenz in der Zeit vorzudringen.

Dieses Zwischenergebnis, um es klar zu sagen, ist von negativer Art. Nichtsdestoweniger dürfen das Ergebnis selbst und ebenfalls die Methode, anhand derer es erzielt wurde, keinesfalls unterschätzt werden – insbesondere wenn man den Zustand der intellektuellen Verwirrung in der zeitgenössischen Rechtstheorie berücksichtigt. Die Überfülle an Rechtstheorien, die unübersichtliche Vielfalt an Positionen in unseren Tagen, wird vom Widerwillen verursacht, die Wahrheiten, die in reichlicher Fülle aus der voranalytischen Erfahrung ›des Rechts‹ gewonnen werden können, der Parteilichkeit zu entziehen und der Analyse zuzuführen.[26] Diese Wahrheiten werden leider immer wieder auf der Stufe unanalysierter Eingangsvermutungen zurückgelassen. Wenn unsere Analyse daher den parteilichen Charakter [19]einer Annahme offenlegt, werden wir nicht nur die Untersuchung über die Natur des Rechts dadurch voranzutreiben haben, indem wir die Notwendigkeit weiterer Vermutungen aufweisen, sondern schaffen zugleich eine beachtliche Menge an Spekulationen und Kontroversen aus der Welt, die sich an eine derartig unanalysierte, parteiische ›Theorie‹ anrankten.

Im Licht dieser Reflexionen müssen wir schließlich noch eine Reihe theoretischer Konstrukte eliminieren, auch wenn sie auf dieser zweiten Stufe der Analyse womöglich verlockend erscheinen mögen. Wir hatten uns die Rechtsordnung qua Aggregat geltender Regeln und qua Abfolge solcher Aggregate vorgenommen. Aber was ist aus den verfassungsgemäßen Verfahren geworden, die als Verbindungsstück zwischen diesen beiden Phänomenen angeführt wurden? Wäre es nicht möglich, dass die Existenz der Rechtsordnung in der Zeit, die weder in den Aggregaten noch in ihren Abfolgen gefunden werden konnte, in diesen verfassungsgemäßen Verfahren zu finden ist? Diese Idee ist naheliegend. Aber der Vorstoß, die Analyse in diese Richtung zu drängen, wird auch nur in Enttäuschung münden, da die konstanten Verfahren, die die Verfassung vorsieht, selbst ja wiederum in Form geltender Regeln ausgedrückt werden müssen. Eine Verfassung ist im materialen Sinn selbst ein Regelaggregat, das die Organisation, Rechtsprechung und Verfahren der obersten Regierungsorgane einer Gesellschaft betrifft. Wiederum stehen wir also einem Regelaggregat gegenüber. Und soweit es die Existenz der Rechtsordnung in der Zeit anbelangt, ist nichts durch die Hinzunahme des Aggregats von Verfassungsnormen gegenüber Aggregaten bspw. des Zivil- oder Strafrechts gewonnen. Die Tatsache, dass ein Bereich der Sinngehalte keiner Zeitdimension unterliegt, wird durch den spezifischen Gehalt des Regelsatzes nicht aufgehoben. Die zeitlose Geltung einer Regel erlangt keinerlei Existenz in der Zeit, bloß weil der Gehalt der Regel ein Verfahren in der Zeit anbelangt. Die restriktiven Formulierungen des vorangegangenen Paragraphen müssen daher nun durch die Einsicht ergänzt werden, dass die Zeitdimension der Rechtsordnung nicht durch eine Auf- oder Abwärtsverlagerung innerhalb der Hierarchie der Subaggregate, die durch Verfahrensregeln verknüpft sind, etabliert werden kann. Die Verfassung mag die legislative Macht an Regierungsorgane delegieren, die legislativen Organe mögen ihrerseits allgemeine Regeln erschaffen und so Rechtsetzungskompetenzen an Gerichte und Verwaltungseinrichtungen weitergeben. Und diese Übertragungen mögen noch bis in irgendeine Anzahl an zwischengeschalteten Behörden der Rechtsetzung weiter ausbuchstabiert werden. Aber trotz all dieser Komplikationen der Rechtsordnung, die der moderne Staat kennt, bekommt man keine Zeitdimension. Obgleich der Bereich, in dem wir uns jetzt bewegen, [20]die Struktur einer Normenhierarchie hinzugewonnen hat, bleibt er noch immer in der Hauptsache ein Bereich von Sinngehalten. Keinerlei Erweiterung der Rechtstheorie, die eine Hierarchie der Regeln umfassen wollte, indem sie sie mittels Verfahren und Übertragungen in Verbindung setzt, kann das zenonische Problem umschiffen.

KAPITEL II

Die geltende Ordnung und der soziale Kontext

Die Analyse hatte das Aggregat geltender Regeln unter den Kategorien *Wesen*, *Substanz* und *Existenz* untersucht. Das Ergebnis war negativ. Es konnte kein Ding mit einem ontologischen Status gefunden werden. Die Phänomene, die sich als Basis für eine theoretische Konstruktion als unzureichend herausgestellt haben, müssen jetzt durch Kontextphänomene ergänzt werden, die mehr als einmal am Rand der Analyse in den Blick gerieten, dann aber im Interesse einer ordentlichen Beweisführung bislang vernachlässigt wurden.

§ 1. Die Hierarchie geltender Regeln. Der Rechtsetzungsprozess. Die Ordnung der Gesellschaft im Großen

Im Rahmen der ersten Beobachtung hielten wir fest, dass ein Anwalt, wenn er von ›dem Recht‹ spricht, nicht notwendig das Recht als eine Art meint, die in eine Vielzahl von Rechtsordnungen individuiert ist, sondern vielmehr das konkrete Recht, das ihn aus professioneller Sicht interessiert. Dieses Recht ist für jeden Anwalt das Recht in seinem Land, auf allen Ebenen der Zentralisation und Dezentralisation wie bspw. das Bundesrecht, das Recht in den Bundesstaaten oder die lokalen Verordnungen. In diesem Sinn sprechen wir vom amerikanischen, englischen oder französischen Recht als der Rechtsordnung bestimmter Länder. Das spezifische Land kristallisiert sich so als Fall einer Gesellschaft heraus, die eine Rechtsordnung ›hat‹. Und das Recht kristallisiert sich als etwas heraus, das einer Gesellschaft inhärent ist. Angesichts der zweiten Beobachtung bemühten wir daraufhin die Ausdrucksweise, die die Existenz einer Organisation mit dem Zweck der ›Setzung‹ der Regeln, die nach ihrer Setzung Teile des Aggregats der legalen Regeln sind, zur Anzeige bringt. Wir sprachen von legalen Regeln, die durch Erlasse des Kongresses erschaffen wurden, von Gerichtsentscheidungen und von behördlichen Einrichtungen usw.

Daher scheint es, dass wir die Analyse vorantreiben können, indem wir uns von den Regeln als in sich geschlossenem sinnhaften Wirklichkeitsbereich[27] ab- und der Gesellschaft insgesamt zuwenden, in der Menschen qua Regierungsorgane – vermutlich einer Absicht folgend – das Recht setzen. Das bedeutet freilich keineswegs, dass die Regeln, die Regelaggregate und das Problem ihrer Geltung [21]als irrelevant abgetan werden dürften. Ganz im Gegenteil wird uns das Problem der Geltung, von neuerlichen Komplikationen begleitet, wieder entgegentreten. Nichtsdestoweniger ergeben die aufgezählten Phänomene in der Alltagserfahrung Sinn und sind mit dem gesellschaftlichen Kontext, in dem sie in Erscheinung treten, eng verbunden: Eine Gerichtsentscheidung ist kaum als eine geltende Regel zu bezeichnen, aber sie fixiert die gesellschaftlichen Konsequenzen dessen, worin das Recht in dem konkreten verhandelten Fall besteht. Allgemeine Regeln auf der statutarischen Ebene schreiben diejenigen Typen vor, in die Richter und Verwaltungsbeamte ihre individuellen Entscheidungen in konkreten Fällen einpassen müssen. Komplementär hierzu sehen die Regeln der Verfassung Verfahren und Machtbefugnisse der Regierungsorgane vor, die zu Formulierungen allgemeiner Typen führen, die ihrerseits auf konkrete Fälle auf der Ebene individueller Entscheidungen angewandt werden. Die ausgearbeitete Hierarchie der Subaggregate einer Rechtsordnung (wovon wir nicht mehr als lediglich repräsentative Beispiele angeführt haben) ist zum Zweck einer Partikularisation ›des Rechts‹ angesichts der konkreten Beziehungen zwischen den Menschen stark angereichert.[28]

Die Rede vom ›Zweck‹ ist allerdings mit Vorsicht zu genießen. Man kann an dieser Verbindungsstelle zu den ›Zwecken des Rechts‹ im Sinn von vielfältigen, nicht sonderlich gut definierten ›Idealen‹, die in dieser oder jener Variante der teleologischen Jurisprudenz vorgelegt werden, allzu leicht entgleisen. Gegenwärtig beschäftigen uns nicht die spezifischen Zwecke einer legislativen Maßnahme, sondern die Art und Weise, in der sich legale Regeln phänomenal in ihren Kontext schmiegen – die Art und Weise, in der sie, selbst wenn sie keine autonome Existenz haben sollten, doch an der Existenz insgesamt teilhaben. Des Weiteren ist die Art und Weise ihrer Existenz viel komplizierter als die Sprache von Mittel-Zweck-Beziehungen suggerieren würde. Dennoch ist, wie wir sehen werden, der Begriff *Zweck* unverzichtbar, um die eigenartig gewichtete Beziehung zwischen ›dem Recht‹ und der Gesellschaft, deren Recht es ist, zu entfalten.

Dieses komplizierte Muster, nach dem legale Regeln mit der gesellschaftlichen Wirklichkeit durchwoben sind, wird durch einen kurzen Gedankengang zur Hierarchie der Regeln und Regelaggregate klar werden. Um sicherzugehen, kann man sich die Rechtsordnung mit ihren hierarchischen Strukturen als ein Feld bestehend aus Sinngehalten denken. Die Gehalte eines Statuts können den Rang geltender Regeln innerhalb einer Rechtsordnung zugewiesen bekommen, wenn das Statut durch ein zuständiges Organ der Legislative in Übereinstimmung mit den Verfahrensregeln der Verfassung erlassen wurde und wenn seine Gehalte darüber hinaus nicht in Konflikt mit den substanziellen

Regeln stehen, wie sie etwa eine niedergeschriebene Verfassung vorsieht. [22]Die Gehalte eines Regierungserlasses dürfen dann als geltend erachtet werden, wenn der Erlass auf einer ordentlichen Bevollmächtigung durch ein Statut beruht, das seinerseits nicht verfassungswidrig war – usf. durch die gesamte Rechtshierarchie hindurch bis hinab zu den ultimativen, individuellen Entscheidungen. Das Ergebnis dieser Untersuchung könnte dann in Form eines Traktats fortgesetzt werden bspw. über das geltende Zivilrecht eines Landes, das als seine ›Quellen‹ die Regeln der Verfassung, die statutarischen Regeln, die rechtswirksamen Entscheidungen etc. angibt.

In einer solchen ›dogmatischen‹ Abhandlung des Rechts kommt jedoch nicht die wirkliche Verflechtung der legalen Regeln mit dem gesellschaftlichen Prozess ihrer Setzung zum Ausdruck. Denn die Handlung der Legislative, die gebraucht wird, um die geltenden Regeln des Statuts zu produzieren, ist selbst weder eine Regel der Verfassung noch eines Statuts, sondern eine Folge von Handlungen einzelner Menschen. Das Gleiche gilt auf der Ebene der individuellen Entscheidungen. Bspw. sind die Beratung einer Jury und die Urteilsverkündung nicht das Urteil selbst; oder der Entscheidungsfindungsprozess des Richters und seine Bekanntgabe des Urteilsspruchs sind nicht bereits das Urteil qua geltende Regel. Daher sind die Ebenen der geltenden Regeln in der Hierarchie der Rechtsordnung nicht nur im Rahmen der Logik prozeduralen Delegierens als solche unterscheidbar, sondern sie sind durch die dazwischengeschalteten Akte ihrer Spezifikation auch in der gesellschaftlichen Wirklichkeit voneinander getrennt.

Überdies sind die Rechtsetzungsakte auf den verschiedenen Ebenen nicht einfach Akte in einer gesellschaftlichen Sphäre mit außerrechtlichem Charakter, vielmehr haben sie Anteil an der ›Natur des Rechts‹, insofern sie selbst einen rechtlichen Charakter haben müssen, um geltende Regeln zu produzieren. Nicht jedermanns Deklaration allgemeiner Regeln begründet ein Statut mit rechtlich geltendem Inhalt. Ein Statut kommt nur dann zustande, wenn spezielle Menschen einem speziellen Handlungsmuster folgend – d.h. die Mitglieder der verfassungsgemäß eingesetzten und in angemessener Form handelnden Legislative – bei bestimmten Regeln übereinstimmen.[29] Dasselbe Argument gilt auch für die individuellen Entscheidungen der Gerichte und Verwaltungseinrichtungen. Die gesellschaftliche Wirklichkeit wird hierdurch auf das Recht im Sinn des Aggregats geltender Regeln abgestimmt: Gewisse Handlungen von Menschen produzieren geltende Regeln, wenn sie im Licht anderer Regeln als Rechtsetzungsakte wiedererkannt werden,[30] und diese Regeln gelten ihrerseits insofern, als dass sie in Form von Akten formuliert wurden, die vor dem Hintergrund noch anderer Regeln als Rechtsetzungsakte wiedererkannt wurden, usf.

Der Begriff einer Hierarchie geltender Regeln muss also in denjenigen des Rechtsetzungsverfahrens ausgeweitet werden, in dem Regeln und regelsetzende Akte einander ablösen. Dieser Prozess fließt schließlich in die unüberschaubare Wirklichkeit der [23]Gesellschaft, die das Recht, das in diesem Prozess gesetzt wurde, ›hat‹. Und selbst diese unüberschaubare Wirklichkeit jenseits des Rechtsetzungsprozesses im technischen Sinn kennt indessen noch eine weitere Form der Teilhabe am Recht: Obwohl wir von Geschäftsleuten nicht sprechen, als wären sie Anwälte, entfalten ihre Verträge dennoch Rechtskraft zwischen ihnen, wenn sie in so einer Form abgefasst sind, dass die Gerichte sie als rechtsverbindlich anerkennen und ihre Nichterfüllung mit gewissen Konsequenzen belegen. Die Regeln des Rechts in Verträgen sehen somit Typen der Übereinstimmung vor, die nicht nur für den Richter, der in einem an ihn herangetragenen Fall zu entscheiden hat, sondern auch für Personen gelten, die in eine vertragliche Verpflichtung eintreten wollen. Die kontraktierenden Parteien setzen so *de facto* geltende Regeln und binden sich selbst in dem Sinn, dass ihre zukünftigen Handlungen als Erfüllungen oder Nichterfüllungen dieser Übereinstimmung verstanden werden können. Diese rechtsetzenden Handlungen von Mitgliedern der Gesellschaft, die unter dem Recht leben, sind dermaßen häufig und wichtig, dass die professionelle Unterstützung bei solchen Akten einen Hauptteil der Anwaltspraxis ausmacht. Die Verhältnisse zwischen den Menschen in einer Gesellschaft sind also in großem Maß rechtlich strukturiert.

In jedem Fall ist der rechtliche Charakter der gesellschaftlichen Wirklichkeit weit stärker verbreitet, als es scheinen mag, schon wenn wir nichts weiter als die spezifischen Regeln, die die Mitglieder der Gesellschaft für sich selbst erlassen haben, berücksichtigen. Das Recht umfasst so etwa nicht nur Typen, die den Charakter des Rechtsetzungsakts annehmen, wenn sie einem vorgeschriebenen Muster entsprechen. Es umfasst ebenso Typen für Handlungen, die, wenn sie anderen Mustern entsprechen, den Charakter entweder von rechtmäßigen Handlungen oder von ›Verletzungen‹ des Rechts teilen. Im letzteren Fall wird die menschliche Handlungsweise rechtlich genau dann relevant, wenn sie im Sinn eines zivil- oder strafrechtlichen Delikts ›illegal‹ ist. Und gerade der Mensch, der überhaupt nichts unternimmt, um die Aufmerksamkeit ›des Rechts‹ auf sich zu lenken, ist wohl oder übel gerade derjenige, dessen Handlungsweise am tiefsten von ›dem Recht‹ durchdrungen ist. Demzufolge ist der Mensch, der das Recht nicht verletzt, derjenige, der es befolgt.[31] Diese Implikation wird schon in unserer Alltagserfahrung von Recht und Gesellschaft deutlich, wenn wir dem Gesetzesbrecher den ›gesetzestreuen Bürger‹ gegenüberstellen.

In dieser Hinsicht ist die Alltagssprache wirklich besonders erhellend, weil sie ein so reichhaltiges Vokabular für die Typen von Handlungsweisen kennt, die zwischen dem Gesetzestreuen und dem Gesetzesbrecher angeführt werden können. Wir sprechen von Menschen, die sich an die Buchstaben des Gesetzes halten, während sie seinen Geist verletzen; die Haken schlagen; die gewieft genug sind, um nicht ertappt zu werden; die wissen, wie man sich aus Ärger heraushält und nicht an die Gerichtshöfe gerät; die [24]Schlupflöcher im Recht finden; die smarte Anwälte für den Zweck haben, durch Ausnutzung (oder vielmehr: Missbrauch) der Beweisführung einen Freispruch zu erwirken, obwohl das Verbrechen offensichtlich begangen wurde; usf. Alle diese Alltagskategorien offenbaren ein reifliches Verständnis der Beziehung zwischen Recht und Gesellschaft, das so intim ist, dass die gesamte gesellschaftliche Existenz des Menschen vom ›Recht‹ durchzogen ist – selbst da noch, wo keine spezifische, rechtlich bedeutsame Relation zwischen einem Handlungstyp und einem Typ, der in der Rechtsordnung abgebildet ist, existiert.

§ 2. Das Recht als die Substanz der Ordnung. Der Rechtsetzungsprozess als Instrument zur Sicherung dieser Substanz

Die soeben eingeführten Phänomene werfen nicht nur ein oder zwei weitere Fragen auf, sondern erschließen geradezu ein ganzes Forschungsgebiet. Gegenwärtig soll allerdings nur ein einziges Problem zur weiteren Untersuchung herausgegriffen werden: der äquivoke Gebrauch von ›das Recht‹ im Sinn geltender Regeln, die die Regierungsorgane erlassen haben, und von ›das Recht‹, das irgendwie die gesellschaftliche Existenz des Menschen durchwebt. Was unsere Alltagssprache in dieser unscheinbaren Äquivokation konserviert hat, ist die tiefgreifende Einsicht – sie wird in der zeitgenössischen Rechtstheorie kaum anzutreffen sein –, dass ›das Recht‹ die Substanz der Ordnung in allen Seinsbereichen darstellt. Und tatsächlich findet sich in den Sprachen antiker Zivilisationen regelmäßig ein Ausdruck, der auf die ordnende Substanz verweist, welche die Hierarchie des Seins von Gott über Welt und Gesellschaft bis hin zu jedem einzelnen Menschen durchdringt.[32] Solche Ausdrücke sind etwa die ägyptische *maat*[33], das chinesische *dao*[34], der griechische *nomos*[35] und die lateinische *lex*[36]. Zum Beispiel bezeichnet die ägyptische *maat* die Ordnung der Götter, die durch die Kraft ihrer *maat* die Ordnung des Kosmos erschaffen haben. Innerhalb der kosmischen Ordnung wird der Ausdruck dann spezifisch auf das Herrschaftsgebiet Ägyptens angewandt, dessen Ordnung durch die Tugend der göttlichen *maat* erschaffen wurde, die im Pharao lebendig ist. Vom Pharao aus strömt dann diese *maat* durch den gesellschaftlichen Leib, vermittelt durch die königlichen Verwaltungseinrichtungen und die Hierarchie der Beamten bis hinab zu demjenigen Richter, der einen individuellen Fall entscheidet.[37] Da nun die Vermittlung der *maat* voraussetzt, dass man sie begriffen hat und verständig zu artikulieren weiß, erstreckt sich ihre Bedeutung ebenfalls auf die ›Wahrheit‹ der Ordnung.[38] Und da das Wissen um diese Wahrheit kein Monopol der Verwaltung ist, kann das Recht, so wie es von den Beamten gehandhabt wird, mit Hilfe des allen gemeinsamen Wissens über die Wahrheit der Ordnung bewertet werden:[39] Die Untertanen können vehement gegen Abweichungen von der *maat* protestieren und das Verhalten der Offiziellen kritisieren.[40]

[25]Das ägyptische Verständnis wird das Problem, das uns gegenwärtig beschäftigt, erhellen, da die kompakte Symbolik[41] der *maat* zeigt, dass hinter den Äquivokationen

unserer Alltagssprache die Erfahrung einer Substanz liegt, die die Ordnung des Seins durchwaltet und von der die Ordnung der Gesellschaft ein Teil ist. Insofern es die Ordnung der Gesellschaft anbelangt, durchwaltet die Substanz sie in Gänze – einschließlich desjenigen Teils, den wir heute als Rechtsetzungsprozess differenzieren. Das Recht ist etwas, das der Gesellschaft wesentlich inhärent ist, obgleich die Art und Weise dieser Inhärenz durch die Tatsache verkompliziert wird, dass sie durch eine, um es vorsichtig auszudrücken, von Menschen organisierte Handlung geschützt werden muss: eben denjenigen Handlungstyp, von dem wir als Rechtsetzungsprozess sprechen.

Eine solche Annahme wird der Alltagssprache von ›dem Gesetzesbrecher‹ und ›dem gesetzestreuen Bürger‹ deutlich besser genügen als die alternativen Konstruktionen, die auf dem isolierten Phänomen des Rechtsetzungsprozesses aufbauen. Wenn zum Beispiel das Strafrecht mitsamt seinen Verbrechenstypen isoliert betrachtet würde, und insbesondere, wenn das Strafrecht in der Form eines Wenn-Dann-Rechts[42] abgefasst ist, dann kann es (und wurde tatsächlich auch schon) als ein Korpus von Regeln konstruiert werden, die die Gerichte in eine solche Ordnung versetzen, dass sie mit bestimmten Handlungen – genannt Strafverfahren, Urteilsspruch und Urteilsvollstreckung – auf Handlungen reagieren müssen, die mit dem ›Wenn‹-Teil des Rechts übereinstimmen. Die Rechtsordnung würde Mord, Diebstahl usf. auch innerhalb dieser Konstruktion zwar ebenfalls nicht erlauben, aber diese Handlungstypen nur mit genau bestimmten Konsequenzen versehen, die es dem Ermessen des Bürgers überlassen, diesen Sanktionen auszuweichen oder auf sie zuzusteuern. Der normative Charakter des »Du sollst nicht!« wäre den substanziellen Regeln des Strafrechts entzogen, und es wäre nicht mehr sinnvoll, von einem Verbrechen als illegaler Handlung bzw. von dem Menschen, der sie begeht, als einem Gesetzesbrecher zu sprechen. In unserer Alltagserfahrung des Rechts wäre dann die Frage nach dem Grund, warum gewisse Konsequenzen, verstanden als ›Strafen‹, an gewisse Handlungstypen, verstanden als ›Verbrechen‹, zu binden seien, nicht an die Rechtsphilosophie zu richten. Derlei Angelegenheiten würden dem Feld der ›moralischen‹ Zwecke jenseits des Rechts zufallen.[43] Die Bedeutung des Ausdrucks ›gesetzestreuer Bürger‹ würde ebenfalls verdunsten, da nichts, was solch ein Bürger macht, als rechtlich bedeutsam im Sinn solcher Handlungen klassifiziert werden könnte, die unter Typen fallen, die das Aggregat geltender Regeln bereithält.

Gegen diese Konstruktion steht das gleiche Argument wie dasjenige, das der Sackgasse der zenonischen Paradoxie widerstand: Der Zweck der Analyse besteht nicht darin, unser voranalytisches Wissen vom Recht für Nonsens zu erklären, [26]sondern vielmehr seinen Sinn ersichtlich zu machen. Daher müssen wir der Annahme den Vorzug geben, dass der Rechtsetzungsprozess Sinn macht, und zwar als ein Instrument zur Sicherung der Substanz der Ordnung, die einer Gesellschaft wesentlich innewohnt. Des Weiteren empfiehlt sich diese Annahme auch deswegen von selbst, weil die Rechtsordnung im Sinn des Aggregats geltender Regeln kaum die normative Ausdrucksweise des »Du sollst!« bzw. »Du sollst nicht!« einholt. Das niedergeschriebene Recht beschreibt für gewöhnlich Tatsachen-, Ereignis- und Verhaltenstypen, die ihre rechtliche Relevanz durch andere Tatsachen-, Ereignis- und Verhaltenstypen der Regierungsorgane erhalten, die im Fall der Übereinstimmung oder Nonkonformität mit der ersten Typenklasse erfolgen. Dass diese Typenreihe mit dem Zweck der Sicherung der Ordnung der gesellschaftlichen Beziehungen konstruiert wird, wird nicht notwendig explizit aus einem Rechtstext hervorgehen, obwohl die sogenannte Intention des Gesetzgebers ausdrücklich in den ›Präambeln‹ eines Gesetzes festgehalten sein könnte. In den wichtigeren modernen Kodifikationen wird diese Intention eigentlich immer vorangeschickt. Und die Rechtstechnik des kodifizierenden Gesetzgebers ist auf die Aufgabe ausgerichtet, Typen zu konstruieren, die die Intention mit größter Wahrscheinlichkeit realisieren werden. Die allgemein verbreitete Rede von Rechtsregeln und -normen muss daher stets als der Gesetzestext aufgefasst werden, wie er im Licht seiner normativen Intention gelesen würde. Es ist dementsprechend im Prinzip möglich, eine komplette Rechtsordnung durch Definitionen und Sätze zu konstruieren, ohne jemals ein normatives Vokabular heranzuziehen.

Insgesamt können die vorangegangenen Überlegungen wie folgt zusammengefasst werden: Der Rechtsetzungsprozess hat Teil an der Natur des Rechts, insofern er dem Zweck der Sicherung der Substanz der gesellschaftlichen Ordnung dient. Und die gesellschaftliche Ordnung ist das Gebiet, in dem wir die Natur des Rechts zu suchen haben.

§ 3. Theoretische Konstruktionen dieses Verhältnisses

Die soeben aufgezeigten Beziehungen haben innerhalb der Rechtsphilosophie eine Vielzahl von Konstruktionen hervorgerufen. Die grundlegenden Typen sind die Folgenden:

1. Bei Platon und Aristoteles ruht der Akzent auf der Substanz der gesellschaftlichen Ordnung, besonders der Ordnung der griechischen Polis. Die Untersuchung über die wahre Ordnung der Polis ist die Hauptaufgabe eines Philosophen.[44] Spezifische Regeln werden unter demjenigen Aspekt formuliert, dass sie die wahre gesellschaftliche Ordnung artikulieren und, falls sie erlassen würden, diese sichern. Der Rechtsetzungsprozess wird hier unter dem

Aspekt betrachtet, ob seine Organisation Regeln hervorbringt, die die wahre Ordnung sicherstellen werden.

[27]2. Mit dem Entstehen des modernen Nationalstaats rückt der Rechtsetzungsprozess selbst ins Zentrum des Interesses. Im Ringen mit den Autoritäten von Kirche und Kaiserreich, dem Römischen Recht und den Ständen behaupten die Regierungen der aufkommenden Nationalstaaten, was die Rechtsetzung anbelangt, die Vorherrschaft über den Staat. Der Fürst, als der Repräsentant des Staats, wird zum souveränen Gesetzgeber. Alles geltende Recht entspringt ihm – entweder direkt oder durch seine Agenten vermittelt, denen er seine Autorität zur Rechtsetzung übertragen hat.[45]

Nichtsdestoweniger wäre der Rechtsetzungsprozess, obgleich sich der Akzent verschoben hat, keineswegs selbstgenügsam geworden. Das Bewusstsein dafür, dass der souveräne Gesetzgeber die Substanz einer Ordnung, die nicht sein eigenes Werk ist, erhalten müsse, besteht fort. Dies ist derjenige Typ von Konstruktion, wie ihn im sechzehnten Jahrhundert Bodin vertritt. Das Recht wird hierin unter Beachtung der beiden Aspekte einer Hierarchie geltender Regeln und einer Hierarchie rechtsetzender Autoritäten diskutiert. Die Hierarchie geltender Regeln setzt als ihre oberste Schicht beim göttlichen und beim Naturrecht an. Darunter werden die Statuten des Fürsten angefügt, dann folgt das Gewohnheitsrecht, insofern es nicht in Konflikt mit den königlichen Statuen steht, und danach kommen die Entscheidungen der Magistrate, die sich gemäß der Anordnung durch die höheren Ebenen ins Recht einreihen dürfen, bis am unteren Ende die rechtlichen Transaktionen der Untertanen kommen – ihre Käufe und Verkäufe, ihre Arbeitsverträge, Heiraten, Testamente usf. In umgekehrter Reihenfolge beginnt demnach die Hierarchie der rechtsetzenden Autoritäten bei den Untertanen, steigt auf über die Magistrate und den König und kulminiert in Gott.

Im siebzehnten Jahrhundert wird die Verbindung des souveränen Rechtsetzungsprozesses mit einer autonomen Substanz der Ordnung allerdings spürbar geschwächt: in der Konstruktion von Hobbes. Hobbes reduziert die Substanz der Ordnung auf das Postulat des innergesellschaftlichen Friedens. Ob die daraus resultierende Ordnung nun die judeo-christliche Substanz manifestiert, wie sie noch Bodin vor Augen stand, wird der Entscheidung des jeweiligen Souveräns anheimgestellt. Ob das englische Gemeinwesen christlich sein wird oder nicht, wird von einem Gegenstand der substanziellen Ordnung zu einem, der dem historischen Zufall ausgeliefert ist.

3. Mit dem Aufkommen der Säkularisation und der Auflösung der Philosophie im neunzehnten und zwanzigsten Jahrhundert erreicht der Rechtsetzungsprozess vollständige Autonomie, d.h. seine Theoretiker entfernen die Frage nach der substanziellen Ordnung aus der Rechtstheorie. Darüber hinaus weisen die Theoretiker eine Tendenz auf, den Rechtsetzungsprozess selbst in die zwei Komponenten geltender Regeln und der Akte ihrer Erschaffung aufzusplitten, [28]und jede der Komponenten unabhängig voneinander zur Basis ihres theoretischen Konstrukts zu machen.[46] Das Ergebnis hiervon ist die parallele Entwicklung einer normativen und einer soziologischen Jurisprudenz.

4. Der repräsentative Fall einer normativen Jurisprudenz ist Kelsens *Reine Rechtslehre*.[47] In dieser Theorie bezieht der Rechtsetzungsprozess das Monopol auf den Titel des ›Rechts‹, da Kelsen Normen und rechtlich relevante Handlungen zu einem einzigen normativen Ganzen zusammenzieht. Kelsens Hierarchie kulminiert in einer hypothetischen Grundnorm, die die Mitglieder der Gesellschaft dahingehend ordnet, sich in Übereinstimmung mit den Normen zu verhalten, die sich letztlich aus der Verfassung ableiten.[48] Die Machtstruktur, wie sie in der Verfassung

ausgedrückt wird, ist der Ursprung der Rechtsordnung – nur noch von der hypothetischen Grundnorm überragt, um die obersten Ordnungsakte als in Übereinstimmung mit einer Norm denkbar zu machen, womit das normative System geschlossen ist.

Danach gelten Recht und Staat Kelsen zufolge als zwei Aspekte derselben normativen Wirklichkeit.[49] Da die hypothetische Grundnorm Bodins göttliches und Naturrecht als oberste Hierarchieebene verdrängt, werden alle Probleme der substanziellen Ordnung eliminiert. Welche Macht auch immer sich in der Gesellschaft am Ende etablieren sollte, sie ist die rechtsetzende Macht; und unter ihrer hypothetischen Norm steht das Recht, welche Regeln sie auch immer erlassen wird. Die klassischen Fragen nach wahrer und unwahrer, gerechter und ungerechter Ordnung gehören nicht weiter zur Rechtswissenschaft bzw. sind aus demselben Grund nicht mehr Gegenstand irgendeiner Wissenschaft überhaupt. Daher ist die einzige Gesellschaftswissenschaft, die Kelsen neben der normativen Jurisprudenz zulässt, eine ›Soziologie‹, die als eine Wissenschaft definiert wird, die es mit den Handlungen der Menschen und ihren Kausalbeziehungen zu tun hat. Das ganze Gebiet der aristotelischen *episteme politike* zählt nicht zu den Wissenschaften und verdient daher keinerlei Aufmerksamkeit durch den Theoretiker.

5. Im Fall des Versuchs, Rechtsetzungsakte als Basis theoretischer Konstruktionen heranzuziehen, ist es schwierig, ein einzelnes repräsentatives System herauszusondern. Hier stehen wir vielmehr einer großen Vielfalt an Bemühungen um eine ›Soziologie‹ des Rechts gegenüber. Je nach ihren Interessen konzentrieren sich die Autoren entweder auf die Verfahren, die zur Verfassung oder zur Legislative gehören, auf die Gerichtsurteile der verschiedenen Ebenen oder auf das Verhalten der allgemeinen Öffentlichkeit und ihrer Untergruppen. Das reichhaltige Vokabular legislativer

Absichten und rechtlicher Funktionen zeigt die Vielfalt an Beziehungen zwischen den Menschen und der gesellschaftlichen Ordnung, in der sie leben – ein Vokabular des inneren Friedens, der Wohlfahrt und der sozialen Absicherung, der Freiheit und des Eigentums, der Klassen- und Gruppeninteressen, des Schutzes [29]der Schwachen, der Vergleiche, Prävention, Vorbeugung und Rehabilitation, des rechtmäßigen und unrechtmäßigen, des sozialen und unsozialen Verhaltens usf.

Was die Begriffe dieser Art mit den soziologischen Theorien, in denen sie vorkommen, gemein haben, ist ihr voranalytischer Charakter. Die Untersuchung ist noch nicht bis zu dem Punkt vorangeschritten, an dem die Kriterien der wahren Ordnung im philosophischen Sinn in den Blick treten. In ihrer bloßen Beisammenstellung spiegeln sie denselben Zustand philosophischen Verfalls wider, wie er sich in der normativen Jurisprudenz manifestiert. Die Natur des Rechts im Sinn der substanziellen Ordnung der Gesellschaft wird niemals zum Gegenstand der Analyse werden, falls die Untersuchung bei der Beobachtung solcher Phänomene unvermittelt stoppt – Phänomene wie das Verhalten der Richter, die Forderungen von Lobbygruppen, die Ideologien der politischen Bewegungen,[50] die psychologische Aufarbeitung der Gesetzeskonformität bzw. -überschreitung, das Bedürfnis nach Reformen der Legislative und der Gerichte usf.

KAPITEL III

Der Gesamtkomplex Ordnung

Das Recht im Sinn eines Aggregats geltender Regeln muss in den gesellschaftlichen Kontext des Prozesses gestellt werden, in dem es erschaffen wird. Und das Rechtsetzungsverfahren muss umgekehrt in den Kontext der Gesellschaft gerückt werden, die ihre substanzielle Ordnung eben vermittels dieses Prozesses absichert. Dieser Gesamtzusammenhang ist eine Bedeutungseinheit, eine Entität. Daher wird der Ausdruck *Recht* seine Bedeutung, wie sie verwendet wurde, um entweder das Ganze oder nur einen Teil dieses Komplexes zu bezeichnen, wechseln. Die Äquivokationen, die durch diese Situation verursacht wurden, können nur dadurch vermieden werden, dass eine von der Alltagssprache deutlich abweichende Kunstsprache verwendet wird – ein Verfahren, das allerdings nicht zu empfehlen ist. Daher werde ich begriffliche Unterscheidungen dort, wo sie notwendig werden, mit angemessenen Warnhinweisen einführen, wo ansonsten ein konventionelles Vokabular verwendet wird.

§ 1. Struktur, Kontinuität und Identität dieses Komplexes

An der gegenwärtigen Verbindungsstelle ist eine solche Vorsicht geboten, da wir folgendermaßen unterscheiden müssen: 1) ›das Recht‹ im Sinn geltender Regeln und des Rechtsetzungsprozesses und 2) ›das Recht‹ im Sinn der substanziellen Ordnung der Gesellschaft. Wir sollten von diesen beiden Bereichen des Gesamtkomplexes [30]als seinem rechtlichen und seinem sozialen Bereich bzw. seinen beiden Seiten sprechen, vor dem Hintergrund, dass der ganze Komplex die Entität ist, deren Natur wir erforschen, wenn wir auf der Suche nach der ›Natur des Rechts‹ sind. Das terminologische Nadelöhr des ›Rechts‹ impliziert somit keine Verknappung an Wesensgehalt, auch wenn wir es als erwiesen erachten können, dass die Rechtsordnung qua Regelaggregat keinerlei ontologischen Status hat und folglich weder Essenz noch Existenz kennt.

In der Struktur dieser Entität als Ganzer können wir zwei wesentliche Spannungen ausmachen: Zum einen gibt es eine Spannung zwischen der substanziellen Ordnung der Gesellschaft und dem Rechtsetzungsprozess, insofern als der organisierte Rechtsetzungsprozess offensichtlich die unvermeidlichen Mittel zur existenziellen Aufrechterhaltung der substanziellen Ordnung darstellt; und zum anderen gibt es eine Spannung zwischen der substanziellen Ordnung der Gesellschaft, wie sie empirisch existiert, und einer wahren substanziellen Ordnung, gegenüber der die empirische Ordnung zurückbleibt.[51]

Für den Augenblick sollten wir uns zunächst nur mit der ersten dieser Spannungen befassen – mit der Grundausrichtung der Rechtsordnung als einem Mittel, um die substanzielle Ordnung der Gesellschaft herbeizuführen. Ferner müssen wir aus dieser ziemlich komplexen Beziehung die Gewichtung der Relation gegenüber der gesellschaftlichen Seite des Komplexes herausdestillieren. Die Frage nach der geltenden Rechtsordnung müssen wir jetzt nochmals überprüfen. Nachdem wir mit der Gesellschaft dasjenige gefunden hatten, das das Gewicht der Existenz in der Zeit mit der Rechtsordnung verknüpft, müssen wir erneut fragen: Was meinen wir mit ›das Recht‹, wenn wir vom amerikanischen oder italienischen Recht oder von der Geschichte des französischen Zivil- und Verwaltungsrechts sprechen? Offenbar meinen wir wohl kaum das Aggregat geltender Regeln oder die Abfolge dieser Aggregate, sondern lassen in unsere Sprache ein bedeutungstragendes Moment einfließen, das von der gesellschaftlichen Seite herstammt.

Die besondere Wirkkraft dieser gesellschaftlichen Seite wird sowohl deutlich als auch begreiflich werden, wenn wir über gewisse Grenzfragen des Verfassungsrechts nachdenken.

Falls die Rechtsordnung als das Aggregat geltender Regeln oder als eine Abfolge von Aggregaten verstanden wird, leiten alle zur Ordnung gehörenden Teile ihre Geltung, durch Verfahrensregeln vermittelt, von der Verfassung im materialen Sinne ab. Die Rechtsordnung wird durch die Regeln, die die Verfahren ihrer Erschaffung betreffen, als eine identifizierbare Bedeutungseinheit konstituiert. Die in dieser Konstruktion zutage tretende Klarheit wird natürlich durch die zuvor erhobenen Fragen nach dem Status derjenigen Regeln getrübt, die einst im Rahmen dieser Verfassung galten, aber jetzt nicht mehr gelten, und derjenigen, die zwar noch nicht jetzt, aber in der Zukunft gelten werden – aber diese Fragen müssen wir noch immer aufschieben. Wir werden [31]vielmehr über das Phänomen der sogenannten ›Wechsel‹ in der Verfassung selbst wie auch über die Vorkehrungen zu ihrer eigenen Abänderung[52], die sie womöglich beinhaltet, nachzudenken haben.

Im Prinzip gilt ganz genau dasselbe Argument für das Aggregat an Verfassungsregeln, das auch für alle anderen Subaggregate geltender Regeln gilt: Durch Aufnahme oder Ausscheidung einzelner Regeln ›wechselt‹ das Aggregat nicht, sondern es wird in ein anderes Aggregat transformiert. Mit den Verfahren der Verfassung erreichen wir allenfalls die Spitze der Regelhierarchie. Es gibt keine Verfassung über der Verfassung, die eine Abfolge von Verfassungsaggregaten auf die Art und Weise mit einer

Rechtsordnung verbinden würde, worin die statutarischen Subaggregate durch die Verfassung verbunden wären. Wir sind an der Grenze angekommen, an der das Problem der Geltung nicht mehr intrasystematisch durch Rückbezug auf ein verfahrensmäßig höher stehendes Regelaggregat gelöst werden kann. Wir stehen dem Phänomen gegenüber, dass die Geltung des Rechts ihren Ursprung in außerrechtlichen Quellen hat.[53]

An dieser Weggabelung zweigt mehr als ein Analysestrang ab. An allererster Stelle kann das Problem durch keine Konstruktion desjenigen Typs aus der Welt geschafft werden, wie ihn Kelsen mit seiner hypothetischen Grundnorm vorgetragen hat. Die Absicht der Konstruktion besteht darin, mit einer Norm nochmals die Verfahren zu übersteigen, aus denen die Verfassung hervorging. Die hypothetische Norm verweist dabei die rechtliche Gültigkeit auf die Verfassung selbst zurück und schließt somit das ›System‹ des Rechts. Diese Konstruktion ist abzulehnen, da sie analytischer Blödsinn ist. Sie analysiert nämlich nichts, sondern bricht die Untersuchung zur Natur des Rechts einfach ab.[54] In der Wissenschaft sind wir am Studium der Wirklichkeit interessiert, nicht an der Konstruktion eines ›Systems‹, das sein Studium präkludiert.[55]

Ein zweiter Strang eröffnet sich angesichts Bodins Unterscheidung der Hierarchie der Normen im Rechtsetzungsprozess in göttliches und Naturrecht. An dieser Stelle erreichen wir tatsächlich neue Bereiche der Wirklichkeit, d.h. die Quellen der Autorität, aus denen das Recht seine Geltung ableitet. Wir können diesem Gedankengang allerdings momentan nicht nachgehen, stellen ihn aber für eine spätere Betrachtung zurück. Denn neben den Autoritäten, auf die die Symbole ›göttliches und Naturrecht‹ verweisen, gibt es eine weitere Quelle der Autorität – die Autorität organisierter gesellschaftlicher Macht. Bodin betrachtet in seiner

Rechtsphilosophie die Autorität, wenn er den Fürsten seine souveräne Macht zur Rechtsetzung gleichermaßen aus dem Schwert wie von Gott ableiten lässt.[56] Die ›Mächte, die da sind‹, verleihen dem Recht, wenn sie es erlassen, Geltung und haben einen vorrangigen Anspruch auf unsere Aufmerksamkeit, weil die Machtstruktur [32]der Gesellschaft die Wirklichkeit ist, wie sie in den Regeln der Verfassung im materialen Sinn rechtlich artikuliert wird.

Die Regeln der Verfassung versuchen, eine stabile Ordnung für die Gesellschaft zu erschaffen, indem sie die oberste Ordnungsmacht in den Regierungsorganen einrichten, die die tatsächliche Machtartikulation der Gesellschaft repräsentieren. Wenn die Verfassungsgeber die tatsächliche Machtartikulation der Gesellschaft zutreffend diagnostiziert haben, wenn sie des Weiteren handwerklich gut aufgestellt sind und wissen, wie man der Wirklichkeit der Macht in ihrer Gesellschaft rechtlichen Ausdruck verleihen kann, und wenn sich schließlich die Machtstruktur, die in die Verfassung aufgenommen wurde, als stabil herausgestellt hat, dann wird die Verfassung von Bestand sein. Und selbst wenn wir alle Fragen nach der zutreffenden Diagnose und dem handwerklichen Geschick beiseitelassen, wird die Verfassung nicht von Bestand sein, wenn die Machtstruktur instabil ist. In diesem Fall werden sich mehr oder weniger gewaltsame Ereignisse einstellen, und die Verfassungsregeln werden dem Wechsel in der Machtstruktur anzugleichen sein – sei es im Gebrauch, durch Interpretation, förmliche Zusätze oder vollständigen Austausch.

Diese Phänomene der Anpassung werfen nun wiederum Fragen nach der Identität der Rechtsordnung auf. Wenn ein Land aus einer Revolution mit einer neuen Verfassung hervorgeht, erschaffen durch Prozeduren, die nicht von der vorherigen Verfassung bereitgehalten wurden, dann kommt die eine Rechtsordnung an ihr Ende und eine ganz neue ist entstanden.[57] Wenn wir angesichts dieses Phänomens die Konstruktion des Rechts als ein Aggregat geltender Regeln, die aus der Verfassung abgeleitet wurden, akzeptieren würden, dann würden wir alsbald zu der Schlussfolgerung gelangen, dass mit der neuen Rechtsordnung ein neuer ›Staat‹ erschaffen wurde – er ist also keineswegs identisch mit dem alten ›Staat‹ unter der vorherigen Verfassung. Derartige Konstruktionen wurden tatsächlich vorgetragen und bis an ihre logische Konklusion vorangetrieben: dass sich die Geltung eines Statuts, obgleich sie die Revolution unverändert überstanden hat, nicht von der alten, sondern von der neuen Verfassung ableitet. Ungeachtet der Kontinuität des Hauptteils des rechtlichen Regelwerks wurde in dem Augenblick eine neue Rechtsordnung erschaffen, in dem die Kontinuität der Verfassung revolutionsbedingt eine Unterbrechung erfuhr. Es muss hierzu eine besondere rechtliche Vereinbarung getroffen werden, um den neuen Staat mit seinem Vorgänger zu verbinden, falls sich das als erwünscht herausstellen sollte. Revolutionsregierungen zeigen häufig Sympathie für diese Konstruktion, da es so scheint, als gäbe sie ihnen das Recht, die Verbindlichkeiten, die die vorrevolutionäre Regierung eingegangen ist, zurückzuweisen. Umgekehrt werden die Leidtragenden einer solchen Zurückweisung, wenn sie die Macht dazu haben sollten, darauf bestehen, dass der revolutionsbedingte Austausch der Rechtsordnung derartige Verpflichtungen keineswegs annulliere, dass die Gesellschaft, die einen Wechsel in ihrer Machtstruktur durchlaufen hat, [33]immer noch dieselbe Gesellschaft sei und dass es eine Kontinuität zwischen den vor- und den nachrevolutionären Regierungen gebe, die durch die Kontinuität der Gesellschaft selbst verbürgt werde.

§ 2. Das Ringen des Aristoteles mit dem Problem der Identität

Von dieser Klasse von Problemen wurde insbesondere Aristoteles außerordentlich geplagt. Er wandte die Kategorien von Form und Substanz auf die Polis an, indem er annahm, die Verfassung, die *politeia*, sei die Form.[58] Er hatte diese Kategorien zuvor entwickelt, als er über die jeweilige Natur von Artefakten, Organismen und absichtsgeleiteten Handlungen nachdachte. Obgleich für diese Modelle passend, evozierten die Kategorien Schwierigkeiten, als sie auf die Polis angewandt werden sollten. Worin bestand nämlich die Substanz einer Gesellschaft, wenn die Verfassung ihre Form sein sollte? Waren es vielleicht die Bürger? Und wenn dies so sein sollte: Wer wäre dann so ein Bürger? Sollte jedermann zur Zahl der Bürger gerechnet werden, der permanenter Einwohner auf dem Gebiet der Polis war? Aber dann würden selbst Sklaven und Metöken als Bürger zählen, und solch eine Rechnung stünde in Konflikt mit der voranalytischen Alltagssprache.[59] Sollte ein Mann erst als Bürger gezählt werden, wenn er unmittelbar am Regierungsgeschehen teilnahm, wenn nicht sogar ein höheres Amt versah oder wenigstens in eine Körperschaft gewählt wurde? In jedem Fall wird eine derartige Definition in die Schwierigkeit geraten, dass nicht jede Polis die Form der Demokratie teilt. In einer Tyrannei oder Oligarchie genießen nicht einmal alle freien Männer das Recht, in eine Körperschaft gewählt werden zu dürfen, obwohl sie ihren Status als Bürger – als eine Konsequenz hiervon – dennoch nicht verlieren müssen und in den Rang von Metöken oder Sklaven abrutschen. Obgleich Aristoteles behauptet, dass diese Definition des Bürgers als Mann, der am Regierungsgeschehen teilhat, besser zur Demokratie als zu einer anderen Regierungsform passt, treibt er nichtsdestoweniger die

Analyse nicht weiter voran, da er an der Regierungsform (an der Verfassung) als Form der Polis festhalten will. Allerdings muss er, wenn er das denn so macht, die Substanz, die die Formen füllt, dann als Personen definieren, die einen Ort und eine Funktion in dieser Form haben.[60]

Die Konstruktion führt ferner zu der weiteren Schwierigkeit, die Polis selbst zu identifizieren. Wenn die Verfassung die Form der Polis ist, und wenn ein Ding ontologisch durch seine Form konstituiert wird, was geschieht dann mit einer Polis angesichts der häufigen Revolutionen in den griechischen Stadtstaaten zur Zeit des Aristoteles? Gibt es dann jedes Mal eine neue Polis, wenn die Oligarchen von Demokraten gestürzt werden und vice versa? Oder ist trotz aller Brüche in der Kontinuität ihrer Verfassungsform Athen immer noch Athen? Am wichtigsten aber: Handelt die Polis als solche, wenn eine oligarchische Regierung eine Verpflichtung eingeht, [34]oder können solche Verpflichtungen von der ihr nachfolgenden demokratischen Regierung abgelehnt werden, weil die Oligarchen nur ihre privaten Interessen repräsentierten und nicht das Gemeinwohl – ein Argument, das von den Vertretern der demokratischen Fraktion aus offensichtlichen Gründen sehr geschätzt wird?[61] Für Aristoteles hängen die Antworten auf Fragen dieser Art von der Antwort auf die ultimative Fragestellung ab: Wollen wir von einer Polis als derselben Polis sprechen, solange das Volk und sein Wohnsitz derselbe bleiben, ungeachtet des Faktums, dass die Mitglieder der Polis selbst einen Fluss der Generationen darstellen, einen Fluss von Menschen, die in die Existenz treten und sterben, und daher von einem Tag auf den anderen niemals dieselben sein werden?

Aristoteles treibt die Debatte von der sozialen Seite der Ordnung her auf dieselbe zenonische Sackgasse zu, auf die wir zu Beginn unserer Untersuchung von Seiten der geltenden Rechtsordnung stießen. Die Gesellschaft ist dabei eine Entität, die aus Menschen zusammengesetzt ist. Wenn wir uns bemühen, die Gesellschaft anhand der ihr Angehörenden zu identifizieren, dann werden wir aufgrund des täglichen Zuwachses und Schrumpfens durch Geburten und Todesfälle keine Gesellschaft mit einer kontinuierlichen Existenz in der Zeit, sondern jeden Tag eine neue Gesellschaft finden. Die Polis kann daher nicht durch Bezug auf Menschen, sondern muss vielmehr durch Bezugnahme auf die Bürger als der Substanz ihrer Form definiert werden.[62] Und die Form ist gerade die Verfassung. Wenn die Verfassung nun dieselbe ist, dann ist auch die Polis dieselbe, ungeachtet des Zuwachses oder Verlusts an Bürgersubstanz. Aristoteles schließt die Analyse mit der Versicherung, dass nichts von alledem die Frage auch nur berührt, ob eine Polis ihre Verpflichtungen erfüllen solle oder nicht, wenn die Verfassung, die *politeia*, sich ändert. Er belässt diese Frage vielmehr in der Schwebe, und auch die Frage nach dem Status der Bürger unter einer oligarchischen oder tyrannischen Verfassung, in der sie am Regierungsgeschehen nicht teilhaben, lässt er offen. Ebenso lässt er schlussendlich auch die Frage nach der kontinuierlichen Existenz der Stadt Athen, durch ihre vielen Verfassungswechsel hindurch, unbeantwortet.

Die aristotelischen Argumente sind für unsere Analyse von beachtlichem Interesse, da wir in ihnen erneut auf das zenonische Paradoxon stoßen. Ausgehend von dieser paradoxen Sackgasse der Geltung der Rechtsregeln, ihrer Aggregate und der Abfolge ihrer Aggregate, suchten wir vormals Zuflucht bei der Gesellschaft als demjenigen Etwas, das in der Zeit existiert. Aristoteles entdeckte die Gesellschaft als einen Fluss von Menschen in der Zeit, der niemals zur Selbigkeit einer Gesellschaft erstarren wird, die sich über irgendeine Zeitdauer erstreckt. Und er suchte Zuflucht in der Verfassung als der Form, die bleibt, während ihre Substanz, die Bürger, in der Zeit Veränderungen unterliegt. Das ist freilich äußerst unangenehm: Die aristotelische Analyse scheint uns von unserem Fluchtweg zur Gesellschaft abzuschneiden, und unsere [35]Analyse hatte uns doch bereits den Fluchtweg von der Gesellschaft zur Dauer der Rechtsordnung, die in der Verfassung kulminiert, abgeschnitten. Nichtsdestoweniger brauchen wir nicht zu verzweifeln. Aristoteles war ein Meister der Analyse. Auch wenn seine Ergebnisse unbefriedigend sind, legt seine Analyse immerhin den Grund dieser Schwierigkeit offen, wie es jede technisch gut durchgeführte Analyse tut. Er besteht in der unkritischen Übertragung der Kategorien von Form und Substanz auf diejenigen Seinsbereiche, für die sie nicht entwickelt worden sind.

Dieser Transfer führt nicht nur in Aristoteles' politischen Studien, sondern auch in seiner Seelenlehre zu Schwierigkeiten, wenn er versucht, eine noetische Form der Seele zu konstruieren.[63] Im Gegenzug erwachsen daraus die unendlichen Schwierigkeiten in der scholastischen Anthropologie und Seelenlehre im Mittelalter, wo die Seele in den Spekulationen als die ›Form‹ des Menschen erachtet wird.[64] Im gegenwärtigen Fall hindert der Transfer Aristoteles daran, eine vernünftige Verbindung seiner Theorie der ›Form‹ der Polis (in *Politik*, Buch 3) mit seiner Theorie von der Natur der Polis (*Politik*, Buch 1) zu entwickeln. Das Problem des Rechtsetzungsprozesses, das in der Verfassung kulminiert, analysiert er nur unzureichend und klärt überhaupt nicht die Verbindung dieses Problems mit der Ordnung der Polis, die kontinuierlich in der Zeit existiert und durch den Rechtsetzungsprozess gesichert werden soll, egal ob es an der Spitze der Hierarchie demokratisch oder oligarchisch zugeht. Diese Beobachtungen sollten als Warnung dienen. Wir beschäftigen uns mit einem Problem, das selbst einen Aristoteles in die Irre geführt hat. Wir müssen äußerste Vorsicht walten lassen, indem wir auf jeden einzelnen Schritt der Analyse achtgeben.

§ 3. Die Grenzfrage: das Verfassungsrecht

Die Selbigkeit der Rechtsordnung ist offensichtlich höchst problembelastet. Um etwaige Fehlkonstruktionen zu vermeiden, müssen wir auf die voranalytischen Phänomene zurückgehen. Etwas Verständnishilfe mit Blick auf das Verhältnis zwischen Rechtsordnung und gesellschaftlicher Wirklichkeit können wir von denjenigen phänomenalen Situationen ableiten, in denen Revolutionen in der Machtstruktur stattfinden, ohne dabei die Kontinuität des Rechts zu unterbrechen. Im neunzehnten und frühen zwanzigsten Jahrhundert wurde beispielsweise der Übergang von einer absoluten zur repräsentativen-konstitutionellen Monarchie mehr als einmal dadurch beeinträchtigt, dass der absolute Monarch die Verfassung erließ. Im Fall einer solchen oktroyierten Verfassung darf die Frage gestellt werden, ob die daraus resultierende Rechtsordnung ihre Geltung von der neuen Verfassung oder von ihrem Erlass durch Proklamation durch den absoluten Monarchen, der die Verfassung erließ, ableitet. Die [36]Spitzen der politischen Kräfte, die dieses Zugeständnis dem Monarchen abforderten, würden die Geltung der neuen Verfassung von der Autorität der neuerdings wirkenden politischen Mächte ableiten. Der Monarch würde hingegen dahin tendieren, sie von seiner eigenen, unberührten Autorität abzuleiten und, falls im Interesse des Staats notwendig, kraft seiner fortdauernden Autorität auf ein Widerrufsrecht pochen. Während die beiden Seiten in dieser politischen Angelegenheit also nicht übereinstimmen mögen, würden sie dennoch darin einer Meinung sein, dass die Geltung der Rechtsordnung, die in der Verfassung kulminiert, irgendetwas mit der Autorität der politischen Mächte in der Gesellschaft überhaupt zu tun hat. Es ist daher verständlich, dass die Führer der konstitutionalistischen Bewegung im neunzehnten Jahrhundert nur wenig Sympathie für die Methode der Oktroyierung hatten, da sie mit Blick auf die Quelle der Autorität eine äquivoke Situation erschuf.

Weitere erhellende Merkwürdigkeiten halten die Phänomene rund um die politischen Praktiken der Verfassungsgebung während der Revolution der Nationalsozialisten in Deutschland bereit. Da ›Legalität‹ in der Psychologie des Mobs des zwanzigsten Jahrhunderts einen Massenanreiz darstellt, sorgte die Führung der Nationalsozialisten dafür, dass die Regeln der Verfassung der neuen Machtstruktur angepasst wurden, indem man die Verfahren der Weimarer Verfassung, Verfassungszusätze zu erlassen, bemühte. (Dieselbe Methode wurde bereits zuvor wenigstens in einem Fall, nämlich von der faschistischen Regierung Italiens, benutzt.) Die Folge hiervon war eine Flut an Monographien der deutschen Verfassungsrechtler: Einige plädierten dafür, dass die Weimarer Verfassung immer noch in Kraft war; andere plädierten dafür, dass der revolutionäre Wechsel in der Machtstruktur ungeachtet der Legalitätsspielchen eine neue Verfassung erschaffen habe. In diesem Beispiel wird es zu einer sogar noch brennenderen Angelegenheit, ob die Identität der Rechtsordnung konstruiert wurde, indem man auf intrasystematische, prozedurale Geltung oder auf eine Autorität abstellt, die der Machtstruktur einer Gesellschaft entspringt.

Ein wichtiges Phänomen tritt schließlich im Rahmen der Geschichte unserer eigenen Verfassung auf. Das Verfahren, durch das die Verfassung von 1789 erschaffen wurde, wurde nicht durch die Konföderationsartikel[65] vorbereitet. Im Sinn der prozeduralen Geltung war der Kongress von Philadelphia somit eine revolutionäre Versammlung, und die Kontinuität der Rechtsordnung wurde verletzt. Auch wenn der Begriff Revolution in Verbindung mit den Ereignissen von 1776 und danach regelmäßig verwandt wird, wird er in Verbindung mit den Ereignissen von 1789 kaum gebraucht – und das trotz der Tatsache, dass die Kontinuität der Verfassung gebrochen wurde und nicht alle Mittel, die Ratifikation der neuen [37]Verfassung in den verschiedenen Staaten herbeizuführen, unter den Überschriften Liebenswürdigkeit und Vernunft standen. Diese Besonderheit wird verständlich, wenn die ganze Zeitspanne von den Anfängen des Strebens nach Unabhängigkeit bis zum Beschluss der Verfassung von 1789 als ein einziger sozialer Prozess erachtet wird, in dem die entstehende Nation sich einen Weg durch die Schwierigkeiten der interkolonialen und zwischenstaatlichen Beziehungen hindurchschlängelnd ihre Machtphysiognomie erlangte und nach den unzufriedenstellenden Experimenten mit dem Kontinentalkongress und den Konföderationsartikeln die Verfassung fand, die rechtlich galt und gleichzeitig ausdrucksstark für die autoritative Machtstruktur der neuen Nation war. Die Entstehung der amerikanischen Verfassung, wie sie sich in der Kette der Ereignisse zwischen 1776 und 1789 zeigt, bietet vielleicht das anschaulichste Lehrstück vom Entstehen einer autoritativen Macht in einer neuen Gesellschaft, wie sie war, begleitet von hervorragender Handwerkskunst im Ersinnen rechtlicher Formen für eine stabile Struktur. Dieser Fall ist für unsere Analyse von besonderer Wichtigkeit, weil der Sog des gesellschaftlichen Prozesses und die Art und Weise, in der die Fragen nach Legalität und Verfassungsmäßigkeit den Fragen nach der Erschaffung und dem Ordnen der Nation untergeordnet wurden, keinen wie auch immer gearteten Zweifel daran lassen, auf welcher Seite das Gewicht des komplexen Phänomens des Rechts ruht.

Die Auswahl der Beispiele wird so wenigstens in eine der Fragen nach der Natur des Rechts Klarheit gebracht haben. Die Rechtsordnung im Sinn eines Aggregats geltender Regeln ist in keiner Weise ein unabhängiger Untersuchungsgegenstand. Sie ist Teil des größeren Phänomens, das neben anderen Dingen die Bemühungen der Menschen einschließt, in einer konkreten Gesellschaft eine Ordnung zu begründen. Das größere Phänomen ist des Weiteren kein Gemisch von übersichtlich geordneten Einzelteilen, wie etwa die geltenden Regeln oder der gesellschaftliche Prozess. Die wirkliche Machtstruktur mit ihrer Autorität reicht bis in die Geltung der Regeln selbst hinein. Daher können Kontroversen darüber, ob die Geltung eines gegebenen Regelaggregats entweder unter dem Aspekt der Legalität oder der politischen Autorität konstruiert werden soll, durchaus aufkeimen.[66]

Besonders im Konfliktfall wird die eigentümliche Beziehung zwischen diesen beiden Komponenten klar: Unter gewöhnlichen Umständen neigen wir dazu, zu sagen, die Verfahren, die in eine Verfassung zum Erlass von Zusätzen eingearbeitet wurden, werden hinreichen, kleinere Änderungen in der realen Machtstruktur zu absorbieren und die Kontinuität der Geltung zu verbürgen, die auf Seiten der Rechtsordnung die kontinuierliche Existenz der Gesellschaft, die sie ordnet, ausdrückt.[67] Nichtsdestoweniger gilt: Wenn die Schwankungen in der Machtstruktur revolutionäre Ausmaße annehmen, erscheint ein Bruch im [38]Kontinuum der Geltung manchmal geradezu wünschenswert, um einen adäquaten Ausdruck für den Bruch in der Kontinuität der Machtstruktur zu finden. Solche Brüche im Kontinuum der Machtstruktur sind allerdings Phänomene innerhalb des Kontinuums der Gesellschaft. Revolutionsregierungen werden einer solchen Kontinuität dennoch häufig nicht zustimmen, und manchmal wird sogar die Opposition dazu benötigt, die Revolutionsregierung selbst im Bereich der Außenpolitik daran zu erinnern, dass ein Rechtskontinuum, parallel zum Kontinuum der Gesellschaft, in jedem Fall existiert und nicht durch die emotionsgeladenen weltzerstörenden und welterschaffenden Ereignisse der Revolution unterbrochen wurde.

KAPITEL IV

Regel und Norm

Wir stehen vor der folgenden Aporie:

Einerseits manifestiert sich das Recht phänomenal in einer Vielheit von Rechtsordnungen, verstanden als Aggregate geltender Regeln. Diese Aggregate widersetzen sich einer Analyse anhand der Kategorien von Wesen und Individuation. Die Hürde hierfür ist die Geltung, die die gesamte Rechtsordnung bis in jede einzelne Regel hinein durchdringt. Als die Analyse nun die Geltung bis in ihre Konsequenzen hinein verfolgte, verschwand die Rechtsordnung aus der Existenz – genau wie im Fall der zenonischen Paradoxien. Keinerlei Beteuerungen über eine Seinssphäre der Normativität konnten der Rechtsordnung einen ontologischen Status verleihen.

Andererseits steht das Ergebnis im Widerstreit mit den Phänomenen, die in der Alltagssprache die Existenz ›des Rechts‹ bezeugen. In jedem Land formen die Statuten, die Verwaltungsanweisungen, die Entscheidungen in Verwaltung und Rechtsprechung einen Korpus an Schriftstücken, wundersam anwachsend angesichts der legislativen und administrativen Bedürfnisse der modernen Industriegesellschaft, denen freilich niemand die Existenz absprechen wird. ›Das Recht‹ existiert so massiv, dass wir eigene Fakultäten, die Law Schools, haben, die darauf ausgerichtet sind, zukünftige Anwälte in nur wenigen Jahren mit so viel von diesem gigantischen Phänomen wie möglich vertraut zu machen.

Der Ausgang aus der Aporie eröffnet sich nun im Augenblick der Einsicht, dass die Rechtsordnung, die keinen eigenen ontologischen Status hat, Teil desjenigen Prozesses ist, durch den eine Gesellschaft sich selbst zur Existenz bringt und sich in einer geordneten Existenz erhält.[68] Der Gegenstand dieser [39]Untersuchung wird somit die größere Entität sein müssen. Und tatsächlich existiert die Rechtsordnung, insofern sie Teil dieses größeren Komplexes ist. Ferner haben wir nachgewiesen, dass in der übergreifenden Entität das Gewicht auf Seiten der Gesellschaft liegt. Von diesen Ergebnissen der Untersuchung über die Natur des Rechts ausgehend, werden sich jetzt weitere Fragen stellen, die die Art und Weise betreffen, in der die Rechtsordnung und ihre Regeln an der Existenz der geordneten Gesellschaft partizipieren. Am radikalsten wird die erste dieser Fragen sein müssen: Wie ist es ontologisch überhaupt möglich, dass Regeln eine Funktion innerhalb des Daseins einer Gesellschaft und in ihrem Ordnungsprozess haben?

§ 1. Die Regel und das Überdauern der Ordnung

Abermals müssen wir uns dem voranalytischen Verständnis von Regeln oder Gesetzen zuwenden. Wenn wir sagen, dass sich etwas ›regelmäßig‹ ereignet, dann meinen wir damit, dass ein Ereignis E häufiger eintritt als nicht eintritt, wenn sich eine Situation S ergibt. Die Situation S hat mit hoher Wahrscheinlichkeit die Rolle einer Bedingung für das Eintreten des Ereignisses E. Die Regel, die die Verbindung zwischen S und E abbildet, drückt eine streng empirische Beobachtung aus. Wir brauchen nicht anzunehmen, dass S der ›Grund‹ von E sei, dass es wünschenswert wäre, dass E auf S folgt, oder dass, wenn die Situation S gegenwärtig ist, E eintreten ›solle‹ bzw. ›nicht solle‹. Alles, was uns momentan interessiert, sind die ontologischen Implikationen der Regel: dass die Situation S und das Ereignis E erkennbar sind, dass sie wiederkehren und dass sie mit einer hohen Frequenz in derjenigen Beziehung wiederkehren, die die Regel ausdrückt. Regeln, so dürfen wir schließen, können nur dann eine Funktion in der Gesellschaft haben, wenn es erkennbare typische Situationen und Ereignisse gibt, wenn diese Situationen und Ereignisse wiederkehren und wenn sie mit einer solchen Frequenz in Verbindung miteinander wiederkehren, dass die Verbindung den Charakter eines erkennbaren Typs annimmt und in ›Regeln‹ ausgedrückt werden kann.[69]

Und tatsächlich können wir feststellen: Die Ordnung einer Gesellschaft hat eine erkennbare Struktur aus typischen Elementen, aus typischen Situationen und Ereignissen und aus typischen Verbindungen zwischen ihnen. Jeder Blick auf die Rechtsordnung irgendeiner Gesellschaft wird diese typische Struktur offenbaren, die der Regulation durch die Regeln untersteht. Es gibt dabei enorm große Komplexe, die sich in Rechtsordnungen wie dem Zivil- oder Strafrecht widerspiegeln. Beispielsweise finden wir innerhalb des Zivilrechts solche typischen Subkomplexe wie das Personenrecht, das dingliche Recht, das Schuldrecht, das Recht für Ehe, Familie und Erbschaft, die jeden Zustand der Menschen abschreiten, ihre Beziehungen zu Gegenständen der Außenwelt, ihre Vertragsbeziehungen untereinander [40]und die Ordnung ihrer Familieneinheiten im Leben wie im Tod. Wenn die Gesellschaft nur ein amorpher Fluss wäre, ganz ohne eine Struktur konstanter und wiederkehrender Elemente, wären Regeln ohne jeden Nutzen, da sie keine Anwendungsbereiche finden würden. Regeln können in ordnenden Prozessen genutzt werden, weil die Ordnung einer Gesellschaft eine Struktur hat, die in der Zeit andauert.

Wir sollten daher von dem ›andauernden‹ Charakter der Ordnung sprechen, sodass keine Konfusion zwischen diesem ontologischen Problem einerseits und der Frage nach generellen und individuellen Normen andererseits entstehen wird. Wir sprechen von einer generellen Regel, wenn die Typen, die durch diese Regel erschaffen werden, auf eine indefinite Anzahl von Personen, Handlungen und Situationen angewandt werden können; von einer individuellen Regel, wenn sie spezifische Personen und ihre Handlungen betrifft. Egal ob die Regel generell oder individuell ist – sie kann nur deswegen ihre Funktion erfüllen, weil die Realität, auf die sie angewandt wird, dauerhaft ist. Es würde für A und B keinen Sinn machen, das Eigentum eines Besitzstücks anzufechten, wenn sich angesichts eines zu erwartenden Gerichtsurteils die angefochtenen Besitzstücke für gewöhnlich leicht verflüchtigen. Dasselbe ist wahr, wenn die Organisation des Lebens der Personen A und B einem so schnellen und radikalen Wandel unterliegen würde, dass die Frage danach, wer Eigentümer der angefochtenen Besitzstücke ist, ohne Interesse für A oder B wäre. Die individuelle Entscheidung in dem konkreten Fall macht nur unter der Voraussetzung Sinn, dass die Leben von A und B eine gewisse Dauer haben, dass die Leben eine Organisation mit zuverlässigen Eigenschaften haben, dass die materialen Bedingungen und zwischenmenschlichen Beziehungen der Leben von A und B Gegenstände von andauerndem Interesse sind usf. Dieser andauernde Charakter wird besonders deutlich, wenn eine Person A eine Unterlassensforderung einklagt, wie sie der Fall der einstweiligen Verfügung darstellt. Das Gericht wird dazu aufgefordert, einer anderen Person B aufzuerlegen, *nicht* in Typen von Handlungen involviert zu sein, die die andauernde Struktur des Lebens von A oder eines Teils davon wie bspw. eine gewerbliche Unternehmung stören. Und die einstweilige Verfügung bezieht sich, um die erwartete Störung zu verhindern, notwendig auf die Ordnung, weil das Leben der Person B auch eine andauernde Organisation hat, die von dem kontinuierlichen Handlungspotenzial, das Leben von A zu stören, belastet wird.[70]

Das Andauern der Struktur durchdringt die Ordnung einer Gesellschaft bis in die konkrete Existenz eines jeden Mitglieds hinein; und diese Konkretheit des Andauerns in den täglichen Handlungen des Menschen macht es notwendig, mehr als nur generelle Regeln für übergreifende Situations- und Handlungstypen zu haben – wobei wir die Details als ›unwesentlich‹ beiseitelassen. Die individuellen Entscheidungen in den konkreten Verfahren werden notwendig, weil die andauernde Ordnung einer Gesellschaft im Wesentlichen konkret ist, genauso wie die Ordnung in den Leben der einzelnen Mitglieder.[71] Von dieser Seite [41]der Gesellschaft aus gelangen wir wieder zu dem Problem der Geltung. Wir können nämlich, wie wir gesehen haben, die Rechtsordnung nicht in wesentliche und unwesentliche Regeln aufteilen. Geltung gehört in jeder einzelnen Regel zum Wesen der Rechtsordnung. Und dieser Charakter der Geltung, der die Rechtsordnung durchdringt, wird jetzt als Ausdruck der durchdringenden Konkretheit im Andauern der Gesellschaft offenbar.

Die andauernde Struktur der Ordnung ist die Struktur der menschlichen Existenz in der Gesellschaft.[72] Diese Struktur ist der Untersuchungsgegenstand der *episteme politike* im aristotelischen Sinn. Die Hauptkomponenten der andauernden Struktur sind die Organisation des Menschen in Hinsicht auf seine physiologische Existenz in Familie und Haushalt, seine nutzbringende Existenz durch Arbeitsteilung und Handel sowie seine intellektuelle und spirituelle Existenz in der politischen Gesellschaft.[73] Hier ist auch der Daseinsbereich – die Gesellschaft und ihre Ordnung –, in dem zu Recht das Wesentliche vom Unwesentlichen abgesondert werden konnte. Nichtsdestoweniger müssen wir – auch wenn wir darin übereinstimmen mögen, wenigstens irgendetwas, das wie sicherer Grund aussieht, endlich erreicht zu haben – uns an das Ringen des Aristoteles mit dem Problem von gesellschaftlicher Form und Substanz erinnern. Einige wenige Reflexionen werden diesen Punkt, soweit es möglich ist, aufklären.

In der *Politik* des Aristoteles wird die Studie über die Natur der Polis (Buch I) nicht ganz sauber mit der Analyse der Form der Polis (Buch III) verknüpft.[74] Die Natur der menschlichen Gemeinschaft entfaltet sich vollständig in der Polis, da diese das gesellschaftliche Umfeld für das vollständige Entfalten der menschlichen Natur bereitstellt. Nur eine Gemeinschaft von hinreichender Größe und Wohlstand wird eine Teilung der Funktionen bis zu einem solchen Grad erlauben, dass der *bios theoretikos* wenigstens für diejenigen möglich erscheint, die dieses Leben zu führen wünschen und die willig sind, die damit verbundenen Anstrengungen zu durchleben. Die Polis wird vor diesem Hintergrund als diejenige Gemeinschaft definiert, in der es Raum für die Organisation des ›guten Lebens‹ gibt (Buch I und Buch VII, 1-3). Im üblichen Sprachgebrauch des Aristoteles soll der Begriff ›Natur‹ der Polis gleichsam ihre ›Form‹ bezeichnen.[75]

Die Analyse der Form in Buch III widerspricht diesem üblichen, synonymen Gebrauch der Termini jedoch – und dieser Widerspruch verweist auf das Problem, dass die Ordnung einer Polis ihr nicht auf dieselbe Art und Weise inhärent ist, in der eine organische Form den Exemplaren einer Pflanze oder einer Tierart inhärent ist, sondern vielmehr bedarf diese Ordnung, um inhärent zu werden, der menschlichen Handlung. Des Weiteren können die Kräfte, die diese Handlung in einer Gesellschaft anbieten, ihre Struktur verändern, ohne die Identität der Gesellschaft, in der diese Veränderungen stattfinden, zu beeinträchtigen. Die Organisation des Rechtsetzungsprozesses, wie wir es nannten, und die Konfiguration [42]der gesellschaftlichen Kräfte, die diesen Prozess zu einer gegebenen Zeit betreiben, sind nicht identisch mit der Natur der Ordnung in einer Gesellschaft.

Zwangsläufig muss die Frage gestellt werden: Wenn die Gesellschaft und ihre Ordnung nicht mit einer gegebenen Machtkonstellation und ihrem Rechtsetzungsprozess identisch sind, wie weit müssen wir dann in die Ordnung der Gesellschaft noch vordringen, um die letzte Einheit zu finden, von der die gegenwärtigen Machtkonstellationen nur Unterteilungen sind?[76]

Diese Frage eröffnet ein unüberschaubares Forschungsfeld, dessen Details freilich jenseits des Rahmens unserer Analyse liegen. Hier ging es lediglich um den Umriss des Problems.

Dass der Horizont einer Gesellschaft weiter ist als die gegenwärtige Machtkonstellation, hat Aristoteles natürlich gesehen. Die hellenischen Poleis hatten typische Abfolgen in ihren Machtkonstellationen, und diese entsprachen den ›Regierungsformen‹, die den Kreislauf von Königtum, Aristokratie, Volksaufstand, Tyranneien vom Typ des Peisistratos, Oligarchie und Demokratie mit einem unterschiedlichen Grad an Radikalität bildeten. Nicht die einzelne ›Regierungsform‹, sondern die ganze Abfolge der Formen ist sowohl bei Platon als auch bei Aristoteles die Minimaleinheit der Beobachtung.[77] Der Kreislauf der Regierungsformen in der Polis wird zum eigentlichen Gegenstand der Untersuchung. Die modernen Zyklentheorien gehen bei der Ausweitung des Horizonts einer Gesellschaft und ihrer Ordnung beträchtlich weiter. In einer Theorie wie der von Toynbee[78] stellt weder die einzelne hellenische Polis, noch der einzelne mesopotamische Stadtstaat, noch der einzelne moderne Nationalstaat, sondern vielmehr die Zivilisationsgesellschaft, die eine Vielzahl derartiger Untereinheiten mitsamt dem Ganzen ihrer historischen Dimension unter sich begreift, die Ordnungseinheit dar. Jenseits der Ordnung der großen zivilisatorischen Gesellschaften zeichnen sich die Probleme einer Ordnung der gesamten Menschheit ab – Probleme, die verschiedene Male in der Menschheitsgeschichte akut wurden, als die Zivilisationsgesellschaften aufeinanderprallten,[79] vielleicht einander eroberten, sodass multi-zivilisatorische Großreiche wie das Römische Imperium zu zweifelsohne unüberschaubaren Einheiten gesellschaftlicher Ordnung wurden. Während die Details, wie wir sagten, für uns nicht von Belang sind, ist das Prinzip dieser Horizonte, ihre Ausweitung bis letztlich zum Horizont der Menschheit, von erheblicher Wichtigkeit für die Probleme der Jurisprudenz, wie wir nun sehen werden.

§ 2. Das Sollen im ontologischen Sinn[80]

Regeln können dazu verwendet werden, die Gesellschaft zu ordnen, da die Ordnung der menschlichen Existenz in Gesellschaft den Charakter der Dauer hat. Steht einmal [43]dieser erste Punkt fest, dann stellt sich als nächste Frage: Wie werden Regeln zum Zweck der gesellschaftlichen Ordnung gebraucht? Im vorangegangenen Abschnitt mussten wir die Natur einer Regel auf die Beobachtung empirischer Regelmäßigkeiten in den Verhältnissen zwischen Situationen, Ereignissen und Handlungen ausdehnen. Eine Rechtsregel ist demgegenüber offenbar nicht dazu bestimmt, eine Aussage von der Art zu sein, die verifiziert oder falsifiziert werden kann, obgleich die Existenz einer Rechtsregel häufig eine Voraussage gestatten wird – und zwar mit einem hohen Grad an Wahrscheinlichkeit –, dass menschliche Handlungen mit ihr übereinstimmen werden. Rechtsregeln sind dazu bestimmt, ›Normen‹ zu sein, und ihr Zweck ist mit Blick auf die gesellschaftliche Ordnung ›normativ‹. Derartige Formulierungen suggerieren nun leicht einen voranalytischen Gebrauch, aber sie sind mit heiklen Problemen vorbelastet. Wir hatten beispielsweise zuvor schon bemerkt, dass moderne Kodifikationen nur selten in normativer Sprache abgefasst sind und dass die tatsächlichen Definitionen und Beschreibungen der Typen erst noch als Normen interpretiert werden müssen, indem Kontextindizes herangezogen werden.[81] Die Analyse muss daher versuchen, die normative Komponente in der Bedeutung der Rechtsregeln zu isolieren.

Im Ordnen der Gesellschaft müssen Regeln Verwendung finden, da Gesellschaften keine Individuen von Pflanzen- oder Tierarten mit einer organischen Genese sind, die wachsen und verderben. Gesellschaften hängen in ihrer Genese, ihrer kontinuierlichen harmonischen[82] Existenz und ihrem Überleben von Handlungen der Menschen ab, aus denen sie bestehen. In der Gesellschaftsstruktur sind die Natur des Menschen und die Freiheit seiner Handlungen im Guten wie im Bösen wesentliche Faktoren. Die Ordnung ihrer Existenz ist weder ein Mechanismus, noch ein Organismus, sondern hängt vom Willen der Menschen ab, sie zu spezifizieren und aufrechtzuerhalten. Des Weiteren ist die Ordnung einer Gesellschaft keine Blaupause, die man nur mit etwas gutem Willen in die Wirklichkeit übertragen müsste. Sie muss entdeckt werden – mit einem Höchstmaß an Vorstellungskraft und Experimentieren, mit Versuchen und Fehlschlägen; es bedarf Verbesserungen, und es muss verstanden werden, auf wechselnde Umstände einzugehen.[83] Es gibt jene zuvor erwähnte Spannung in der Gesellschaftsordnung zwischen Standard und Errungenschaft, zwischen Errungenschaft und der Gefahr, dahinter zurückzubleiben, zwischen einem Herumtasten im Suchen nach Wissen um die Ordnung und der Kristallisation dieses Wissens in artikulierten Regeln, zwischen der Ordnung als Projekt und der Ordnung als Realisation – mit einem Wort: zwischen dem, was ist, und dem, was sein soll.

Die ultimative, irreduzible Quelle dieser Spannung ruht in einem Erfahrungsschatz, der in einer Analyse der Natur des Rechts allerdings kaum mehr als skizziert werden kann.

Aufgrund seiner Existenz hat der Mensch Erfahrungen der Partizipation an einer Ordnung des Seins, die nicht nur ihn selbst, sondern auch Gott, [44]die Welt und die Gesellschaft umfasst.[84] Das ist die Erfahrung, die durch die Erschaffung von Symbolen artikuliert werden kann, die die Ordnung des Seins durchdringen, so wie die ägyptische *maat*, das chinesische *dao* oder der griechische *nomos*, auf die zuvor hingewiesen wurde. Darüber hinaus hat der Mensch die Angst des möglichen Falls aus der Seinsordnung erfahren – mitsamt der Konsequenz seiner Annihilation in der Partnerschaft des Seins. Damit einhergehend hat er eine Verpflichtung erfahren, die Ordnung seiner eigenen Existenz mit der Ordnung des Seins in Einklang zu bringen. Schließlich hat er den möglichen Fall aus der und sein Einstimmen in die Seinsordnung derart erfahren, dass beide von seinem eigenen Handeln abhängen, d.h. er erfährt die Ordnung seiner eigenen Existenz als ein Problem seiner Freiheit und Verantwortlichkeit. Innerhalb dieses Umfangs der Gesellschaft wird die Verwirklichung der Seinsordnung als die Bürde des Menschen erfahren. Wenn wir auf die ›Spannung‹ in der Gesellschaftsordnung verweisen, dann haben wir diese Klasse von Erfahrungen vor Augen. Um sie nun näher mit dem Problem der ›Normativität‹ der Rechtsregeln zu verbinden, können wir von ihnen als dem Sollen im ontologischen Sinn sprechen.

§ 3. Die Regel als Norm

Das Sollen ist somit nicht selbst ein ›Postulat‹ oder eine ›Norm‹, sondern die erfahrene Spannung zwischen der

Seinsordnung und der Handlungsweise des Menschen. Im Umfeld dieser Spannung erscheinen die Regeln, die die Gesellschaftsordnung betreffen, als mehr denn nur empirische Beobachtungen in Sachen Regelmäßigkeiten bei Handlungen. Da das Problem der Ordnung genau genommen in der Spannung zwischen der empirischen Handlungsweise und der wahren Ordnung liegt, haben Rechtsregeln, egal ob sie allgemeine oder individuelle Regeln für die Parteien in einem konkreten Streitfall sind, den Charakter von Ordnungsprojekten.[85] Ob nun die Regel die Formel »Du sollst« bzw. »Du sollst nicht« bemüht oder nicht, hat sie dennoch eben diese Bedeutung, wenn sie Typen projiziert, mit denen die Handlungsweisen der Menschen übereinstimmen sollen. Folglich leitet sich die sogenannte ›Normativität‹ der Regel von der ontologisch wirklichen Spannung in der Gesellschaftsordnung ab.

Bei dieser Normativität sind die folgenden drei Komponenten zu unterscheiden:

1. Die Regel, wenn sie einen Handlungstyp beschreibt, mit dem die Menschen übereinstimmen ›sollen‹ bzw. im Fall der Verbrechen ›nicht sollen‹, intendiert, eine Wahrheit der konkreten Ordnung der entsprechenden Gesellschaft wiederzugeben. Sie intendiert, eine wahre Antwort auf die Frage darauf zu geben, was getan werden ›soll‹. Unter diesem Aspekt von Normativität ist die Regel [45]als eine wahre Aussage zu verstehen, als das Sollen im ontologischen Sinn.

2. Die Regel, innerhalb ihres Kontextes der Rechtsordnung, ist nicht einfach eine marginale Information über das Sollen der Ordnung. Sie wurde im Verlauf des Rechtsetzungsprozesses mit der Absicht in Kraft gesetzt, dass sie von den Mitgliedern der Gesellschaft verstanden und befolgt wird. Als eine zweite Komponente beinhaltet die Normativität der Regel so eine Forderung an diejenigen, an die sie

adressiert ist, die Wahrheit über das Sollen in ihre Leben zu integrieren. Die Mitglieder der Gesellschaft, die von der Regel als ihre Adressaten definiert werden (z.B. als Empfänger von versteuerbaren Einkommen, Vermieter, Köperschaften, Versicherungsunternehmen, Versicherungsnehmer, Autofahrer, Eltern oder schlichtweg alle Personen in ihrer Kapazität, potenzielle Diebe oder Mörder zu sein), sollen die Gesellschaftsordnung, wie sie die Regel zum Ausdruck bringt, konkret in ihren Verhaltensweisen verwirklichen.

3. Die Information von der Wahrheit der Ordnung und der Forderung, sie zu realisieren, erschöpft noch nicht das Phänomen der Normativität. Eine Wahrheit, wenn sie effektiv Forderungen stellen und dafür Anhänger finden soll, muss kommuniziert werden; und umgekehrt wird eine Forderung nicht wirksam, solange niemand zuhört. Also schließt die Regel als dritte Komponente ihrer Normativität die Forderung vernommen zu werden mit ein. Unkenntnis des Gesetzes, wie wir alle wissen, schützt vor Strafe nicht; ein Versicherungsnehmer wird niemals einen Prozess wegen eines ungerechtfertigten Anspruchs mit dem Argument gewinnen, dass er das Kleingedruckte nicht gelesen habe. Die Fragen nach individuellen Gerichtsentscheidungen und rechtlichen Transaktionen zwischen Privatbürgern für den Augenblick beiseite gestellt, beansprucht ›das Recht‹, gewusst zu werden. Seine Forderung ist in diesem Sinn ›öffentlich‹.[86]

§ 4. Der öffentliche Charakter der Rechtsnorm

Die Komponenten der Normativität bilden eine untrennbare Einheit. Aber besonders durch die dritte Komponente, den Anspruch auf Öffentlichkeit, wird eine Vielzahl an Problemen im Praktizieren der Ordnung und in der Rechtstheorie aufgeworfen. Eine Proposition, die eine Wahrheit über die Ordnung anbelangt, muss durch irgendjemanden formuliert werden. Und ihr Anspruch auf Akzeptanz muss durch den Proponenten an die Adressaten gerichtet werden. Die normative Bedeutung einer Regel bezieht im Akt der Kommunikation wenigstens zwei Personen Auge in Auge mit ein – selbst wenn eine der beiden Personen womöglich das reflektierende Selbst ist, das eine Regel formuliert, der das handelnde Selbst folgen soll.[87]

Aber wo befindet sich der personale Proponent der Regel im Fall des Rechts? Die Rechtsregel, insbesondere eine statutarische Regel unter den Bedingungen [46]einer modernen Gesellschaft, ist offensichtlich keine Mahnung und kein Befehl, der von einem würdevollen Alten an den Adressaten gerichtet würde.[88] Sie ist eine Regel, die in einem komplizierten Verfahren erschaffen wird, das die personalen Anteile seiner Herstellung verbirgt. Das Verfahren ist ferner durch einen Symbolismus verdeckt, der jegliche personale Autorität unkenntlich macht, insofern die Gesetze einer modernen Demokratie den Volksvertretern, die in der Legislative zusammentreten, und letztlich dem ›Volk‹ selbst entstammen.[89] Darüber hinaus wird sich niemand der abstrusen Annahme hingeben, die Masse der Adressaten hätte das zu befolgende Gesetz wirklich ›gehört‹, nach dem sie ihre Handlungsweise angeblich ordnen. Austin[90] hat in seiner analytischen Jurisprudenz versucht, die phänomenale Situation mittels der Konstruktion, dass das Recht der Befehl des Souveräns sei, einzuholen. Angesichts der Phänomene verdient die Konstruktion jedoch kaum den Titel einer ›Theorie‹; sie ist nicht mehr als eine freundliche Metapher, um ein Problem zu beschönigen, das sich als zu schwierig herausstellte, um damit klarzukommen.

In der Tat handelt es sich um einen ziemlich verworrenen phänomenalen Tatbestand. Wir dürfen daran zweifeln, dass die Proposition der Regel, die das Sollen betrifft, besonders wahr wäre. Wir dürfen sogar argwöhnen, dass eine gewisse Lobbygruppe ihren Einfluss genutzt hat, um die Ordnung für sich profitabel zu gestalten, und dadurch den Rest von uns schädigt, so dass die Regel in ihrer Wirkung vorsätzlich unwahr ist. Wir dürfen uns mit Blick auf die technischen Defekte eines Gesetzes wundern, ob irgendjemand sich wirklich ernsthaft darum bemüht hat, eine Wahrheit über die Gesellschaftsordnung zu formulieren. Wir dürfen feststellen, dass uns die Regel kaum Anreiz bietet und nicht vollständig überzeugend ist. Wir dürfen uns nur im Besitz des allervagesten Begriffs von demjenigen wähnen, der die Regel wirklich gemacht hat – und immer noch halten wir sie so lange für eine gültige Regel, wie oberflächlich betrachtet gewisse Verfahren bei ihrer Herstellung befolgt wurden. Daneben erkennen[91] wir sie als an uns adressiert und für uns verbindlich, selbst wenn wir niemals von ihr hören sollten und aus allen Wolken fallen, wenn wir selbst unter einen neuen Handlungstyp fallen, der aufgrund von Regeln weitere rechtliche Implikationen hat, die einen Bereich der gesellschaftlichen Verflechtungen bestimmen, von dem wir zuvor gar keine Kenntnis hatten. Das alles klingt wie ein ausgeklügeltes Spiel, um den Glauben daran aufrecht zu erhalten. Tatsächlich gibt es in diesen Situationen ein Element des Spiels. Platon wusste darum, als er in den *Nomoi* vom »ernsten Spiel«[92] sprach. Und ein Philosoph und Historiker unserer Tage, Johan Huizinga, betonte diesen Faktor in seinem *Homo Ludens*.[93] Aber die theoretische Klärung dieses Zusammenhangs muss verschoben werden, bis einige weitere Präliminarien entwirrt sind.

An allererster Stelle stellt sich die praktische Frage, warum das Spiel, wie merkwürdig [47]es auch erscheinen mag, in jeder Gesellschaft ernst genommen wird. Die Rechtsregeln sollen wirklich Normen der Ordnung sein; und die Mitglieder der Gesellschaft, worin auch immer ihre Meinung darüber bestehen mag, sollen ihr Verhalten wirklich in Einklang mit den Handlungstypen bringen, die durch die Regeln projiziert werden.[94] Ontologisch ist der Rechtsetzungsprozess wirklich Teil der Art und Weise, auf die eine Gesellschaft ihre Existenz ordnet. Und die Annahme, dass die Regeln Normen sind und in Beziehung auf die Adressaten nur dann Normen sein können, wenn sie kommuniziert werden, ist deutlich mehr als nur eine theoretische Fiktion. Die Annahme gehört zur voranalytischen Sphäre – und in ihrer phänomenalen Sphäre besitzt jede Gesellschaft ausgeklügelte Arrangements zu dem Zweck einer gelingenden Kommunikation.

Das Phänomen, an das ein Anwalt unmittelbar in diesem Zusammenhang denken wird, ist die ›Promulgation‹ des Gesetzes. Ein Gesetz ist nur dann gültig, wenn es öffentlich gemacht wird. Einige Länder haben besondere Gesetzesblätter zur Veröffentlichung der Statuten, und ihre Verfassungen sehen womöglich vor, dass ein Gesetz nur dann in Kraft tritt, wenn eine festgelegte Anzahl an Tagen nach der Veröffentlichung der entsprechenden Ausgabe des Gesetzesblattes verstrichen ist. Unsere Verfassung sieht für die Promulgation keine spezifischen Klauseln vor – jedoch dafür, dass ein Gesetzentwurf erst dann ein Statut wird, wenn er vom Präsidenten durch Unterschrift bestätigt wurde bzw. wenn zehn Tage nach Übersendung des Gesetzentwurfs an den Präsidenten zwecks Bestätigung verstrichen sind. Zudem haben wir wie jedes andere Land Mittel zur Veröffentlichung, durch die die Texte der Statuten der Öffentlichkeit schnell zugänglich gemacht werden. Wir besitzen ferner noch das *Federal Register* für die Veröffentlichung von Verwaltungsanordnungen sowie eine Fülle weiterer Mittel zur Publikation von Gerichtsurteilen, Entscheidungen der Verwaltungsbehörden, Entscheidungen und Anweisungen des Justizministers usf.

Nichtsdestoweniger wird selbst dieser enorme Apparat einem gewöhnlichen Bürger, der selbstverständlich in seinem Leben niemals einen Blick in irgendeine dieser Publikationen werfen wird, keineswegs sehr überzeugend erscheinen. Er wird trotz all dieser Bemühungen einwenden, dass nur die Anwälte das Recht kennen werden – und seine Beobachtung wird vielleicht sogar mit dem Beigeschmack der Empörung über eine hierdurch begünstigte Missetat durchzogen sein. Solange der Beigeschmack der Empörung lediglich aus persönlichen Erfahrungen erwachsen mag, ist der Einwand jedoch definitiv ungerechtfertigt. Denn genau darin besteht die Funktion eines Anwalts: im Füllen der Lücke zwischen der Veröffentlichungsmaschinerie, sowohl der Regierung als auch der privaten Verlagshäuser, und dem Wissen der Laien unter den Mitgliedern der Gesellschaft.

Um das Recht zu kennen, wird professioneller Einsatz verlangt, der [48]den ganzen Menschen in Anspruch nimmt. Ein Bürger, dessen Zeit und Energie durch den Beruf aufgebraucht wird, in dem er sich seinerseits spezialisiert hat, kann nicht zugleich ein Rechtsexperte sein – kaum unter primitiven sozialen und ökonomischen Bedingungen und ganz gewiss nicht unter den Bedingungen der gegenwärtigen Gesellschaft. Der Laie muss, wenn eine komplizierte rechtliche Frage im Rahmen seiner alltäglichen Geschäfte aufkommt, sein bruchstückhaftes Rechtswissen durch das Expertenwissen eines Anwalts ergänzen. Dieses Wissen des Anwalts besteht in seiner Rechtskenntnis. Daher sollen wir, wenn sich ein Mensch auf irgendeine komplizierte Angelegenheit ohne rechtlichen Rat einlässt und zu Schaden kommt, ihn nicht bedauern, als wäre er das Opfer der ungerechtfertigten Anmaßung, dass der Rechtsadressat das Recht kennen würde, sondern sollen ihn vielmehr wegen seiner Unbesonnenheit, wenn nicht sogar Dummheit schelten.

Der Berufsstand des Juristen als zivilgesellschaftliche Institution hat somit eine öffentliche Funktion, um die Ordnung der Gesellschaft aufrecht zu erhalten, insofern das professionelle Wissen des Anwalts Mittler zwischen der Rechtsordnung und der Rechtskenntnis des Bürgers ist.[95] Auf der Ebene der Phänomene wird diese Funktion in den institutionellen Vorkehrungen zur Anwaltsausbildung, zum Hochhalten der Standards, für berufsethische Regeln, für angemessene Strafverteidigung und in der privaten Organisation der Rechtshilfe für Personen, die sich keinen Anwalt leisten können, zu finden sein.[96]

Im Licht dieser Beobachtungen zur Promulgation und Funktion der Anwälte wird die Mutmaßung, dass der Bürger das Recht kennt und kraft seines Wissens davon verpflichtet wird, zwar etwas weniger fantastisch erscheinen. Aber diese ausgeklügelte gesellschaftliche Einrichtung zur Kommunikation der Rechtskenntnis verdeutlicht umgekehrt präzise, dass die Normativität der Rechtsregel kaum der Befehl einer Person an eine andere Person sein wird.

KAPITEL V

Die Regel als Projekt

Wir sahen uns dazu genötigt, die Regeln der Rechtsordnung, mit ihrer besonderen Normativität, in den Kontext des Rechtsetzungsprozesses zu rücken. Dann mussten wir wiederum den Rechtsetzungsprozess in den größeren Kontext der Gesellschaft rücken, an deren Mitglieder die Normen adressiert sind. Die Normen beanspruchten daher den Charakter von Projekten der konkreten Gesellschaftsordnung; [49]und im Kern dieser Ordnung fanden wir das Sollen im ontologischen Sinn – die Spannung in der Gesellschaft, die ausgeklügelte Anstrengungen erfordert, um die Ordnung und mit der Ordnung die eigentliche Existenz der Gesellschaft zu erschaffen und aufrecht zu erhalten.

Wenn wir uns nun am ontologischen Zentrum dieser Spannung positionieren, sehen wir, dass der Rechtsetzungsprozess nur einer der verschiedenen Typen an Bemühungen ist, die Gesellschaftsordnung zu entwerfen und zu realisieren. Das ist keineswegs überraschend, da die gesellschaftliche Ordnung nicht die Angelegenheit allein des Gesetzgebers ist, sondern auch die jedes einzelnen Mitglieds der Gesellschaft. Die Organisation des persönlichen Lebens des Menschen mit Blick auf seine Arbeit, sein eigenes Fortbestehen und das seiner Familie, die Berechenbarkeit der Zukunft, für die er Pläne schmieden muss, die Aussichten auf seinen wirtschaftlichen Erfolg, die Natur derjenigen Geschäfte, die er angesichts der Stabilität bzw. Instabilität der Ordnung unternehmen kann, die Möglichkeiten sozialen Aufstiegs, die Aussichten für die Zukunft seiner Kinder usf. sind unlösbar verwoben mit der gesellschaftlichen Ordnung im Ganzen.

Die menschliche Existenz ist gesellschaftlich,[97] und es gibt keine klare Linie, die die persönliche von der gesellschaftlichen Ordnung trennen würde. Jede Gesellschaft brummt geradezu vor lauter Debatten um Gerechtigkeit und Ungerechtigkeit, den Vorteil und den Nachteil der Ordnung, wie sie existiert, und diese Debatte findet in Reflexionen über das Recht bspw. so statt: Das Recht – was soll es sein und was soll es nicht sein? Welche alten Gesetze passen nicht mehr zu den gegenwärtigen Umständen? Welche anderen Gesetze sollten erlassen werden? Welche Missstände entstehen unter dem gegenwärtigen Recht? Was sollte deswegen unternommen werden? Die ganze Gesellschaft wird lebendig, wenn es um die Projekte der Ordnung in ihren verschiedenen Graden der Artikulation und Rationalität geht, um reformierende Gutwilligkeit und gewaltsames Ressentiment, um wirksamen Druck und verpuffenden Zorn. Ein knapper Blick auf diese Phänomene wird hilfreich sein, um die spezifische Normativität der Projekte, die ›das Recht‹ genannt werden, etwas klarer zu unterscheiden.

§ 1. Die zwei Arten von Projekten

Zwei Klassen von Phänomenen sind für unsere Absicht von Interesse: 1) Projekte, die darauf abzielen, in einer konkreten Gesellschaft empirisch realisiert zu werden; und 2) Projekte, die darauf abzielen, Standards der wahren Ordnung zu benennen, obgleich mit nur wenig oder keinerlei Erwartung daran, dass sie konkret verwirklicht werden.

Zur ersten Klasse gehören die unterschiedlichsten Phänomene, die gemäß ihrem Abstand vom Rechtsetzungsprozess im [50]technischen Sinn aufgereiht werden können.[98] Am nächsten an diesem Prozess – und schon darin übergehend – befinden sich die Vorbereitungen zum Inkrafttreten eines Statuts. Im Rahmen der Verfassung beginnt der legislative Prozess mit der Einbringung eines Gesetzentwurfs durch ein Mitglied des Kongresses in seinem entsprechenden Haus. Der rechtlich maßgebliche Akt der Einbringung ist demnach, mit Hilfestellung unabhängiger Anwälte oder der Gesetzentwurfsabteilung, bei den Bemühungen um das Projekt in einer Umgebung von Personen angesiedelt, die ein Interesse daran haben, dass ein Gesetzentwurf mit jenem Gehalt ein Gesetz wird. Eine derartige Person mag ein Volksvertreter sein, der eigeninitiativ handelt oder – weit häufiger – auf Forderung seiner Wählerschaft bzw. anderer interessierter Individuen und Gruppen. Nach seiner Einführung können einem Gesetzentwurf dann sonderbare Dinge zustoßen. Wenn ein Komitee daran zu arbeiten beginnt, modifiziert es ihn verschiedentlich, fasst ihn mit anderen Entwürfen, die dasselbe zum Gegenstand haben, zusammen und trägt schließlich dem Hohen Haus einen Gesetzentwurf vor, den womöglich niemand jemals eingebracht hatte.[99]

In allen Ländern hat die exekutive Gewalt der Regierung eine besondere Funktion bei der Vorbereitung von Gesetzentwürfen. In Ländern mit parlamentarischen Verfassungen können die Kabinettsmitglieder Gesetzentwürfe einbringen, die dann von der Verwaltung aufbereitet werden. Im Rahmen unserer Verfassung bringt die exekutive Gewalt, obgleich sie kein Recht hat, Gesetzentwürfe einzubringen, diese durch einflussreiche Mitglieder des Kongresses *de facto* ein. In beiden Fällen werden solche Gesetzentwürfe nicht in einem Vakuum vorbereitet, sondern artikulieren entweder direkt oder auf umständliche Weise die Wahlversprechen, auf deren Basis die amtierende Regierung gewählt wurde; das sind die gesetzgeberischen Projekte, die die Wünsche verschiedener Gruppen der Gemeinschaft widerspiegeln. Und zwangsläufig werden die Taktiken einflussreicher Bürokraten als ein weiterer Faktor bei der Formulierung des Projekts berücksichtigt werden müssen.

Jenseits dieses Gebiets der unmittelbaren Vorbereitungen für den Rechtsetzungsprozess liegt das viel umfangreichere Feld der Debatte *de lege ferenda*. Hier entdecken wir die Diskussion um eine wünschenswerte Gesetzgebung von verschiedenen Verbänden und Institutionen, mitsamt ihren Verzweigungen in die Presse, in Zeitschriften, in Denkschriften, zusammen mit der Vielheit an Mitteln, durch die Lobbygruppen ihre Wünsche der Öffentlichkeit vortragen. Ein sehr wichtiges Subphänomen in dieser Klasse, das sich auf ein großes Gebiet der sozialen Ordnung erstreckt, ist das Lancieren von Modellgesetzestexten durch verschiedene professionelle Verbände und Institutionen, die zu diesem Zweck überhaupt erst gegründet wurden. In all diesen Fällen können wir von Projekten für Projekte bzw. von Projekten zweiter Ordnung sprechen.

[51]Noch weiter entfernt von den unmittelbaren Projekten, und gleichsam von weit größerem Umfang,[100] ist die allgemeine politische Debatte über soziale Reformen im Licht der Prinzipien, die, wenn sie jemals näher an ihre Verwirklichung drängen, die Implementierung eines immensen Korpus neuer Gesetzgebungen voraussetzen. Wenn bspw. in einer Gesellschaft, die bislang keine derartigen Institutionen hat, eine politische Partei das Programm vertritt, eine für jedermann kostenlose medizinische Fürsorge einzuführen oder größere Segmente der Industrie des Landes zu verstaatlichen (wie es vor Kurzem in Großbritannien der Fall war[101]), werden aufwändige mehrjährige Anstrengungen notwendig, nicht nur um die öffentliche Meinung auf Programme dieses Typs einzustellen, sondern auch um die Entwürfe zur Gesetzesimplementierung bis ins konkrete Detail vorzubereiten.

Durch so verschiedene Phänomene werden wir im politischen Prozess weiter zurückverwiesen zur Bildung der politischen Parteien und ihrer Programme, der Artikulation und Adaption der Maßnahmen zum Stimmensammeln etc. Jenseits dieses Gebiets des politischen Prozesses liegt im Großen der Saum der mehr oder weniger erfolglos erklungenen Stimmen über wünschenswerte Reformen der Ordnung, die vom Vernünftigen aber Unpopulären bis zur vernunftwidrigen Utopie und zum schlichtweg Pathologischen reichen.

Beim Projektcharakter der Regel entfaltet sich demnach ein Höchstmaß von Phänomenen, die an ihrem einen Ende klare und nüchterne Empfehlungen, ein Gesetz, das sich in der Praxis als unbefriedigend herausgestellt hat, zu ändern, und an ihrem anderen Ende die utopischen Projekte einer Weltföderation und den ewigen Frieden umfassen.[102]

Die Projektphänomene der ersten Gruppe, wie weit sie auch immer vom Gesetzgebungsverfahren selbst entfernt und wie fern von irgendeiner möglichen Verwirklichung sie sein mögen, gehören ihrer Absicht nach trotz allem zu den Projekten, die in die Wirklichkeit der Gesellschaftsordnung übersetzt werden sollen. Erheblich schwieriger ist es mit den Phänomenen der zweiten Gruppe, die durch Verfassungsmodelle repräsentiert werden, wie wir sie etwa bei den klassischen Philosophen Platon und Aristoteles finden. Um es unmissverständlich auszudrücken: Auch solche Modelle haben den Charakter von Projekten, und dieser Charakter wird bspw. in Platons *Nomoi* sogar noch hervorgehoben, wenn das Modell aus dem Dialog zwischen Mitgliedern einer Kommission hervorgeht, die sich mit dem Entwurf eines Verfassungsprojekts für eine demnächst zu gründende Kolonie auseinandersetzen muss.[103] Nichtsdestoweniger ist das, was zeitgenössische Autoren häufig tun, blanker Unsinn, nämlich derartige Modelle als

Utopien, als Idealverfassungen (was auch immer das heißen soll) zu interpretieren, [52]die die praxis- und wirklichkeitsferne Denkart des typischen Philosophen offenlegen würden. Platon und Aristoteles waren scharfsinnige Beobachter der sie umgebenden politischen Szene, deutlich realistischer als die herrschenden Politiker und ein Volk, das das Menetekel[104] nicht sah und das keine angemessenen Maßnahmen ergreifen konnte, bis die Mazedonische Kampagne[105] ihren Kleinkrämereien ein jähes Ende gesetzt hat. Die Philosophen begriffen nicht nur das Wesen der mazedonischen Bedrohung für die Existenz der Polis, sondern waren sich auch ziemlich im Klaren darüber, dass die Polis hoffnungslos verrottet und kurz vor dem Untergang wäre – worauf sie auch bei mehr als einer Gelegenheit ausdrücklich hingewiesen hatten. In dieser Situation wären, wie sie vollkommen begriffen hatten, Projekte zur Reform der Polisordnung schlimmer als nur ›unrealistisch‹ – sie wären dumm. Wenn Platon und Aristoteles die Mühen auf sich genommen hätten, ihre Modelle durchzukonstruieren, während die Polis vor ihren Augen ins Verderben lief – und auch tatsächlich innerhalb von zehn Jahren nach Platons Tod und noch zu Lebzeiten von Aristoteles überrannt wurde –, wären ihre Arbeiten nicht einmal Projekte zur Verbesserung einer offensichtlich toten Ordnung. Bei der Suche nach ihren Motiven braucht man sich nicht in fantastischen Spekulationen ergehen, sondern ihr Wort als das, worum es ihnen ging, schlechterdings akzeptieren: eine Untersuchung über die Wahrheit der Gesellschaftsordnung. Es handelt sich dabei, um es unmissverständlich zu sagen, um eine Untersuchung, die durch den Mangel an wahrer Ordnung in der sie umgebenden Gesellschaft angestoßen wurde, aber die dennoch eine Untersuchung ist, die ihre Geltung als eine Arbeit über die *episteme politike* behalten wird, selbst wenn die Gesellschaft, die sie angeregt hatte, im Sterben lag und nicht mehr durch irgendeine Medizin gerettet werden konnte.

Die Untersuchung über die wahre Gesellschaftsordnung entwickelt sich, ungeachtet der Frage, ob die sie umgebende Gesellschaft ein passendes Feld für ihre Verwirklichung ist, bei den klassischen Philosophen zu einem selbstständigen Betätigungsfeld des menschlichen Geistes – ein Unterfangen, das nur deswegen erfolgreich sein kann, weil die wahre Gesellschaftsordnung die Ordnung ist, in der der Mensch die Möglichkeiten seiner Natur vollständig entfalten kann. Die Natur des Menschen, sein Logos, wird zum zentralen Thema einer Wissenschaft der Gesellschaftsordnung; die Wissenschaft der menschlichen Natur, die philosophische Anthropologie, wird das Kernstück der Politikwissenschaft; und die Natur des Menschen, wie sie sich in der Existenz des Philosophen wie auch in der ungeordneten Existenz des Menschen in der ihn umgebenden Gesellschaft entfaltet, dient dieser Untersuchung als empirisches Material. Die wahre Ordnung der Gesellschaft ist die lebendige Wirklichkeit in der wohlgeordneten Seele des Philosophen, die durch die Verweigerung des Philosophen,[106] der Unordnung seiner Umgebung zu erliegen, zu ungetrübtem Bewusstsein gebracht wird.

[53] § 2. *Der empirische und der philosophische Rechtsetzungsprozess*

Momentan beschäftigen uns nicht die Ergebnisse des platonisch-aristotelischen Werks, sondern seine Intention. Die Philosophen entwickeln Entwürfe der Ordnung, von denen sie gar nicht erwarten, dass sie durch den Rechtsetzungsprozess ihrer Gesellschaft als geltende Regeln in Kraft gesetzt werden. Das Werk ist vollendet, wenn der Dialog oder das Traktat geschrieben ist;[107] die Projektion der wahren Ordnung ist vollbracht. Wenn historische Umstände eintreten sollten, unter denen solch eine Ordnung von einer empirischen Gesellschaft in Kraft gesetzt wird, umso besser, obgleich weder Platon noch Aristoteles erwarteten, dass sich derartige Bedingungen je einstellen würden. Daher wird der Philosoph zu einem eigenständigen Gesetzgeber der wahren Ordnung, der mit dem Gesetzgeber der empirischen Gesellschaft mit ihrer zweifelhaften Wahrheit konkurriert.[108] Diese Rechtsetzung auf zwei Ebenen, wie sie als Phänomen in der Menschheitsgeschichte gegeben ist, insbesondere im Hellas des vierten Jahrhunderts, rückt die Spannung zwischen der empirischen Gesellschaft, mitsamt ihrer empirischen Ordnung, die aus ihrem empirischen Rechtsetzungsprozess hervorgegangen ist, und der wahren Ordnung der Gesellschaft, die aus dem Sollen im ontologischen Sinn entsteht, wie es von dem Philosophen erfahren wurde, in den Fokus.[109] Das Problem des Rechts wird nicht durch das bloße Dasein einer Gesellschaft, die nun gerade unter irgendeiner Art von Ordnung steht, welche durch einen Rechtsetzungsprozess erschaffen wurde, erschöpfend behandelt. Das empirische Recht kann an den Standards des wahren Rechts gemessen werden, die von dem Philosophen entwickelt werden.[110]

Die zwei Rechtsetzungsprozesse, der empirische und der philosophische, sind miteinander verbunden. Die philosophische Analyse dringt bis zur Essenz des Sollens im ontologischen Sinn vor; und auf Basis der erlangten Einsichten versucht der Philosoph die Handlungstypen zu skizzieren, die optimal dafür geeignet wären, die Wahrheit der Ordnung, wie sie in der Seele des Philosophen lebendig ist, in die gesellschaftliche Praxis zu übersetzen. Das Gewicht dieser Werke liegt daher in der Erforschung der Natur der wahren Ordnung. Obgleich sie mehr als nur dichterische Ausschmückungen sind, haben die Modellprojekte den Charakter von Hilfsarbeiten[111] und dürfen nicht als Regelwerke mit autonomer Geltung aufgefasst werden. Ein Blick in Platons *Nomoi* zeigt, dass die ›Gesetze‹ quantitativ eine eher unbedeutende Rolle im Vergleich zu den Präambeln spielen, i.e. mit der langatmigen Exposition der Gründe ihrer Formulierung. Moderne Interpreten haben häufig beklagt, dass Platons Gesetzesentwürfe in der *Politeia* fragmentarisch geblieben seien und ganze Bereiche des [54]Rechts außer Acht ließen – ein Vorwurf, auf den Platon selbst die Antwort gegeben hat, dass jeder die Rechtsprojekte ausarbeiten könne, wenn er das Wesen der Ordnung begriffen und in seinem eigenen Leben die Ordnung verwirklicht hat.[112] Aristoteles analysiert das Wesen der Ordnung in zehn Büchern der *Ethik* und sechs Büchern der *Politik*, bevor er sich in *Politik* Buch VII und fragmentarisch Buch VIII der Ausarbeitung seines Models zuwendet.

Dennoch sind die Modelle, obgleich sie gegenüber der Analyse des Wesens zweitrangig sind, keineswegs überflüssig. Die Analyse des Philosophen ist vom Widerstand der substanziellen Ordnung in sich selbst zur Unordnung in der empirischen Gesellschaft vorgedrungen. Das Werk des Philosophen ist ein Urteilsakt über die empirische Ordnung, animiert durch den Anspruch, dass die empirische Ordnung näher an diejenigen Typen heranrücken sollte, die die wahre Ordnung adäquat ausdrücken werden. Der Philosoph befindet sich nicht außerhalb der Sphäre der Rechtsetzung, selbst wenn er weiß, dass die empirische Gesellschaft seine Hinweise nicht braucht. Im Gegenteil hat sich, da das Sollen im ontologischen Sinn die Wirklichkeit der Ordnung darstellt,[113] der empirische Rechtsetzungsprozess zu weit von der Realität wegbewegt, als dass er das ganze Gewicht der Normativität tragen könnte. Der Philosoph wird sich daher, solange er keine Revolution in seinem

Land anfängt (ein Ausweg, den Platon explizit ablehnt),[114] von der Teilnahme am Rechtsetzungsprozess zurückziehen und Ämter zurückweisen, um nicht zum Erfüllungsgehilfen der ungerechten Handlungen der Regierung zu werden. Die Verantwortlichkeit zur Rechtsetzung fällt ihm dann zu, wenn die Gesetzgeber des empirischen Rechts pflichtvergessen werden.[115] Die Modelle des Philosophen sind daher aufs Intimste mit der empirischen Ordnung verbunden: als Standards ihrer Normativität.

Ferner sind der Entwurf des Philosophen und die empirische Ordnung nicht kategorisch voneinander getrennt, sondern durch überbrückende Projekte miteinander verknüpft, die mehr oder weniger nah an die Realität des Sollens heranrücken. Daher hat Platon nicht einfach das Projekt einer Polis ausgearbeitet, in der die Philosophen Könige wären, sondern hat in den *Nomoi* eine zweitbeste Polis im Blick. Obgleich sie selbst keine Philosophen sind, werden die Herrschenden in dieser Polis zu einem Glauben auf Basis der Erkenntnisse der Philosophen erzogen, so dass sie die Gesetze, so gut sie können, im Licht eines philosophischen Minimaldogmas machen werden.[116] Platon erwog sogar die Möglichkeit von dritt- oder viertbesten Projekten, falls sich unter empirischen Umständen die zweit- oder drittbesten für den schwachen Menschen als zu schwer zu ertragen herausstellen sollten.

Unser Anliegen sind hier allerdings nicht die Details von Platons weitverzweigtem Werk, sondern sein Prinzip: Die empirische Ordnung einer Gesellschaft ist empfänglich für [55]Grade an Wirklichkeit, gemessen daran, wie sie die Spannung des Sollens im ontologischen Sinn artikuliert, die der Untersuchungsgegenstand der Philosophie ist. Die Normativität des Rechts besteht in der Teilhabe an der wahren Ordnung. Sie ist eine substanzielle Normativität, keine formale. Nicht einfach irgendetwas, das zum Inhalt der Rechtsordnung erhoben wird, ist ohne weitere Fragen Recht. Wenn die substanzielle Normativität des Rechtsetzungsprozesses zu tief absinkt, wird es Unzufriedenheit in der Gesellschaft geben, die überhandnehmen kann bis hin zu revolutionären Verhältnissen – außer wenn die Situation bis zu einem Punkt jenseits einer Reparatur degeneriert ist und die substanzielle Auflösung der Gesellschaft sie zur Beute von Eroberungen macht. Das ist in unseren Tagen zu einem eminent praktischen Problem geworden, wenn das Aufkommen der ideologischen Diktaturen mit ihrer brutalen Unterdrückung der wahren Ordnung im Leben des Menschen akut die Frage aufwirft, wie der Konflikt zwischen wahrer Ordnung und der massiven Macht einer empirischen Ordnung, der es an normativer Substanz mangelt, enden wird.[117]

KAPITEL VI

Die apersonale Geltung von Rechtsregeln[118]

Die Analyse kann nunmehr zu der Frage zurückkehren, die den Schwenk zu den Projektphänomenen motiviert hatte, i.e. zu der besonderen Normativität der Rechtsregeln. Regeln, so sagten wir, sind von einer Person an eine andere gerichtet; sie beabsichtigen eine Wahrheit über die Ordnung auszudrücken, sie verlangen vom Adressaten, seine Handlungsweise mit der normativen Wahrheit der Regel in Übereinstimmung zu bringen; und sie müssen, um diese Wirkung herbeiführen zu können, kommuniziert werden. In jeder dieser Hinsichten zeigt sich die Rechtsregel als etwas Besonderes. Es ist schwierig, die Person auszumachen, die sie erlässt; ihre[119] Wahrheit ist häufig fraglich; ihre Forderung mag nicht sehr erfolgreich sein; und die Kommunikation lässt viel zu wünschen übrig. Doch kann damit das Phänomen des Rechts, wie wir es nunmehr überblicken, endlich der Analyse zugeführt werden.

§ 1. Die Gesellschaft als eine sich selbst organisierende Entität

Regeln zielen darauf ab, eine Wahrheit über die Ordnung zu verbreiten. Sie verweisen letztlich auf das Sollen im ontologischen Sinn, d.i. auf die erfahrene Spannung zwischen der Seinsordnung und dem Teil der Ordnung, der in der Gesellschaft durch menschliches Handeln zu errichten ist. Am ontologischen [56]Kern der Normativität entdecken wir zwei Personen, die dem handelnden Menschen Regeln auferlegen: 1) Gott und 2) der reflektierende Mensch, der seine Vernunft und sein Gewissen gebraucht.[120] Jenseits dieses ontologischen Kerns breitet sich die Existenz des Menschen in Gesellschaft aus; und innerhalb dieser Sphäre der gesellschaftlichen Existenz können ihm andere Personen Normen auferlegen: Eltern, Freunde, Lehrer, die Altehrwürdigen, Priester, Philosophen und Regierungsbeamte. Für alle diese Fälle von Regeln, die in der konkreten Gesellschaft den anderen Personen entspringen, muss die Analyse mit äußerster Vorsicht und Disziplin voranschreiten, da das geringste Eingeständnis an herkömmliche Überzeugungen zu höchst fehlerhaften Konstruktionen führen würde. Wir müssen trotz eines offensichtlichen Konflikts mit der voranalytischen Sprache darauf bestehen, dass es am ontologischen Kern niemanden jenseits der zwei Personen gibt, der Regeln mit normativer Autorität erlassen kann. Es gibt ein *ius divinum et naturale*, aber es gibt definitiv kein autonomes *ius sociale et historiale*. Alle Regeln, die innerhalb einer Gesellschaft von einer Person an eine andere Person gerichtet werden, müssen wegen ihrer normativen Autorität auf dem ontologischen Kern beruhen.[121]

Nur wenn dieser Punkt gesichert ist und mit Nachdruck gehalten wird, wird das Problem in den Blick rücken, das durch Regeln angezeigt ist, die aufgrund ihrer gesellschaftlichen Autorität Gehorsam verlangen. Wir haben bereits Austins Konstruktion des Rechts als Befehl des Souveräns als eine abergläubische Metapher, die nicht einmal das Problem berührt, zurückgewiesen; und wir sollten hinzufügen, dass wir aus demselben Grund die Imperativentheorien, die später im neunzehnten Jahrhundert besonders von deutschen Rechtswissenschaftlern entwickelt wurden, zurückweisen müssen. Dieses Problem muss von der voranalytischen Beobachtung an, dass das Setzen und Erlassen von gesellschaftlichen Regeln – wie wir die Gattung nennen sollten, von denen die Rechtsregeln eine Unterart sind – ein Prozess innerhalb der Gesellschaft selbst ist, analytisch entfaltet werden.

Die Implikationen dieser einfachen Beobachtung sind sehr schwierig nachzuvollziehen, da die Analyse durch die Alltagssprache behindert wird, die sich eher mit Spannungen innerhalb des gesellschaftlichen Felds abgibt als mit der Einheit des Felds selbst, das durch die Spannungen rissig wird. Wir sind daran gewöhnt, in Dichotomien wie Herrscher und Untertan, Regierung und Volk, Eltern und Kinder, Kommandeur und Soldaten usf. zu sprechen, und sind fähig, die übergreifende Seinseinheit der Gesellschaft zu vergessen, *innerhalb* derer die entsprechenden Beziehungen von Befehl und Gehorsam stattfinden. Menschliche Existenz ist ontologisch gesehen gesellschaftlich, ungeachtet aller Konflikte zwischen dem Menschen und der apersonalen Kraft des gesellschaftlichen Felds, in dem er als ein Teil existiert. Die Existenz in Gesellschaft ist kraft Geburt und Erziehung in einer Familie ontologisch und nicht willkürlich [57]die Art und Weise menschlicher Existenz. Die Alternative zu einer Existenz in einer konkreten Gesellschaft – außer überhaupt nicht geboren worden zu sein oder Selbstmord zu begehen – ist niemals die abgesonderte Existenz, sondern die Existenz in einer anderen konkreten Gesellschaft.[122] Die Verfasstheit des persönlichen Lebens des Menschen in Übereinstimmung mit der Wahrheit der Ordnung ist nur innerhalb eines Rahmens gesellschaftlicher Ordnung möglich. Eine Gesellschaft hat daher nur insofern eine *raison d'être*, als sie es ihren Mitgliedern erlaubt, ihr Leben in Wahrheit zu ordnen.[123]

Die verschiedenen Aspekte dieses Problems wurden aus den theoretischen Konstruktionen der Bedeutung von Regierung und Gesellschaft ersichtlich. So insistierte Aristoteles darauf, dass eine Gesellschaft nur wahrhaft geordnet sei, wenn sie den *bios theoretikos* ermögliche. Unser Amerikanischer Eid[124] ermahnt dazu, dass die Regierung eine Organisation mit dem Zweck ist, für das Volk, das unter ihr lebt, Leben, Freiheit und das Streben nach Glück zu sichern – obgleich unser Amerikanischer Eid sich irgendwie weniger klar ausdrückt als Aristoteles, was das Wesen des Glücks betrifft. Eindringlich hat Rousseau auf die Identität von Herrscher und Beherrschten[125] in der Gesetzgebung bestanden, so dass die gesellschaftlichen Regeln von denjenigen gemacht würden, die ihnen gehorchen sollen.[126] In dieser Identifikation von Herrscher und Beherrschten konnte er auf die ältere Konstruktion von Hobbes zurückgreifen, wonach der Mensch als Mitglied einer Gesellschaft seine Persönlichkeit abschaffen und die Ordnung seines Lebens durch die Ordnung zurückerhalten werde, die von dem Souverän ausgeht, den er zuvor erschaffen hatte.[127]

Man könnte diese Betrachtungen gleichermaßen über Phänomene wie über Konstruktionen fortsetzen, aber es wird kein weiterer Gewinn zum analytischen Ergebnis hinzukommen: Gesellschaft ist eine sich selbst organisierende Entität; ihre Regeln sind weder von einer Gesellschaft außerhalb ihrer Mitglieder an ihre Mitglieder erlassen, noch von einer Person außerhalb der Gesellschaft an die Gesellschaft;[128] Gesellschaft existiert insofern, als dass sie einen selbstordnenden Prozess entwickelt; und der selbstordnende Prozess ist die Art und Weise ihrer Existenz.[129] Gesellschaft, so könnte man sagen, richtet die gesellschaftlichen Regeln, darunter die Rechtsregeln, an sich selbst. Diese Formulierung ist zweifelsohne Nonsens, denn eine Regel ist dasjenige, was eine Person an eine andere Person richtet. Aber genau genommen wird diese Nonsensformel das Bewusstsein der Schwierigkeit in der Analyse der Rechtsordnung schärfen, d.i. der apersonale Charakter der Rechtsregel.

Die Rechtsregel hat weder einen personalen Adressierer, noch einen personalen Adressaten. Diese Schwierigkeit kann nicht überwunden werden, indem die Gesellschaft, der Staat oder der Souverän in einen fiktiven personalen Adressierer verlagert wird, oder der ›kleine Mann‹, der nur vage mit dem Recht vertraut ist, in einen fiktiven Adressaten verwandelt wird, der die an ihn adressierten Regeln hört. Aus diesem Grund mussten wir die Imperativentheorien zurückweisen, denen [58]sich diese Konstruktionen hingaben. Aus demselben Grund müssen wir nun die Bemühungen zurückweisen, zu einer ›Definition‹ der Rechtsregel zu gelangen, indem zuerst eine Gattung ›Regel‹ geformt und dann spezifisch zwischen autonomen und heteronomen Regeln unterschieden wird, oder indem die Sanktionen, die von Kräften der Regierung organisiert werden, zur spezifischen Differenz gemacht würden, worin die Rechtsregel von den Regeln der Sitten und Gebräuche, die der gesellschaftliche Druck auferlegt, und den moralischen Regeln, die das Gewissen oder die Furcht vor Gott auferlegen, unterscheidet. Derartige Distinktionen der Lehrbuchlogik bewegen sich auf dem voranalytischen Niveau. Wenn ein ontologisches Problem der Analyse bedarf, ist eine bloße Klassifikation der Phänomene ohne Nutzen.

§ 2. Die Repräsentation der Gesellschaft[130]

Rechtsregeln sind apersonal, insofern sie nicht von einer Person erlassen werden. Da nur Personen Regeln erlassen können, würde daraus folgen, dass Rechtsregeln überhaupt nicht existieren können und dass das, was gemeinhin unter diesem Namen grassiert, nicht den Charakter einer Regel, sondern von etwas gänzlich anderem hat.[131] Diese Schlussfolgerung weicht allerdings von unserer alltäglichen Erfahrung mit und Redeweise über Rechtsregeln ab. Da einerseits das analytische Ergebnis Bestand haben wird und andererseits, wie wiederholt betont, die Analyse keinen Nonsens aus der voranalytischen Erfahrung machen darf, müssen wir auf die Phänomene, die zusätzliche Hinweise auf die Natur des Rechts liefern können, zurückgehen. Das Problem, das sich vorrangig aufdrängt, evolviert somit aus der Frage: Wie kann eine Gesellschaft, die doch selbst keine Person ist, überhaupt Regeln erlassen?

Die Antwort auf diese Frage ist auf der phänomenalen Ebene klar: Da die Gesellschaft qua Nicht-Person keine Regeln erlassen kann, werden Äußerungen in der Form von Regeln, die realen Personen entspringen, unter gewissen Bedingungen als geltende Regeln für das Verhalten der Mitglieder der Gesellschaft erachtet. Offensichtlich wird nicht jeder von einer Person zufällig getätigten Äußerung der Charakter der Geltung zugebilligt. Wenn eine Person mit Überzeugungen, die stärker sind als ihre Intelligenz, es auf sich nimmt, uns Vorträge darüber zu halten, was wir tun sollen, ignorieren wir ihre Ausführungen; und wenn sie fortfährt und ihre Ansprache zu viel von unserer Zeit beansprucht, legen wir ihr nahe, sich besser um ihre eigenen Angelegenheiten zu kümmern. Dieser Möchtegerngesetzgeber ist eine in jeder Gesellschaft bekannte Figur. Und wir können sie von einem echten Gesetzgeber, dem wir den Status gewähren, der Repräsentant [59]der Gesellschaft zu sein, unterscheiden. Eine Vielzahl von Menschen existiert insofern als eine geordnete Gesellschaft, als sie sich in Herrscher und Beherrschte gliedert.[132] Eine Gesellschaft tritt durch soziale Gliederung, die sich in der Erschaffung und Akzeptanz eines Repräsentanten niederschlägt, in die Existenz, und sie bleibt so lange in der Existenz, wie sie anerkannte Repräsentanten hat.[133] Die Organisation der inneren wie äußeren Handlungen durch einen Repräsentanten ist geradezu die Art und Weise, wie eine Gesellschaft existiert.[134] Der Rechtsetzungsprozess, vom Erlass der Verfassung bis zur individuellen Verwaltungs- oder Gerichtsentscheidung, ist diese Selbstorganisation der geordneten Existenz einer Gesellschaft durch Repräsentanten.[135]

Die Entstehung einer Gesellschaft durch Erschaffung und Anerkennung eines Repräsentanten und die Wechselhaftigkeit der Repräsentation in einer Gesellschaft, nachdem sie zur Existenz gekommen ist, formen ein gewaltiges Forschungsfeld für die Politikwissenschaft. Es befindet sich allerdings außerhalb unseres gegenwärtigen Analysebereichs. Wir interessieren uns für die Repräsentation nur, insofern sie ein wesentlicher Faktor im Rechtsetzungsprozess ist.[136] Die Rechtsregeln werden tatsächlich von Menschen gemacht – nicht durch ihre Autorität als Personen, sondern durch die Autorität ihres Status als Repräsentanten der Gesellschaft. Da der Gesetzgeber als ein Repräsentant und nicht als Person handelt, ist es möglich, kollektive Organe der Rechtsetzung wie die legislativen Versammlungen zu erschaffen, deren Akte klar apersonalen, repräsentativen Charakter haben. Die Distinktion zwischen Person und Repräsentant gilt auch in Fällen von Regeln, die einem einzelnen Menschen entspringen, bspw. einem Gerichtshof mit einem einzelnen Richter. Wir erkennen die Entscheidung des einzeln Richters, der hier zu Gericht sitzt, nicht wegen der Weisheit und Gerechtigkeit seiner Entscheidung an, sondern weil er der Repräsentant der Gesellschaft ist, dessen Stellung sich letztlich aus der Verfassung ableitet. Wir tragen seine Entscheidung mit, nicht weil wir ihr als der Wahrheit zustimmen – vermutlich werden wir sogar eine abweichende Ansicht über die Wahrheit vertreten, wenn die Entscheidung gegen uns ausgefallen ist –, sondern weil wir in unserem Dasein als Bürger unsere repräsentativen Rollen spielen: Mitglieder dieser organisierten Gesellschaft, die ihre Ordnung respektieren.[137]

§ 3. Das Fehlerkalkül

Dieses Spiel der Repräsentation wird performativ vollzogen – nicht als eine *l'art pour l'art*, sondern als eine Notwendigkeit für die geordnete Existenz des Menschen in Gesellschaft.[138] Sein Zweck besteht in der Verwirklichung von Ordnung, und diese Ordnung betrifft nicht irgendjemandes Privatvergnügen, [60]sondern die substanzielle Organisation des menschlichen Lebens im Bestimmtsein zur Ordnung des Seins, wie sie im Sollen im ontologischen Sinn erfahren wird.

Da der Repräsentant – ob er nun weiter oben oder unten im Rechtsetzungsprozess steht, ob er ein Kollektiv oder ein Individuum ist – in jedem Sinn des Worts ein Mensch ist, kann er auch seine Stellung als Repräsentant missbrauchen und Regeln erlassen, die von der Wahrheit der Ordnung stark abweichen. Diese Missbrauchsphänomene sind konstante Bestandteile in der Praxis jeder Gesellschaftsordnung; sie haben die Aufmerksamkeit des Theoretikers von Beginn der *episteme politike* an auf sich gelenkt und Bemühungen um theoretische Konstruktionen motiviert. Bereits Platon und Aristoteles unterscheiden je nachdem, ob die gegenwärtigen Repräsentanten sich um das Allgemeinwohl oder irgendein privates Fortkommen sorgen, zwischen guten und schlechten Regierungsformen. Die Regierung des Einen, der Wenigen oder der Vielen ist dann gut, wenn der Repräsentant das Gemeinwohl erstrebt; sie ist schlecht, wenn der Repräsentant seine Privatinteressen verfolgt. Die entsprechenden drei guten Formen werden Monarchie, Aristokratie und Politie genannt; die drei schlechten Formen heißen Tyrannei, Oligarchie und Demokratie.[139] Auch an diesem Punkt ist für uns nicht der Gehalt, der in den Begriff des Gemeinwohls hineingelegt werden kann, von Bedeutung, sondern das Phänomen seiner Formgebung mit der Absicht, die Verbindung zwischen dem Rechtsetzungsprozess und der ontologischen Substanz der Ordnung zu begründen.[140]

Die Spannung zwischen der Substanz der Ordnung und dem möglichen Missbrauch des Rechtsetzungsprozesses ist ferner kein abgesonderter Gegenstand der Kontemplation der Philosophen,[141] sondern das Motiv für mehr oder weniger elaborierte Experimente mit institutionellen Schutzmaßnahmen gegen seinen möglichen Missbrauch. Die Gewaltenteilung, die Grundrechtecharta,[142] die unabhängige Rechtsprechung, das allgemeine Wahlrecht und die Wahl des Repräsentanten für eine relativ kurze Amtszeit stellen innerhalb unserer Verfassung Vorkehrungen zur Reduzierung eines möglichen Missbrauchs bis auf ein Minimum dar. Doch selbst die besten Vorkehrungen sind nicht narrensicher und arbeiten nicht unter allen Umständen, da die Institutionen zur Kontrolle des Repräsentanten selbst mit Menschen besetzt werden müssen, die nicht frei von menschlicher Schwäche sind.[143] Insbesondere die Vorkehrungen des allgemeinen Wahlrechts und der häufigen Wahlen haben sich in vielen Fällen als enttäuschend herausgestellt, da die Mutmaßung, dass die Masse der Normalbürger ein mysteriöses Reservoir des Willens nach substanzieller Ordnung sei, schlichtweg falsch ist. Der Durchschnittsbürger, um es ganz klar zu sagen, ist prinzipiell der Leidtragende, wenn [61]die Regierung schlecht ist, und die Stimme des Volks ist für gewöhnlich im Recht, wenn sie voller Empörung erklingt. Doch aus solchen wahren Beobachtungen folgt nicht, dass die von der Mehrheit des Volks mit Enthusiasmus gewählte und anerkannte Regierung in besonderem Maße gut wäre – wie jüngste Exempel totalitärer Regierungen gezeigt haben.

Selbst wenn die Diskrepanz durch verschiedene Vorkehrungen auf einem solchen Minimum gehalten werden kann, dass das Volk nicht revoltieren wird, so schlussfolgern wir, kann die Spannung zwischen der wahren Ordnung und der empirischen Ordnung niemals aufgelöst werden.[144] Gegenüber einer gewalttätigen Umwälzung mag selbst ein nicht-so-guter Repräsentant wünschenswerter erscheinen – unter Berücksichtigung der unvermeidlichen und unkalkulierbaren Desorganisation des Lebens, die eine Revolution und die völlig ungewissen Zukunftsaussichten begleitet, dass der nächste Repräsentant auch nur ein bisschen besser sein wird als sein Vorgänger. Die ungestörte Gesellschaftsordnung wirkt als ein eigenständiges Gut auf die Normativität der Rechtsregeln ein. Wegen seiner Geltung stützt sich der Rechtsetzungsprozess in jeder Gesellschaft auf das Verständnis, dass ein nennenswerter Grenzbereich an Fehlern erlaubt sein muss mit Blick auf die Wahrheit der Ordnung im ontologischen Sinn. Obgleich es Grenzen für die Verhältnisse gibt, die Fehler zulassen, ist in Einzelfällen die Existenz in einer unvollendet geordneten Gesellschaft mit ihren vielen und womöglich beträchtlichen Ungerechtigkeiten einer in Unordnung und Gewalt vorzuziehen. Das Fehlerkalkül, das in den Rechtsetzungsprozess durch den Repräsentanten der Gesellschaft miteinbezogen wird, stellt eine weitere Komponente des apersonalen Charakters des positiven Rechts dar. Die Rechtsregel ist weder eine personale Regel der Vernunft und des Gewissens, noch eine Regel des göttlichen Rechts aus dem Dekalog oder der Bergpredigt.[145]

§ 4. Der Gewaltgebrauch

Wir müssen schließlich einen Blick auf dasjenige Element in der Geltung der Rechtsregel werfen, das viele Theoretiker, ohne weitere Analyse, zu ihrem spezifischen Charakteristikum zu machen geneigt sind, i.e. ihre Sanktion durch Gewalt.

Die Anwendung von Gewalt zur Durchsetzung der Rechtsordnung ist aus einer Vielzahl von Gründen notwendig. Der erste dieser Gründe ist das gerade diskutierte Fehlerkalkül. Da es eine Diskrepanz zwischen der wahren Ordnung und der empirischen Ordnung gibt, ist Zwang notwendig, um die Gehorsamsverweigerung bei demjenigen Teil der Bürgerschaft zu verhindern, der darüber streitet, ob der Gehalt der Regel nicht in Einklang mit dem Sollen im ontologischen Sinn stehe. Wir müssen zur Verdeutlichung keine Extremfälle anführen. Wir müssen uns nur vorstellen, was geschehen würde, wenn Steuerzahler [62]die Zahlung so lange verweigern könnten, bis die Budgetpläne der Regierung im Licht der wahren Ordnung einer rationalen Prüfung standhalten. Alleine die Schifffahrts- und Hafengebühren würden hinreichende Gründe dafür aufweisen, die Zahlung von Steuern zu verweigern. Jede Debatte über die Gerechtigkeit des Rechts muss daher innerhalb der Formen des politischen Kritizismus und des politischen Handelns durch Wahlen bleiben. Wenn es die Existenz der Gesellschaft zu bewahren gilt, dann kann es nicht zulässig sein, dass eine Debatte zur individuellen Entscheidung bis zum Widerstand degeneriert.[146]

Gewalt ist zweitens notwendig, da die Frage nach der Wahrheit, insofern es um die Ordnung geht, selten auf eine klare und völlig eindeutige Antwort trifft. Die Struktur einer Gesellschaft, insbesondere einer modernen Industriegesellschaft, ist unendlich komplex; welche der verschiedenen möglichen politischen Vorgehensweisen, die ein spezifisches Problem anzielen, sich im Einvernehmen mit dem Gemeinwohl befindet und daher im Recht implementiert werden sollte, wird ein Fall für eine Ja-Nein-Abstimmung sein: allerdings ohne ein klares Übergewicht für die eine oder die andere Seite. Die Entscheidung, ist sie endlich einmal gefallen, wird immer ein Element der Willkür enthalten. Wiederum wird keine Debatte, wenn die Gesellschaft überleben soll, ewig andauern dürfen – und wenn die Entscheidung einmal durch den Repräsentanten getroffen wurde, kann eine Gehorsamsverweigerung aufgrund dessen, dass die Wertmaßstäbe nach wie vor anzweifelbar sind, dennoch keineswegs gestattet werden.[147]

Der dritte und letzte Grund, warum Gewaltsanktionen notwendig sind, ist derjenige, dem Aristoteles allererste Wichtigkeit beimaß. Die ganze gesellschaftliche Organisation der Rechtsetzung und -durchsetzung würde überflüssig sein, so argumentiert er, wenn die Menschen ohne Zwang bzw. Androhung von Zwang in Übereinstimmung mit der wahren Ordnung handeln würden.[148] Wenn die Menschen immer durch *aidós* (das Mitleid oder die Scham) motiviert wären, dasjenige zu unterlassen, was falsch oder beschämend ist, was ihr Ansehen als Menschen befleckt;[149] oder wenn im Fall möglicher Entgleisungen Ermahnungen durch ihre Mitmenschen genügen würden, um dem potenziellen Übeltäter dasjenige bewusst zu machen, was er tut, und ihn zum rechten Verhalten hin zu beschämen, dann würde es keinen Bedarf für das Recht und seine Durchsetzung in der Organisation der Gesellschaft zur Aufrechterhaltung ihrer Ordnung geben.

Aber so ist die Natur des Menschen nun einmal nicht. Um es klar zu sagen: Die Natur des Menschen besteht darin, eine Person zu sein, d.i. seine Handlungsweise mit Hilfe seiner Vernunft und seines Gewissens zu ordnen. Aber ebenso ist es die Natur des Menschen, keine Person zu sein. Zunächst einmal: Der Mensch springt nicht als ausgewachsene Person mitten in die Welt hinein, sondern wird als ein Kind geboren. Seine Persönlichkeit besteht in einer Struktur der Seele, die langsam wächst und kaum vor dem Alter von dreißig Jahren eine gewisse Reife erreicht. Bei einigen dauert es noch länger. Ein Großteil der Menschen erreicht niemals [63]volle personale Gestalt; und manchmal stoppt ihr Wachstum sogar sehr früh. In Bezug auf den ausgewachsenen Menschen gebraucht Aristoteles den Begriff *spoudaios*, der reife Mensch.[150] Aber wenn er von der Möglichkeit einer Verwirklichung der wahren Ordnung in der hellenischen Polis spricht, dann hält er fest, dass vermutlich in keiner griechischen Stadt auch nur einhundert reife Menschen gefunden werden könnten, die den Nukleus einer adäquaten Führungselite formen könnten. Neben den Kindern, die der vollen Entwicklung der Persönlichkeit mangeln, gibt es in jeder Gesellschaft ferner »Sklaven von Natur«,[151] d.h. Menschen, die aus dem einen oder anderen Grund niemals bis zur Reife gelangen werden, sondern gesellschaftlichen Druck, energiegeladene Gedächtnisstützen und letztendlich die Androhung von Gewalt benötigen, um auf dem rechten Weg gehalten zu werden. Sie mögen aufgrund ihrer besonderen Fähigkeiten nützliche Mitglieder der Gesellschaft sein;[152] aber sie sind keine Mitglieder, die die Substanz der Ordnung, die im Menschen lebt, in die Gesellschaftsordnung fließen lassen und dadurch aufrechterhalten können, da zu wenig von dieser Substanz in ihnen lebt. Zeitgenössische Sozialwissenschaftler[153] haben dieselben Typen von Menschen wie Aristoteles erkannt und unterscheiden sie in nach-innen-gerichtete und nach-außen-gerichtete Persönlichkeiten – eine Redeweise, die ontologisch irreführend sein könnte, da der Punkt genau genommen darin besteht, dass die nach-außen-gerichteten

Persönlichkeiten gerade so ausgerichtet sind, weil sie in ihrer Persönlichkeit defizitär sind.

Offensichtlich können wir eine große Typenvielfalt von Menschen am Maß von Reife und Unreife unterscheiden, die vom Heiligen und Philosophen bis zum Gewohnheitsverbrecher reicht. Derartige Typen wurden zum Gegenstand ausgiebiger Studien. Was für die gegenwärtige Analyse von Wichtigkeit ist, ist allerdings keine empirische Typenstudie, sondern das Faktum, dass diese Fülle an Typen ihre Wurzeln in der Natur des Menschen hat. Jene Kräfte in der Seele, die die Übereinstimmung der Person mit der Seinsordnung stören, sind ebenso wesentlich menschlich wie die Erfahrung der Ordnung und des Bedürfnisses nach Übereinstimmung mit ihr. Jeder Mensch muss die Bürde seiner allzu menschlichen Passionen tragen – seines Stolzes und seiner Trägheit, seiner Aggressivität und seines Mangels an Mut, seines Unwillens zur Gerechtigkeit und seines Mangels an Weisheit, seiner Dumpfheit und seines Mangels an Vorstellungskraft, seiner Selbstgefälligkeit und Indifferenz, seiner Unwissenheit und Aberwitzigkeit.[154] Kurz: Die Natur des Menschen ist nicht in allem personal. Ganz im Gegenteil enthält sie einen mächtigen Bereich der Triebe, Passionen und Begierden, die nicht nur apersonal sind, sondern sogar die Formierung und Handlung des personalen Zentrums der Seele behindern. Daher ist der Gewaltgebrauch in der Gesellschaft nicht nur notwendig, um der menschlichen Person eine wahre Ordnung aufzuerlegen – dieser Sachverhalt würde sich von selbst erledigen, wenn der Mensch insgesamt Person wäre. Er ist vielmehr notwendig, [64]um eine Ordnung zu erlassen, die der apersonalen Natur des Menschen das Kennzeichen der menschlichen Personalität aufbürdet. Insbesondere ist der Gewaltgebrauch notwendig, um die Apersonalität des Menschen dann zurückzudrängen, wenn sie dazu übergeht, die Ordnung der menschlichen Existenz in Gesellschaft zu ruinieren.

Mit Blick auf diesen letzten Punkt ist allerdings Vorsicht geboten. Die Ordnung der menschlichen Existenz in Gesellschaft muss ebenso wie der Gewaltgebrauch in der Fülle ihrer ontologischen Bedeutung verstanden werden. Vielleicht ist der Gewaltgebrauch primär gar kein Mittel ›um die Gesellschaft zu schützen‹, nämlich vor einem Gesetzesbrecher. Während hingegen bspw. Strafe sicherlich die Funktion des Schutzes der Mitglieder einer Gesellschaft vor der Desorganisation ihrer Leben durch störende Handlungen ihrer weiteren Mitglieder hat, hat sie zudem den Zweck, die personale Ordnung in der Seele des Delinquenten wiederherzustellen und, soweit das möglich ist, ihn als Person zu rekonstruieren. Eine utilitaristische ›Philosophie‹ des Strafrechts würde lediglich das Problem verdunkeln, dass das Sollen im ontologischen Sinn in der Ordnung und Unordnung der Gesellschaft auf dem Spiel steht und dass dieses Sollen seinen Sitz in der Person jedes einzelnen Menschen hat.

Der Gewaltgebrauch zur Durchsetzung der Rechtsordnung, so dürfen wir zusammenfassen, bringt die apersonale Natur der Rechtsregel zur äußersten Klarheit: Die ontologische Quelle der Apersonalität der Rechtsordnung liegt in der Apersonalität der menschlichen Natur.[155]

KAPITEL VII

Konklusionen

Wir begannen die Analyse mit der Alltagserfahrung des Rechts und drangen von seiner phänomenalen Oberfläche bis zu seinem ontologischen Kern vor. Fassen wir nun die Ergebnisse der Analyse zusammen.

§ 1. Die Komponenten der Geltung

Die Rechtsordnung hat keinerlei eigenständigen ontologischen Status. So lange, wie der Gegenstand der Untersuchung ohne Bezug auf seinen Kontext bleibt, ist die Geltung seiner Regeln nichts außer der zeitlosen Bedeutung von Propositionen. Die Konstruktionen, die auf diesen Korpus an Bedeutungen angewandt werden, führen in die Sackgasse des zenonischen Paradoxons. Mit Einführung der Kontextphänomene verlangt die Geltung der Regeln jedoch einen echten Korpus an [65]Wirklichkeit. Wir können jetzt die Komponenten dieser Geltung als das erste Resultat der Analyse auflisten:

1. Rechtsregeln, um damit anzufangen, sind Propositionen, die die Ordnung der menschlichen Existenz in der Gesellschaft betreffen. Wir mussten diese Struktur ihrer Bedeutung allerdings anhand derjenigen Beobachtung näher qualifizieren, dass der tatsächliche Gehalt des Rechts häufig keinerlei normative Formeln bemüht. Der Text eines Gesetzes bietet eher öfter als seltener Beschreibungen und Definitionen, die faktische Situationen, Ereignisse und menschliche Handlungen betreffen. Obwohl die intendier-

te Bedeutung der Beschreibungen und Definitionen mühelos durch Hinzunahme der normativen Formel vervollständigt werden kann, ist es wichtig zu bemerken, dass der Gesetzgeber auf Kontextphänomene vertraut, d.h. auf die Interpretationen durch Mitglieder der Gesellschaft, um die Gesamtbedeutung seines Werks zu artikulieren.[156] Die eigentliche Bedeutungsstruktur verweist auf das Feld der gesellschaftlichen Wirklichkeit, in der die Rechtsordnung ihre eigentümliche Geltung gewinnen wird – jenseits der Regel.

2. Eine Rechtsregel steht als Bedeutung nicht in einem Vakuum. Sie ist Teil einer Gesellschaft in geordneter Existenz. Sie ist in die Wirklichkeit der Gesellschaft integriert, indem sie das Verhalten der Mitglieder der Gesellschaft zu ihrem Inhalt hat. Sie bezieht sich auf menschliche Verhaltensweisen – jedoch nicht mit der Absicht, eine wahre Aussage über das Verhalten der Menschen zu befördern, die auf empirischer Beobachtung basieren würde. Eine Rechtsregel gleicht nicht einer Aussage in den strengen Wissenschaften. Ihre Intention ist nicht kognitiv. Dies gilt selbst dann noch, wenn das Verhalten der Menschen – in einer gut funktionierenden Gesellschaft, kleinere Verfehlungen eingerechnet – in gewissen Situationen vorhergesagt werden kann, wenn man weiß, worin das Recht besteht, da ihre Verhaltensweisen im Allgemeinen an den Rechtsregeln orientiert sind. Es ist diese Vorhersagbarkeit, die von fehlerhaften Konstruktionen, die die Natur des Rechts betreffen, motiviert wird.

3. Während die Intention der Regel nicht kognitiv ist, intendiert die Regel nichtsdestoweniger eine Wahrheit. Das ist der vielleicht schwierigste Punkt, um den zeitgenössischen Stand der philosophischen Desintegration zu verstehen. Normativität ist nicht eine Qualität, die sich an die grammatische Form des Imperativs klammert oder an die normative Formel »Du sollst« bzw. »Du sollst nicht«. Wir sind nicht verpflichtet irgendetwas zu tun, nur weil uns je-

mand sagt, »Tu dies« oder »Tu das«, selbst dann nicht, wenn es sich als klüger herausstellen sollte, ihm Folge zu leisten, weil er einen Revolver auf uns richtet.[157] Um ihre vollständige Bedeutung herauszustellen, müssen wir stets die Sprache der Normativität in eine reichere Ausdrucksweise übersetzen: »Es ist wahr, dass du dieses oder jenes tun sollst.« Die Wahrheit der sich daraus ergebenden [66]Proposition ist der genuine Gegenstand unserer Untersuchung – genauso wie es die Wahrheit einer Proposition mit kognitiver Intention ist, die auf Ereignisse in der Welt der Sinneserfahrungen bezogen ist.

Diese Untersuchung, die im Licht von Vernunft und Offenbarung unternommen werden muss, ist aufgrund der Natur des vorliegenden Falls deutlich schwieriger als die Untersuchung der Wahrheit bei Sinnesdaten. Nach wie vor ist das Sollen eine Wirklichkeit in den Erfahrungen, von der wir einen Überblick gaben. Man kann stets das Argument in der allgemeinen Form anführen: Wenn das die Natur des Menschen ist und wenn der Zweck der menschlichen Existenz darin besteht, diese Natur so weit wie möglich innerhalb der Grenzen der Kräfte des Menschen zu realisieren, dann ist diese Handlungsabfolge einer anderen vorzuziehen. Der normative Charakter einer Handlung klammert sich nicht an die Form der Regel, wie wir sagten, sondern an die vorgestellte Handlung; und egal ob der unterstellte Charakter der Normativität diesem Handlungstyp wirklich anhaftet oder nicht, ist es eine Frage, die der kritischen Untersuchung obliegt. Jedwede andere Konstruktion würde die ontologische Spannung des Sollens unterlaufen und die Frage nach der Ordnung der Gnade der Gewalt unterstellen. Die Geltung der Rechtsregel beinhaltet somit die Komponente der Normativität im ontologischen Sinn.

4. Allerdings beinhaltet die Geltung der Rechtsregel offenbar mehr als die Normativität des ontologischen Sol-

lens. Das *ius positivum* ist nicht das *ius divinum et naturale*. Zur Geltung der Rechtsregel kommt eine weitere Komponente der apersonalen Existenz der Menschen in der Gesellschaft hinzu. Wegen der Funktion der Volksvertreter, des Irrtumkalküls und der Sanktionen durch Gewaltmittel erfüllt dieser apersonale Faktor den Rechtsetzungsprozess von Beginn an mit der Erzeugung von Repräsentation bis zum Zwang individueller Entscheidungen in konkreten Gerichtsurteilen. Diese Autorität der Macht, wie wir sie vielleicht am besten bezeichnen können, ist keine zusätzliche Quelle an Normativität, denn es gibt keine Existenz des Menschen unabhängig von der Gesellschaftsordnung. Die Ordnung der menschlichen Existenz ist unteilbar die Ordnung der menschlichen Existenz in Gesellschaft. Und das Sollen, wie es sich selbst in der Erfahrung der Spannung zwischen der empirischen und der wahren Ordnung zeigt, umschließt sowohl die individuelle als auch die soziale Disziplinierung der Leidenschaften. Es *soll* sein, dass die menschliche Natur das ist, was sie ist: eine Organisation der Gesellschaft mit der Macht, das Recht zu erlassen und durchzusetzen, da in der Gesamtverfasstheit des Seins die Gesellschaft unvermeidlich die Existenzweise des Menschen darstellt. Während die Macht des Repräsentanten und seine Gesetzgebungsfunktion keine [67]unabhängigen Quellen der Normativität sind, sind sie eine separate Quelle der Geltung der Rechtsregel, an der Seite der beiden normativen Quellen der Vernunft und der Offenbarung.

§ 2. Die Rechtsordnung und die historisch konkrete Gesellschaft

Als wir die Komponenten der Geltung angeführt haben, konnten wir nicht umhin, dabei eine Vielzahl von Punkten bereits im Vorübergehen zu streifen, die wir jetzt als weitere Resultate der Analyse ausdrücklich formulieren müssen.

1. Während die Rechtsordnung und ihre Geltung in der Natur des Menschen und seiner Existenz in Gesellschaft wurzeln, kann der Gehalt der Rechtsordnung nicht aus der Natur des Menschen deduziert werden. Zwischen der menschlichen Existenz in Gesellschaft und den Bemühungen des Repräsentanten, sie mittels des Rechtsetzungsprozesses zu ordnen, ist die Existenz der Gesellschaft in ihrer historischen Konkretheit eingeschoben. Gesellschaften sind nicht einfach Mechanismen oder Organismen für das Funktionieren ihrer ›Form‹. Sie sind in Bezug auf eine organisierte ›Form‹ nicht einmal Replikate von einander. Es gibt kleine und große Gesellschaften. Es gibt nomadische, Ackerbau betreibende, merkantilistische und Industriegesellschaften. Es gibt Stammesgemeinschaften, Stadtstaaten, Nationalstaaten und Großreiche. Es gibt Gesellschaften, die in der Form des kosmologischen Mythos leben, und andere, die die Ordnung der Offenbarung und Vernunft weiter ausdifferenziert haben.[158]

Die Aufzählung der Phänomentypen beabsichtigt an dieser Stelle nicht mehr, als lediglich auf die Größe des Problems hinzuweisen, dass die Gesellschaft selbst nicht nur die Unterart einer Gattung darstellt, sondern dass die historische Entfaltung der wahren Ordnung Teil ihres Wesens ist. Dieses Problem wurde von den klassischen Philosophen gesehen. Platon und Aristoteles wussten beide, dass die Lage und Größe des Territoriums, die Einwohnerzahl, der Wirtschaftstyp und der technologische Entwicklungsstand, der zivilisatorische und erzieherische Zustand des Volks allesamt von Bedeutung für die Verwirklichung der wahren Ordnung sind, die das Sollen im ontologischen Sinn optimal zum Ausdruck bringt. In einer sehr kleinen Gemeinschaft und unter kaum entwickelten ökonomischen Bedingungen, mit wenigen Beziehungen zur Außenwelt und keinerlei bemerkenswerten Bedürfnissen an persönlicher Ausbildung und Weiterentwicklung ... – selbst die beste Ordnung, die unter solchen Umständen möglich erschiene, würde kaum Gelegenheit zur Entfaltung der Möglichkeiten der menschlichen Natur bieten.[159] Daher sind die Fragen nach der Rechtsordnung weit davon entfernt, durch die Versicherung erschöpfend beantwortet zu sein, dass die personalen und apersonalen Elemente der menschlichen Natur die Komponenten [68]ihrer Geltung seien. Es stellen sich weiterführende Fragen nach der optimalen Ordnung unter den gegebenen historischen Umständen und der Rechtstechnik, um die besten Resultate zu erzielen. Von Seiten der historischen Konkretheit der Gesellschaft erwächst wiederum das Problem, dem wir von Seiten der Geltung her begegneten: Die Gesellschaftsordnung ist durchweg konkret; und entsprechend beansprucht die Rechtsordnung durchgehend Geltung.

2. Es stellt sich ferner ein korollarisches Ergebnis ein, das in diesem Kontext nur knapp angezeigt werden kann. Da das Recht seine Funktion im konkreten Ordnen einer Gesellschaft findet, gibt es keine Geschichte des Rechts im strengen Sinn. Geschichtlichkeit tritt an das Recht erst von Seiten der Gesellschaft heran. Da der Ordnung des Menschen in Gesellschaft Geschichtlichkeit zukommt, und da es das Recht mit der Regulation des menschlichen Verhaltens unter konkreten Bedingungen zu tun hat, haben die Institutionen des Rechts indirekt eine Geschichte durch ihre Teilhabe an der Geschichte der menschlichen Existenz in Gesellschaft.[160]

3. Für eine Untersuchung über die Natur des Rechts ist das wichtigste Ereignis in der Geschichte der gesellschaftlichen Ordnung die Ausdifferenzierung der normativen Quellen der Autorität, der Vernunft und der Offenba-

rung aus den kompakten Erfahrungen und Symbolen des Mythos. In dieser Hinsicht müssen wir drei prinzipielle Rechtstypen unterscheiden: a) das Recht im Kontext einer Gesellschaft, die von ihm durch einen kosmologischen Mythos geordnet wird; b) das Recht in den Kontexten von Gesellschaften, die die Offenbarung (Israel) oder Philosophie (das Späte Hellas, das Klassische Rom) erfahren haben; und c) das Recht in den Kontexten des Römischen Reichs und der westlichen Zivilisation, in der sowohl Vernunft als auch Offenbarung als autoritative Quellen der Ordnung gegenwärtig sind. Heutzutage wird mit diesem Problem in der Jurisprudenz schändlich umgegangen – man möchte sogar sagen, es wird vollständig ausgeblendet –, da unsere kulturelle Umwelt sowohl antireligiös als auch antiphilosophisch geworden ist.[161]

Nichtsdestoweniger bleibt die Beziehung zwischen den drei Autoritäten der Macht, der Vernunft und der Offenbarung ganz klar von allererster Wichtigkeit, wenn es um die Verwirklichung der wahren Ordnung in der Gesellschaft geht, sobald sich die normativen Autoritäten aus dem Mythos ausdifferenziert haben. Man könnte mit etwas Vorsicht formulieren, dass die Balance dieser drei Autoritäten die Bedingung der wahren Ordnung in der westlichen Zivilisation darstellt. Diese Frage hat im neunzehnten und zwanzigsten Jahrhundert sowohl praktisch als auch theoretisch eine neue Schärfe angenommen wegen des Aufkommens der gnostischen Glaubensbewegungen, die versuchen, die Gesellschaft durch Verschmelzen der normativen Autoritäten in die Autorität der Macht, wie es z.B. in der Organisation eines kommunistischen oder nationalsozialistischen Reichs geschah, zu ordnen. Diese [69]Verschmelzung der Autoritäten müsste als vierter Typ zu den drei soeben aufgezählten hinzugenommen werden, da eine mutwillige Fusion der differenzierten Komponenten keineswegs dasselbe darstellt wie die ursprüngliche Kompaktheit.[162] Diese Distinktion der großen historischen Ordnungstypen vor dem Hintergrund, vor dem der Rechtsetzungsprozess stattfindet, ist ein weiteres, das schlussendliche Resultat dieser Untersuchung über die Natur des Rechts.[163]

ANMERKUNGEN

1 Die hochgestellten Zahlen in eckigen Klammern bilden eine Konkordanz zu *The Collected Works of Eric Voegelin, vol. 27: The Nature of the Law and Related Legal Writings.*

2 »Law« (wie in: »The Nature of Law«) wird i.d.R. mit Recht wiedergegeben (und nicht mit Gesetz), wie auch die *Philosophy of Law* dem deutschen Wort *Rechtsphilosophie* entspricht. Voegelin geht es hauptsächlich um Probleme, die im Rahmen des Rechtsetzungsprozesses verhandelt werden, nicht im Gesetzgebungsprozess. Allerdings ist darauf hinzuweisen, dass es um *Recht* qua *Law* im allgemeinen Sinn geht, nicht um *Rechte* qua *Rights*, wie sie bspw. in den *Bürgerrechten* oder *Menschenrechten* beschrieben sind. Analog wird *Positive Law* wie üblich mit *positives Recht*, nicht mit *positive Gesetze* wiedergegeben.

3 Das Adverb *vielleicht* ist an dieser Stelle in seiner ganzen Schärfe zu lesen, wie Voegelin sie bei Platon (*Parmenides*, st138c/147c) als seinem primären Gewährsmann unter den sogenannten klassischen Philosophen und später besonders bei Nietzsche (*Jenseits von Gut und Böse,* KSA 5:17) vorgefunden haben könnte.

4 Im Englischen teilen der *Status* und der politisch-rechtliche *Staat* dasselbe Wort (»state«), das wie im Deutschen der gemeinsamen lateinischen Wortwurzel entspringt. Die hochgradig verdichtete lateinische Vokabel hat somit die Staatslehre an ihrem ontologischen Nabel konserviert, sodass Voegelin nun das Recht ohne historische Anrankungen oder ideologische Verkrustungen analysieren und auslegen kann. Die methodologischen Probleme dieses Ansatzes werden jedoch gleichsam deutlich, da er nun den Begriff des Rechts auf das Niveau von Möglichkeitsbedingungen zurückgeworfen hat, obgleich er selbst eine alltagsrealistische Phänomenologie vortragen möchte.

5 Im Englischen zitiert Voegelin mit »any realm of being« den Titel von George Santayanas Spätwerk: *The Realms of Being* (1942). Der von Voegelin seit dessen erstem Amerikaaufenthalt äußerst hoch geschätzte (und für ihn auf derselben Stufe wie Max Scheler angesiedelte) Santayana unterscheidet darin die Seinssphären des *Wesens* (Essenz), der *Materie*, der *Wahrheit* und des *Geistes*.

6 Damit wäre dem Verdacht entsprochen, den Nietzsche am deutlichsten in seinem »Wunsch« nach akademischen Preisschriften äußert, dass das »du sollst« insgesamt nur eine Missdeutung der immanenten (in Nietzsches Sinn: »physiologischen«) Fakta des menschlichen Lebens wäre; vgl. *Zur Genealogie der Moral*, KSA 5:288f. Für Voegelin wäre in diesem Fall alles Menschliche verloren; hierzu Voegelin: *Nietzsche, the Crisis, and the War.*

7 Voegelin würdigt hiermit das Problem des hermeneutischen Zirkels, insofern er keine der Seinssphäre des Rechts äußerlichen Begriffe einfach in sie hineintragen will. Zum Problem des hermeneutischen Zirkels bei Voegelin und seinem Bezug auf die Gnosis-These vgl. das gleichnamige Kapitel bei Thomas Nawrath: *Warum bedarf die Wissenschaft von der Politik der Ontologie?*

8 Im Englischen ergibt sich zugleich ein Wortspiel, das auf eine geradezu analytische Nähe und somit für die Analyse maßgebliche Autorität verweist, wenn dort »lawyer« über das »law« sprechen.

9 Das Adjektiv geltend bzw. nicht-geltend sowie die Substantive Geltung und Ungültigkeit geben i.d.R. den englischen Ausdruck »valid« bzw. »validity« bzw. »invalid« wieder.

10 Die Wahrheit einer Beobachtung kann unstrittig sein. Damit ist jedoch noch nichts über ihren Wert als Aussage festgelegt, wenn sie in einem bestimmten Zusammenhang als Beleg vorgetragen werden soll. Voegelin muss zuerst eine angemessene Diskussionsgrundlage suchen, bevor er dann aus wahren Beobachtungen etwas über die Wahrheit des Rechts schlussfolgern kann.

11 Vgl. die Tradition der fiktiven Beispiele etwa bei David Hume oder anderen Moralphänomenologen. Voegelin erwähnt bereits in seinen Aufsätzen *Zwei Grundbegriffe der Humeschen Gesellschaftslehre* bzw. *Die Einheit des Rechts und das soziale Sinngebilde Staat* die angelsächsische Moralphänomenologie zustimmend.

12 Der englische Begriff der »aspiration« trägt im Gegensatz zum Deutschen »Erwartungen« noch die Wortwurzel *spiritus* in sich, die an die sakrale Ordnung erinnert, dass der Mensch den Hauch des Lebens in sich trage und alles Gute allein von dort her zu erwarten bzw. zu erhoffen habe.

13 Dieses Argument mitsamt der entsprechenden Kritik trägt bereits Platon in seinem Dialog *Politikos* vor (st263b ff.), womit klar wird, wessen Fußstapfen Voegelin als Maßstab seiner Rechtsphilosophie bemüht.

14 Aristoteles verweist in der *Topik* darauf, dass das Maß des gesunden Menschenverstands ausnahmslos die primäre Orientierung darstellt, wo es kein syllogistisch gewisses Wissen gibt.

15 Vgl. OG 4:151f.

16 Inwiefern Voegelin hier eine bestimmte Position des sprachphilosophischen Kontextualismus bemüht, der zu der Zeit, als er die Rechtsphilosophie geschrieben und vorgetragen hatte, dem Stand der philosophischen Forschung entsprach (bspw. Wittgenstein), kann an dieser Stelle nicht eindeutig festgestellt werden. Allerdings führt er später eine auf Performanz basierende Theorie der Repräsentation ein, die auf John Langshaw Austin verweisen könnte, vgl. Anmerkungen 81 und 138.

17 Der Wechsel in der Grammatik vom Aktiv der Analyse ins Passiv der Phänomenologie zeigt bereits an, dass nun die Untersuchung eine neue Stufe betritt.

18 Voegelin diskutiert in diesem Teil seiner Untersuchung das Problem, das in der Metaphysik auch unter dem Titel *Das Schiff des Theseus* bekannt ist. Das Problem besteht darin, dass Theseus während seiner Überfahrt alle Teile seines Schiffs nach und nach austauschen muss, so dass er mit einem Schiff zurückkehrt, das vom Material her mit demjenigen des Aufbruchs an keiner Stelle übereinstimmt. Die Frage lautet daher: Worin besteht die Identität des Schiffs? Bzw.: Ist es dasselbe Schiff wie zuvor? Voegelin wird später darauf verweisen, dass es eine übergeordnete, kategorial unterschiedene Größe gibt, der das Quasiding seine Identität verdankt. Der Einwand gegen die These von der externen Stiftung der Identität wird somit auf zweifache Weise zurückgewiesen, indem einerseits das Recht als ein Quasiding erkannt wird, das keinerlei originären substanziellen ontologischen Status genießt, andererseits dadurch, dass es eben keine echte Analogie zwischen dem Schiff und dem Recht gibt, da das Recht letztlich ein unablösbares Medium menschlicher Gesellschaft ist, während hingegen die Beziehung zwischen Theseus und seinem Schiff aufgrund ihrer Äußerlichkeit lediglich kontingenter Art ist. Die Frage müsste, um eine Analogie zu bilden, entsprechend lauten, ob es noch immer das Schiff der *Reise* des Theseus ist, nicht einfach dasjenige von Theseus in einem unbestimmten Sinn. Für die Gesellschaft bestimmt Voegelin diesen Sinn des Rechts als die Ordnung, so dass die Ordnung der Gesellschaft die Innerlichkeit des Seins des Rechts begründet: Voegelin wird dies später das Sollen im ontologischen Sinn nennen (S. 72).

19 Die Kraft als sozialer Begriff bildet seit dem Aufsatz *Die Einheit des Rechts* den Mittelpunkt der Voegelin'schen Methodik, um den die Seinsprinzipien menschlicher Gesellschaften (die realen gesellschaftlichen Kräfte sowie die beiden idealen Kräfte: Vernunft und Offenbarung) als Foki seines Arbeitens angeordnet sind, sodass sie

die Geschichten der menschlichen Gesellschaften dahingehend brechen und projizieren, dass sie als Ordnung vor dem Maßstab der Ewigkeit als Menschheitsgeschichte durchsichtig werden.

20 Das englische Wort »limbo« bedeutet zugleich auch *Vorhölle*.

21 Im Englischen verwendet Voegelin das Wort »reception«. Das deutsche Wort *Rezeption* bedeutet hingegen etwas in der Art von Wahrnehmung oder Aufnahme, zielt jedoch darauf ab, dass das Aufgenommene noch reflexiv durchdacht wird. Voegelins fachsprachliche Enkulturation im Neukantianismus ist hierbei zu berücksichtigen. Daher wurde als Übersetzung ein den Üblichkeiten der intersubjektiven Diskussion von Ansätzen in der Jurisprudenz angemessenerer Ausdruck gesucht. Intersubjektivität und fachliche Qualifikation lassen die Aufnahme insgesamt als eine *Verständigung* erscheinen. Um das elitäre Moment der Geschlossenheit aufzugreifen, das Voegelin zuvor betont hatte, indem er darauf insistierte, dass Menschen, die keine professionellen Juristen sind, sich mit solchen Dingen ohnehin nicht beschäftigen sollten, wurde die Attribuierung *fachlich* zur Verständigung hinzugenommen.

22 Die Extremlösung des Heraklit, wonach *alles im Fluss* sei, wird hier von Voegelin aufgeworfen. Die Kompromisslosigkeit des von ihm gewählten Ansatzes aufgrund dessen sokratisch-platonischer Herkunft wird an dieser Stelle nochmals vom Negativen her deutlich: Wenn die Untersuchung misslingen sollte, dann dürfte man nicht nur zynisch dem Recht den Zug zur Gerechtigkeit absprechen, sondern es gäbe eigentlich gar kein Recht, über das man auch nur ein solches Urteil bzw. eine entsprechende Bewertung fällen könnte.

23 M.a.W.: Legt man die Kontingenz des Rechts dergestalt aus, dass es zur These vom Aggregat kommt, dann hat man das Recht insgesamt verloren, indem man es seiner Gegenwartsdimension beraubt. Denn dann weiß man erst, was Recht ist, wenn ein Richter sein Urteil fällt – also seinen Part als Schlussstück im Rechtsetzungsprozess ausfüllt. Da damit jedoch wiederum keine Substanz gewonnen ist, da das nächste Urteil abermals kontingenterweise vom nächsten Richter abhängt, ist der Rechtsetzungsprozess nicht in der Gegenwart angekommen, sondern unmittelbar in die Vergangenheit abgedriftet. Denn das Recht, das in dem Urteil zur Geltung kommt, kann nicht mehr dazu dienen, die Geltung des Rechts im Jetzt zu bestimmen – das obliegt einem Richter, der zukünftig Urteile erlassen wird. Was allerdings keine Gegenwart hat, das gibt es auch nicht. Wie zuvor argumentiert Voegelin so auch hier gemäß einer sokratischen Modifikation des disjunktiv-hypothetischen Schlusses, um

die These vom Aggregat mit Hilfe des Gegenwartslosigkeitsarguments zu widerlegen.

24 Zenon (ca. 490-430 v. Chr.) gehörte zur Eleatischen Schule und entwickelte Paradoxien, die zeigen sollten, dass Veränderungen (insbesondere Bewegung) nur dem Schein nach zum wirklichen Sein gehören könnten. Dadurch versuchte er einen indirekten Beweis für die Theorie seines Lehrers Parmenides aufzustellen, der zuvor die ontologische Einfachheit des Seins behauptet hatte. In seinem Dialog *Parmenides* stellt Platon den jungen Sokrates vor, der in einer Auseinandersetzung mit den beiden einem fachkundigen Publikum eine Widerlegung hiervon vorzutragen versucht. Das Argument des Sokrates dürfte auch für Voegelins eigene Lösung der temporalen Paradoxie der Rechtsgeltung ebenso von Interesse sein wie diejenige von Aristoteles – wird sich Voegelin doch im letzten Drittel seiner Vorlesung maßgeblich an diesen beiden Denkern als den sogenannten klassischen Philosophen orientieren.

25 Vgl. Aristoteles: *Physik*, Buch 6, Kap. 9.

26 Im Englischen findet sich an dieser Stelle ein komplexes und hochverdichtetes Partizipkonstrukt. Der Begriff »partial verities« wird in der Übersetzung zu den zwei Substantiven »Wahrheiten« und »Parteilichkeit« sowie dem Infinitiv »entziehen« aufgelöst, um den Charakter der Neubeheimatung des Alltagswissens einzuholen, den Voegelin hiermit beschreibt. Darin wiederholt er die sokratische Methode, das Alltagswissen den vorgefassten Meinungen zu entziehen und der Prüfung der allen gemeinsamen Vernunft, aller Parteilichkeit entblößt, zuzuführen (für den Bereich der Politik vgl. auch die später relevant werdenden platonischen *Nomoi*, bes. st715bc).

27 Im Englischen: »Realm of Meaning«.

28 Vgl. zu diesen Anreicherungen das Kapitel zu Thomas von Aquin in Voegelins *History of Ideas* (CW 20:224ff.).

29 Voegelin bleibt hiermit in der Logik von Spezifikation und Individuation. Er lässt seinen Hörern bereits in der Beschreibung des Phänomens der Politiker keine Alternative, als eben diese für die Rechtsordnung zu diskutierende Logik auch auf ihren Kontext anzuwenden.

30 Anders als die Anerkennung, die durch Reziprozität herbeigeführt wurde, kommt es nun zum Wiedererkennen. Die platonische Lehre von der Wiedererinnerung der Ideen in den Dingen, die an ihnen Anteil haben, ist das Modell für dieses Argument, das Voegelins Denken wesentlich ermöglicht und in einem zentralen Moment ausmacht. Unter dem griechischen Titel der *Anamnesis* veröffentlicht er entsprechend auch die Schriften und Bemerkungen zur methodologischen Grundlegung seiner späteren Philosophie, die ihn

zu einem Wechsel weg von einer *Geschichte der politischen Ideen* hin zu einer Bestimmung von *Ordnung und Geschichte* geführt haben: Es sind die *Erfahrungen* der Ordnung, die zu den Ideen auf dem Wege der Wiedererinnerung führen – demgegenüber hat der Mensch die Ideen selbst in ihrer klaren und distinkten, vollständig reflektierten Gestalt keineswegs.

31 Damit holt Voegelin die binäre Kodierung hermeneutisch ein, die das Recht in der Realität vorgibt und die durchzusetzen zu seinen primären Erscheinungsformen gehören dürfte.

32 Voegelin bezieht sich hiermit auf das Geviert aus Gott, Mensch, Welt und Gesellschaft (vgl. OG 1:39). In seiner Stellung im Geviert erlebt der Mensch die verschiedenen, spannungsreichen Beziehungen, die ihm die Partizipation an den Ideen der Ordnung ermöglichen, wie es bei Platon die Dialektik leistet.

33 Altägyptisch *maat* (ma'at) = Gerechtigkeit, Wahrheit, Weltordnung (vgl. OG 1:124f.). Dort übersetzt Voegelin maat auch als »Gemeinschaft des Geistes« (OG 1:152) bzw. die göttliche maat als die »Substanz des Gottes« (OG 1:163).

34 Chinesisch *dao* (tao) = Weg.

35 Altgriechisch *nómos*: Gesetz, bzw. dessen Wortwurzel *nomós*: Ordnung der Weideflächen.

36 Die lateinische *lex* wird bei Cicero von *legere* hergeleitet (»lex ab legendo«, *De Legibus*, liber 1, sectio 19) = die Wahrheit ablesen. Der Herausgeber der englischen Ausgabe schlägt an dieser Stelle die Korrektur von »lex« nach »ius« vor, die aufgrund der Etymologie hier allerdings abgelehnt wird.

37 Insbesondere das Ägyptenbild in Thomas Manns Romantetralogie *Joseph und seine Brüder* hat Voegelin angeregt, sich intensiv mit der altägyptischen Theologie auseinanderzusetzen. Der daraus entstandene Briefwechsel stellt deutlich heraus, dass es ihm nicht darum ging, bestimmte Positionen zu brandmarken, sondern als böse herauszustellen, auch wenn direkte politische Aufforderungen dabei verlorengingen. Die entsprechenden Dokumente versammelt die Neuausgabe der *Politischen Religionen* (ab der 3. Auflage); s. a. Peter J. Opitz: *Eric Voegelins Politische Religionen. Kontexte und Kontinuitäten.*

38 Der Begriff der *Wahrheit der Ordnung* kommt an dieser Stelle zum ersten Mal vor. Hier wird der Wahrheitsbegriff geprägt, der der weiteren Untersuchung und dem Voegelin'schen Spätwerk insgesamt zugrunde liegt.

39 Voegelin beschreibt den Bewertungsmaßstab der rechtlichen Ordnung so, dass ihn die klassische Staatsphilosophie als republika-

nisch-demokratisch-kosmopolitisch bestimmen könnte: Er ist für jeden offen und muss jeden berücksichtigt haben können, auch wenn er in den unterschiedlichen Einzelgesellschaften verschieden realisiert wird.

40 Damit wird dem als *Herrschaftswissen* bekannten Faktum Rechenschaft gezollt. Da dieses Herrschaftswissen der allgemeinen Kontrolle unterliegt, um überhaupt eine Seinssphäre für sich referenzieren zu können, wird es im philosophischen Sinn sogleich republikanisiert. Die Theorie akzeptiert somit die Notwendigkeit von Eliten, gibt allerdings als deren Ursprung die Gesamtgesellschaft an, aus der sie sich herausbildet und teilweise (funktional wie sozial) absondern muss. Eine Theorie der besonderen Talente des Einzelnen (Machiavelli) oder der Überlappungseffekte der allgemeinen Dekadenz (Rousseau) wird nicht benötigt, um ein solches, eigentlich soziokulturelles Phänomen zu begründen, zu verstehen und so für eine spätere kriteriologische Bestimmung zu erfassen.

41 Siehe hierzu ausführlicher Voegelins Ausführungen in OG 1:Kapitel »Die Symbolisierung der Ordnung« sowie ferner: *Zwischen Evokation und Kontemplation. Eric Voegelins »Introduction« zur »History of Political Ideas«*.

42 Im Englischen: »if-laws«. Zum folgenden Argument vgl. Jean Jacques Rousseau: *Du contrat social ou principes du droit politique*, Buch 1, Kapitel 3.

43 Analog zu Hegels Bestimmung der Sittlichkeit als einer Sphäre, die wesentlich den moralischen Bereich übersteigt, indem sie aus dem Privaten ins Öffentliche voranzuschreiten nötigt; vgl. Hegel: *Grundlinien der Philosophie des Rechts*, bes. § 141.

44 Zu dieser Bestimmung des Philosophen vgl. OG 6:209. Zur Definition von Philosophie vgl. Voegelin: *Realitätsfinsternis*, 95.

45 Spannend ist hierbei insbesondere, dass Voegelin nicht dem Reduktionismus unterliegt, die rechtstaatliche Entropie einer Legitimation ausschließlich *ex ante* zu unterstellen, sondern ebenfalls die Legitimation *ex post* als *de facto* (und im Zweifelsfall auch als *de iure*) gleichwertig an dieser Stelle noch zulässt.

46 Unter den jüngeren Ansätzen unterscheidet bspw. Jürgen Habermas ebenfalls diese beiden Komponenten, vereinigt sie dann aber wieder im Begriff einer deliberativen Vernunft vor dem Hintergrund seiner handlungs- und kommunikationstheoretisch beschriebenen Sozialphilosophie.

47 Hans Kelsen war Lehrer und neben Othmar Spann einer der beiden Doktorväter Voegelins in Wien. Kelsen war Mitverfasser der Verfassung der Republik Österreich. Voegelins Zusammenfassung von

Kelsens Theorie darf angesichts der Schwerpunkte, die sie legt, als Vorwurf gelesen werden, dass Kelsen in der Kombination aus Autorschaft der Verfassung und Rechtstheorie eine *Selffulfilling Prophecy* seiner persönlichen Normen und Werte formuliert habe. Das würde dann theoretisch einen Zirkelschluss, politisch hingegen einen ideellen Machtanspruch darstellen (vgl. Thomas Nawrath: *Ideologiekritik am göttlichen Maß*). Später hat Kelsen die vermutlich wichtigste Replik auf Voegelins *Neue Wissenschaft* verfasst. Vgl. *A new science of politics. Hans Kelsen's reply to Eric Voegelin's »New science of politics«. A contribution to the critique of ideology.*

48 Zu Voegelins Einschätzung Kelsens vgl. seine beiden Artikel: *Kelsen's Pure Theory of Law* und *Die Einheit des Rechts und das soziale Sinngebilde Staat.*

49 Damit rückt Voegelin Kelsens Ausführungen unausgesprochen in Strukturanalogie zur Debatte um den Kontraktmonismus seit Bodin, so dass die Ausführungen von Kelsen keineswegs mehr als originell, sondern nur noch als eine weitere traurige Etappe der Dekadenz des abendländischen Rechtsverständnisses erscheinen.

50 Bereits die *Politischen Religionen* versuchen die Geschichte der Ideologien mit Blick auf die Substanz von Gut und Böse zu besprechen (dies markiert auch zugleich den Streitpunkt mit Thomas Mann). In der Zeit des Zweiten Weltkriegs gelangt Voegelin dann in den USA zur methodologischen Tieferlegung seiner Theorie bis hin zur philosophischen Anthropologie und den Bewegungen der Seele.

51 Dies ist Voegelins erste Erwähnung der Unterscheidung zwischen einer empirischen und einer philosophischen Dimension.

52 Im Englischen findet sich an dieser Stelle der Terminus »amendment«, der direkt auf die Zusatzartikel der US-Verfassung anspielt.

53 Die an dieser Stelle am präzisesten formulierte These kann als eine vorweggenommene, allgemeinere Fassung des *Böckenförde-Theorems*, wonach das Recht von Voraussetzungen lebt, die es selbst nicht besorgen könne, angesehen werden. Vgl. Ernst-Wolfgang Böckenförde: *Staat, Gesellschaft, Freiheit.*

54 Vgl. das philosophische Problem des absoluten Letztbegründungsanspruchs, wie es bspw. im *Münchhausentrilemma* zum Ausdruck kommt. Demnach sind alle Begründungen entweder (1) selbst unbegründet, sodass sie nur endlos nach immer weiteren Begründungen fragen, oder (2) zirkulär, oder (3) stellen einen unbegründeten Abbruch im Begründen dar.

55 Da das so gefasste Recht weder in den Bereich der Sollens-, noch in den der Wirklichkeitswissenschaft im Sinne Max Webers passt, muss Voegelin also einen genuinen Ansatz vortragen, dessen Re-

alitätsbegriff nicht nur für die Rechts- und Politikwissenschaft, sondern auch für alle anderen Disziplinen maßgeblich zu sein beansprucht. Vgl. zur Kritik an Weber Nr. 3 der *Einleitung* zur *Neuen Wissenschaft* und die Vorlesung *Die Größe Max Webers*.

56 Vgl. Jean Bodin: *Les Six Livres de la Republique*, Buch 1, Kap. *Du mesnage, et la difference entre la Republique et la famille*.

57 Nach dem Argument vom Typ ›Schiff des Theseus‹ (vgl. Anmerkung 18) kommt nun ein weiteres Argument hinzu: das Problem vom radikal Neuen. Das ist das dritte Argument nach jenem und dem Paradoxon der Wechsel im Recht (insbesondere der Verfassungen). Voegelin rekonstruiert gewissermaßen die Kette der eleatischen Paradoxien, indem er sie auf den Rechtsbegriff anwendet. Wie er allerdings zutreffend anmerkt, hat dies keiner der Klassiker so betrieben. Als Auflösung hierzu sind seine Bemerkungen im vorletzten Kapitel zu sehen, die die Rolle des Philosophen mit Blick auf die materiale Substanz bestimmen. Ob Voegelins Bemerkungen allerdings dem Methodenbewusstsein der Philosophen selbst genügen – auch der von ihm angeführten –, wäre eine andere Frage.

58 Vgl. OG 7:84ff.

59 Im englischen Text heißt es an dieser Stelle: »slaves and medics« (also: Sklaven und Ärzte). Da nicht nur Aristoteles (*Politik*, Buch 3:1, 1275a7ff.) von »metoiki« (auf Deutsch »Beisassen«, in etwa: Angehörige einer anderen Ethnie, die trotz permanenten Wohnsitzes kein volles Bürgerrecht genießen) spricht, sondern auch Voegelin selbst in einer Parallelstelle (OG 7:86) den Begriff des Metöken korrekt übernimmt, wird hier eine Korrektur vorgenommen.

60 Vgl. OG 7:71.

61 An dieser Stelle wird (wie in allen systematischen Arbeiten Voegelins seit der *Neuen Wissenschaft der Politik*) der bereits eingeführte Begriff der Repräsentation endgültig zum Analyseschlüssel erhoben.

62 Vgl. S. 181 des Kommentars.

63 Vgl. OG 7:43f.

64 Zum Seelenbegriff bei Aristoteles vgl. OG 7:123.

65 Die *Articles of Confederation and Perpetual Union*, die der Zweite Kontinentalkongress nach dem Unabhängigkeitskrieg (1775-1783) verabschiedete, stellten von 1781 bis 1789 die erste Verfassung der Vereinigten Staaten (also der dreizehn Kolonien, die sich zuvor von der Britischen Krone losgesagt hatten) dar. Die *Articles* sahen eine vollständige Souveränität der Einzelstaaten vor. Sie wurden 1789 durch die Verfassung der Vereinigten Staaten, die eine effektive Bundesregierung in Form eines Präsidialsystems vorsieht, abgelöst.

66 An dieser Stelle analysiert Voegelin die Wirklichkeitsbedingungen eines Phänomens, wie es für sein späteres Arbeiten methodologisch typisch ist. Dann generiert er jedoch daraus Konsequenzen, die eigentlich nur aus einer Betrachtung der Möglichkeitsbedingungen gewonnen werden könnten. Hier erklärt er so etwa die Bedingungen von prinzipieller Uneinigkeit gegenüber der Rechtsordnung, indem die Kräfte der intrasystematischen Legalität und der sozialen Machtrealität einander entgegenwirken. Diese Kräfte wurden zuvor als Wirklichkeitsbedingungen für das Zustandekommen der Verfassungswechsel herausgearbeitet. Anders als etwa Kant, der diese beiden Bedingungstypen voneinander streng unterschieden hatte, indem er sie diskreten Argumentationsstrukturen vorbehalten hatte (die Möglichkeitsbedingungen im kritischen Vorstellungssystem, die Wirklichkeitsbedingungen im empirischen Antagonismus, dessen Beurteilung aufgrund seiner Kontingenz letztlich nur den Fachwissenschaften zukommt), behauptet Voegelin somit implizit, dass diese phänomenologisch gesicherten Wirklichkeitsbedingungen zugleich Möglichkeitsbedingungen seien. Dieser Schritt der phänomenologischen Generalisierung, wenn nicht sogar Universalisierung, stellt methodologisch den entscheidenden Einschnitt dar, den die Rechtsphilosophie gegenüber seinen vorangegangenen Arbeiten einbringt. In diesem Licht ist auch der Gnosis-Beweis im letzten Abschnitt der Vorlesung anders als in den vorangegangenen Schriften zu beurteilen – eben vor dem Hintergrund dieser erweiterten Methodik. Da Voegelin sich allerdings nicht explizit hierzu äußert (falls er sich dessen überhaupt bewusst war), kann diese neue Methodik nicht anders als durch Extrapolation erläutert werden. Formallogisch gesehen handelt es sich um einen unmöglichen Schluss, nämlich um denjenigen von Partikularität auf Universalität. (Tatsächlich wäre das die eigentliche Pointe der von Voegelin abgelehnten Transzendentalphilosophie, die in der bewusstseinsphilosophischen Kombination von Retorsion und Aufweis des Charakters von Möglichkeitsbedingungen eine exklusive Musterlösung hierfür anbietet.) Voegelin muss also eine hiervon abweichende Beweisführung finden. Da sie nicht reflektiert wird, ist zu sehen, wie er tatsächlich argumentiert.

Hierzu ist auf die wiederkehrende Strategie zu verweisen, Positionen der etablierten Rechtstheorie in solche Widersprüche zu verstricken, die die Schemata der klassischen Paradoxien formal erfüllen. Damit würde es immerhin möglich, die formallogisch unmögliche Universalisierung dahingehend zu modifizieren, dass inhaltlich kein Fall möglich wird, der von der gesuchten Allaussage abweichen

könnte. Voegelin schlussfolgert also aus der Unmöglichkeit von einigen exemplarischen Phänomenen die Unmöglichkeit einer gewissen Phänomenklasse. Davon ausgehend, dass die Klassenbildung selbst möglich wäre, lautet der Schluss somit nicht mehr: aus einem folgt alle; sondern: aus einigen (Gegenbeispielen) folgt keines.
Nun ist es durchaus – entgegen der formalen Universalisierung – vorstellbar, von einem Fall die benötigte Unmöglichkeit zu beweisen, da sie inhaltlich gezeigt werden kann. Das entsprechende Vehikel hierzu ist die *Reductio ad Absurdum*. Voegelin bemüht eben diese Argumentationsform auf zweifache Art und Weise: Zum einen verweist er darauf, dass eine entsprechende Formulierung in der Alltagssprache absurd wäre; zum anderen kann er auf die Wirklichkeitsbedingungen verweisen, dass es absurd wäre anzunehmen, die gesellschaftlichen Kräfte würden eine entsprechende Position zulassen. Die hinter dem ersten Absurditätsbeweis stehende Allgemeingültigkeit des ›common‹ sense, die die sprachliche Normalität argumentationsjuridisch bemüht, wie auch die als Prämisse hinter dem zweiten Beweis stehende Kenntnis der gesellschaftlichen Kräfte, die doch selbst irgendwie gewonnen werden müssten, sind alles andere als zwingend, obgleich sie in der Argumentation gut versteckt eingebunden sind.
In seinem Spätwerk, in dem er den Seelenbegriff und den ontologischen Gottesbeweis reflektiert, wird Voegelin diese hier noch methodologisch grundlegende Argumentationsform nicht mehr frequentieren. Hierzu relevante Vorarbeiten finden sich allerdings bereits in den späteren Abschnitten der Rechtsphilosophie.

67 Man denke an den Musterfall eines Katalogs von Extremmaßnahmen, den Rousseau als Hauptteil des vierten Buchs seines Gesellschaftsvertrags vorgelegt hat. Rousseaus Absicht, zu zeigen, dass eine Gesellschaft, die derartiger Instrumente bedarf, ohnehin nichts Würdevolles mehr zu verlieren hat, kommt bei Voegelin nicht zum Tragen. Voegelin scheint es durchaus ernst damit zu sein, dass eine Gesellschaft entsprechende Rechtstechniken beherrschen und institutionalisieren müsse, um überhaupt etwas Würdevolles zu erlangen, das wieder zu verlieren möglich wäre. Ein Szenario wie der idealisierte Vertragsschluss bei Rousseau mit einer *aliénation totale* wäre diejenige Form von Konstruktion, die am gesellschaftlichen Substanzbegriff gänzlich vorbeigehen würde, indem sie ihn reduktionistisch in der Doppelung der Menschen in Volk und Souverän finden wollte. Zu Rousseau und der zwar beschränkten, aber durchaus gegebenen Legitimität dieses Arguments vgl. S. 96.

68 Die zwei Primärphänomene der Zeitlichkeit (die Bewegungen der Entstehung und des Beharrens) kommen hierin zum Ausdruck. Die

Betonung des dritten Zeitphänomens (das Vergehen) ist nach Voegelin ein Kerncharakteristikum derjenigen Theorien, von denen die Moderne Gnosis nur das bislang politisch Erfolgreichste war.

69 Dabei handelt es sich freilich um einen Regelbegriff *ex post*. Ein traditioneller Regelbegriff in der Jurisprudenz würde hiervon abweichend die Regel als vorrangig auffassen, die den Rechtsadressaten als Norm vorgegeben wird. Voegelin setzt also dezidiert auf einen Bruch mit fest verankerten Üblichkeiten – wenn nicht Selbstverständlichkeiten – in seinem Fach, indem er an dieser Stelle einen primär oder gar ausschließlich soziologischen Regelbegriff installiert. Damit wird der Grund für den späteren Paradigmenwechsel hin zu einer Rechtsphilosophie in Anschluss an seinen sehr weiten Gesellschaftsbegriff vorbereitet.

70 Der B will den A also nicht nur deswegen nicht auf verbrecherische Art behandeln, weil es der A umgekehrt auch nicht soll, sondern weil er sich selbst nicht zum Verbrecher machen will. Voegelin greift hiermit das Niveau der doppelten Reziprozität in der Rechtsphilosophie auf, wonach bspw. die Bestrafung sowohl durch das Recht des Opfers als auch durch dasjenige des Täters selbst begründet wird. Kant und Hegel hatten dies mittels des Würdebegriffs begründet. Anders als bei ihnen greift Voegelin jedoch nicht ins Abstrakte, sondern bemüht die phänomenologisch gewonnene Plausibilität, dass bereits die Forderung nach einem Lebensentwurf mit dessen Implikation, der Planbarkeit und der Normalitätserwartung, diese Reziprozität evoziert.

71 Vgl. Voegelins Analyse zum Verhältnis zwischen der *lex ab hominibus inventa* und der *lex humanitus posita* im Kapitel zu Thomas von Aquin in der *History of Ideas* (vgl. CW 20:225-228).

72 Das ist die *kopernikanische Wende* in der Variante, die Voegelin als platonische Philosophie bzw. als anthropologisches Prinzip bezeichnet, indem der Mensch zum Teilmaßstab jeder politischen Ordnung erhoben wird. Dieses Kriterium verbürgt zugleich die Menschlichkeit einer Gesellschaft und markiert den Voegelin'schen Humanismus, der aufgrund der späteren Einbindung in die soteriologische Wirklichkeit von einem verschließenden Säkularismus unterschieden ist.

73 Voegelin folgt hier also den drei Sphären der Lebensentfaltung, wie sie bereits bei Aristoteles gefunden werden können.

74 Zu den terminologischen Details von Voegelins Aristoteles-Lesart vgl. OG 7.

75 Vgl. OG 7:66ff. sowie Voegelin: *Das Rechte von Natur*. In: Ders.: *Anamnesis. Zur Theorie der Geschichte und Politik*, 117-133.

76 Mit der Suche nach einer letzten Einheit wendet sich Voegelin einem holistischen Realismus der Gesellschaft zu. Damit vermeidet er es, in die analytische Falle überhaupt geraten zu können, wie er sie für die neuzeitliche Philosophie typisch bei Francisco de Vitoria gefunden hatte (vgl. das gleichnamige Kapitel der *History of Political Ideas* in CW 23). Der Weg zum Holismus vermeidet die Suche nach Elementen (also typischen Bestandteilen auf dem analytisch maßgeblichen Niveau), da sie in ihren beiden Momenten (das Typische und das maßgebliche Niveau) massiv irrtumanfällig ist. Der Befund eines sozialphilosophischen Atomismus wäre bspw. ein solcher Irrweg, da er beide Punkte durch einen Naturalismus beantwortet und somit die analytische Klärung eines Begriffs distinkter gesellschaftlicher Elemente ausblendet.

77 Vgl. das von Voegelin bis hierhin bereits erarbeitete Argumentationsniveau, dass nicht einzelne Rechte, sondern immer die gesamte Rechtsordnung in den Blick treten müsse, wenn es darum geht, eine Sequenz zu untersuchen. Dementsprechend fragt sich vorderhand, worin das Äquivalent zu den untauglichen stabilen Prozeduren beim Wechsel der Rechtsordnungen bestehen wird. Tatsächlich tritt der Aspekt hervor, warum sich diese Frage für die Klassiker nicht stellt – und inwiefern sich dies auf die Analyse des Rechts auswirken wird: das Sollen im ontologischen Sinn.

78 Arnold J. Toynbee: *A Study of History*. Vgl. Voegelins Kritik daran in OG 8:20.

79 Im Englischen heißt es: »when civilizational societies clash with one another«; vgl. den auch ansonsten (unbewusst?) eine Voegelin'sche Terminologie im Titel bemühenden Band von Samuel P. Huntington: *The Clash of Civilizations and the Remaking of World Order.*

80 Dieser Abschnitt formuliert die Kernidee der Voegelin'schen Rechtsphilosophie bzw. den Grund dafür, dass er sie als eine echte Philosophie und nicht nur als eine der üblichen Theoretisierungen verstanden wissen wollte. Der Regelbegriff wird von seiner soziologischen Erscheinung auf seine juristische hin vertieft, sodass es nunmehr um dasjenige geht, was Normativität überhaupt *ist*. Es geht also um das Sein der Normativität. Diese Vertiefung wird durch eine geschichtsphilosophische Auffaltung ermöglicht, indem die gesellschaftliche Ordnung weder eine statische (moderner Kontraktualismus), noch eine dynamische (moderner Idealismus) »Blaupause« (S. 73) voraussetzen darf. Der Mensch muss vielmehr – ob nun mit oder ohne guten Willen dazu – in der bereits wirklichen Welt und Gesellschaft leben. Geschichte wird an dieser Stelle in ihrem Kernmoment – der Gegenwärtigkeit als reale Unvertret-

barkeit – ausgelegt. In einem zweiten Schritt wird dieser Realismus nun um diejenigen »Erfahrungen« angereichert, die real vorhanden sind: seien es Symbole des politischen, sozialen oder religiösen Lebens, seien es interpretative Anrankungen, Assoziationen und lebenspraktische Gewohnheiten, die als *sentiments* unterhalb jeder Sphäre irgendwelcher Ideen real und unabweisbar im Leben der Menschen vorhanden sind. Dies sind insbesondere diejenigen Erfahrungen der »Partizipation« am Geviert (der Gemeinschaft von Gott, Welt, Gesellschaft und Mensch). Die mereologische Summe des Gevierts spiegelt dabei logisch den geschichtsphilosophischen Realitätsbegriff wider, der Zeit, Vergangenheit, Gegenwart und Zukunft zusammenfasst. Das Sollen im ontologischen Sinn bezeichnet dabei die Doppelspannung, die der Zusammenschau der Einzelkomponenten zu einem Ganzen und zudem dem mereologischen Charakter dieser Ganzheit entspringt: Zum einen ist der Mensch als geistiges Wesen (als *zóon logon echon* bei Aristoteles oder im Sinn des *Ewigen im Menschen* bei Max Scheler) durch Partizipation eingebunden (mereologische Spannung), zum anderen offenbart sich die Gefahr der misslingenden Zusammenschau der Vier (die latente »Angst«, aus dieser Gemeinschaft zu fallen).

81 Zum historischen Einfluss auf Voegelin, woher genau er die Kontextindizes gekannt hat, kann kaum etwas gemutmaßt werden, da sie seit Gottlob Freges *Die Grundlagen der Arithmetik* (1884) zum Kanon der sprachanalytische Philosophie gehören, wie sie etwa im vermuteten Hinweis auf John L. Austins Sprachphilosophie zum Ausdruck kommt (vgl. Anmerkungen 16 u. 138). Der Sache nach beschreiben Kontextindizes in der Logik vorangestellte Bedingungen, die die inhaltliche Gültigkeit eines Schlusses bestätigen: Wenn aus p q folgt, dann gilt angesichts p auch q. Der Kontextindex informiert dabei über die Geltung der Hypothese, dass aus p q folgen würde, nicht über die Geltung der Prämisse, dass p auch gegeben ist. Für Voegelin heißt das, dass man bereits im außerrechtlichen Bereich darüber informiert sein muss, dass man dem Recht gemäß handeln *soll.* Wenn der Kontextindex daher für das Recht notwendig ist und wenn das Sollen (die normative Komponente) letztlich hierin seine Geltung findet, dann muss man im Rahmen einer Rechtsphilosophie vor allem auf diesen Bereich der Gesellschaft schauen, da das Recht sein Wesen (eben die ihm eigentümliche Normativität) von dort erfährt.

82 Der Begriff der Harmonie ist nicht im Sinn von normativer Gutheit zu verstehen, sondern vielmehr im Sinn von Kontinuität und Hingeordnetsein auf die Funktionen und Wesensgehalte der Subsysteme wie bspw. bei Leibniz.

83 Das Irrtumkalkül an dieser Stelle ist zunächst eine Reminiszenz an die Geschichtsphilosophie in toto, die durchaus weiß, dass niemals das Ziel unmittelbar erreicht werden wird, sondern der Mensch immer zu Irrtümern im Stande ist, die an der Geschichte als solcher zweifeln lassen. Der Schluss, der dahinter steht, dass ein übermenschlich wirkender Irrtum auf die Abwesenheit von Übermenschlichem deutet, ist freilich nur für Zyniker geeignet. Voegelin geht mit seinem Begriff des Irrtumkalküls jedoch noch hierüber hinaus und fügt im vorletzten Kapitel eine rechtsphilosophische Interpretation hinzu, die ihm ganz neue Ergebnisse gestatten wird. Vgl. S. 103.

84 Im Gegensatz zu Toynbee vertritt Voegelin also einen nochmals wesentlich erweiterten Gesellschaftsbegriff. Vgl. Voegelins *Einleitungen* zu den Bänden 1 und 8 von *Ordnung und Geschichte.*

85 An dieser Stelle wird erstmals der Projektcharakter eingeführt, der im Folgenden zum Schlüssel für Voegelins Rechtsphilosophie wird. Das Projekt verbindet den Repräsentationsbegriff einerseits und die Realität andererseits dergestalt, dass Realität immer bereits eine Selbstrepräsentation (empirisches Projekt) und eine Repräsentation ihres Ideals (philosophisches Projekt) umfasst. Der Projektcharakter schließt somit gleichsam den Repräsentationsbegriff dahingehend auf, dass er nunmehr alle Verbindungslinien innerhalb des Gevierts auf eine je eigene Art und Weise umfasst.

86 Vgl. den etwa zeitgleich definierten Öffentlichkeitsbegriff bei Hannah Arendt, die die ›Öffentlichkeit‹ aus ihrer Handlungstheorie heraus entwickelt (*Vita Activa*). Voegelin hatte zu diesem Zeitpunkt bereits in seinem Kapitel zu Thomas von Aquin in der *History of Ideas* (vgl. CW 20:223f.) die Möglichkeiten des Handlungsbegriffs abgeschritten und das Recht als darüber hinausgehendes, unverzichtbares Medium für eine Verwirklichung von politischen Ideen herausgearbeitet.

87 Voegelin vertritt also in Fragen der Rechtsquellenidentifikation eine Phänomenologie der binären Kommunikationssituation, die auch auf die Reflexion qua intrapersonale Kommunikation verweist. Damit unterscheidet er sich gleichermaßen vom modernen wie vom klassischen Intersubjektivismus, da er weder eine Kontrafaktizierung (Perspektive hypothetischer Souveränität) noch einen Progress zum qualitativ unterschiedenen Dritten (Richterperspektive) bemüht. Beiden mangelt es daran, dass sie den Begriff der Normativität von der Phänomenebene auf eine Ebene verlagern, die entweder als immanente oder als transzendente Deutung von Kelsens hypothetischer Grundnorm erscheinen muss.

88 Vgl. die Typenlehre in Max Webers Theorie legitimer Herrschaft.

89 Es schließt sich an dieser Stelle erneut die Spirale zum Souveränitätsbegriff.

90 Gemeint ist der Rechtsphilosoph John Austin (1790-1859), der mit seiner Imperativtheorie eine Rechtsphilosophie aus rechtspositivistischer Perspektive vorgelegt hatte.

91 Voegelin benutzt an dieser Stelle das Wort »consider« und bemüht somit einen neutralen Begriff des Erkennens, Ansehens, Dafürhaltens o.ä., aber keinen normativen Begriff, der irgendeine Form von Anerkennung zum Ausdruck brächte.

92 Platon: *Nomoi*, st769a (es handelt sich nicht um ein wörtliches Zitat aus Platon, sondern stammt aus OG 6:280).

93 Vermutlich lag Voegelin folgende Ausgabe vor: Johan Huizinga: *Homo ludens. A study of the play-element in culture*. London: Routledge & Kegan 1949 (International Library of sociology and social reconstruction 23).

94 Diese These wird besonders später klar, wenn Voegelin herausarbeitet, dass weder Platon, noch Aristoteles ihre Schriften als Handlungsanweisungen intendiert hätten, vgl. S. 88.

95 Voegelin orientiert sich somit auf der phänomenalen Basis seiner Analyse am Begriff der Zivilgesellschaft und nicht etwa an den klassischen oder zeitgenössischen Begriffen wie der Kriegszustandshypothese, der Kulturdegeneration, einer Zyklentheorie, einer Naturzustandshypothese o.ä. Damit befindet er sich auf einem Niveau, das der aktuellen politikwissenschaftlichen Forschung durchaus angemessene Angebote und Andockmöglichkeiten bietet. Die Aktualität Voegelins wird dabei erst dann besonders deutlich, wenn man sich vorstellt, dass bspw. Carl Schmitt noch zehn Jahre zuvor als ernstzunehmender und teilweise sogar tatsächlich führender Staatsdenker in einem Land rezipiert wurde.

96 Man beachte, dass Voegelin bereits in den 1950er Jahren das Berufsethos als irreduziblen Aspekt zur Darlegung einer Rechtsphilosophie anspricht. Dies kennzeichnet nicht nur seinen zivilgesellschaftlichen Ansatz, sondern hebt ihn zugleich von seinen Gewährsmännern Platon und Aristoteles ab, bei denen es umgekehrt eine Aufgabe des Staates wäre, für Tugend, Bürgerethos und Berufsethos im Rahmen der Pädagogik vorzusorgen (vgl. Voegelins *Prolog*).

97 Vgl. Aristoteles: *Politik*, 1253a2.

98 Mit dem Abstandskriterium, das er seit seiner Forschung zu David Hume kennt, führt Voegelin Aspekte der Rechtssoziologie als Komponenten der Rechtsphilosophie ein, die das informelle Recht bzw. das Recht im präjuristischen Sinn betreffen. Dabei ist zu beachten, dass er, anders als Hume, nicht ein physikalisches Modell,

das analog zum newtonschen Gravitationsgesetz gebildet wird, heranzieht, sondern derartige naturalistische Vorstellungen bereits in seinen Vorüberlegungen ausgeschlossen hatte. Voegelins Systemgedanke der Kräfte kommt hier zum Tragen (vgl. *Zwei Grundbegriffe der Humeschen Gesellschaftslehre* und *Die Einheit des Rechts und das soziale Sinngebilde Staat*).

99 Gerade bei dermaßen realistischen Szenarien ist zu beachten, dass Voegelin nicht einfach einen naiven Zynismus des Staatsrechtlers gegenüber dem, was Politiker aus dem Recht machen, pflegt, sondern methodisch konsequent seine Phänomenologie der Zivilgesellschaft entfaltet.

100 Voegelin beschreibt damit das Prinzip des *Arbor Porphyriana*, wonach sich Intension und Extension einer Gattung umgekehrt proportional zueinander verhalten, also Projektnähe und Umfang antiproportional zueinander sind. Dabei ist festzuhalten, dass die phänomenologische Herangehensweise einen generativen Zugang zu den Unterprojekten eigentlich verwehrt, so dass nur von einer Ähnlichkeit zum *Arbor Porphyriana* gesprochen werden kann. Dementsprechend handelt es sich nur um die Projektnähe und nicht um explizite Teilprojekte, die in Begriffen der Arbeitsteilung vorstellbar wären. An dieser Stelle gibt es keine ontologische Wahrheit, sondern nur die Kontingenz innerhalb des empirischen Projekts (wie es der Name ›empirisch‹ eigentlich auch bereits zum Ausdruck bringt).

101 Gemeint sind die vom britischen Premierminister Clement Attlee zwischen 1946-1951 veranlassten Verstaatlichungen u.a. von zentralen Teilen der Schwerindustrie, Teilen des Bankensektors sowie der Eisenbahndienstleister und Energieversorger.

102 Vgl. Voegelins Exkurs zu den verschiedenen Theorien vom ewigen Frieden in *Religion and the Rise of Modernity. History of Political Ideas*, CW 23:Kapitel 4, § 2 (*The Great Design*).

103 Vgl. OG 6:273f.

104 Im Englischen ist für Menetekel die Phrase »the [hand]writing on the wall« üblich, wie sie hier auch von Voegelin verwendet wird. Die biblische Herkunft dieses Begriffs (Dan 5) ist darin deutlicher erhalten, als es das hebräische Zitat im Deutschen ausweist. Dabei fällt zugleich die implizite Polemik auf, dass die Bürger Athens, die noch nicht einmal die großartige Leistung der Philosophen, das anthropologische Prinzip zu entfalten, würdigten, schon gar nicht das soteriologische Prinzip erkannt hätten, wie es die Daniel-Apokalypse symbolisch ausdrückt; vgl. bereits Voegelins *Politische Religionen*. Intertextuell erinnert Voegelin mit dem »writing on the wall« zugleich an Platons eigene Ausdrucksweise, der hierzu in der *Politeia*

(368d) das Buchstabengleichnis – das Lesevermögen dient darin als Sinnbild für das geistige Verständnisvermögen – einführt.

105 Die Mazedonische Kampagne bezeichnet die Kriegshandlungen, durch die Philipp II., der Vater von Alexander dem Großen, die Hegemonialmacht Mazedoniens über Griechenland ausdehnte. Sein Sieg über Theben und Athen 338 v. Chr. markiert zugleich das Ende der Welt der Polis.

106 Man muss dabei beachten, dass Voegelin keine Definition des Begriffs Philosoph gibt, sondern nur zwei Beispiele heranzieht und selektiv vorstellt: Platon und Aristoteles. Was ein Philosoph sei – und dass er negativ gerade kein expliziter Akademiker sein müsse – wird nur deklaratorisch eingeführt: Der Philosoph ist jemand, der sich der gesellschaftlichen Unordnung verweigert, indem er ein klares Verständnis davon hat, dass die gegenwärtige politische Gesellschaft der Natur des Menschen, wie sie in der Seele repräsentiert ist, keine angemessene Möglichkeit zur Entfaltung bietet.

107 Vgl. das mosaische »scripsit et abiit« bei Augustinus: *Bekenntnisse*, Buch XI:3(5).

108 Diese Eigenständigkeit schließt einen realpolitischen Aktivismus aus, wie er die Konkurrenz zwischen der bestehenden Ordnung und der Politik der Modernen Gnosis kennzeichnet; vgl. Voegelin: *Der Gottesmord. Zur Genese und Gestalt der modernen politischen Gnosis*, bes. 91f. Ursprünglich dürfte diese Erkenntnis aus der Schelling-Studie hervorgegangen sein; vgl. Voegelin: *Phänomenalismus*, 13. Ausgearbeitet findet sich dieser Gedanke dann in seiner Studie: *Das Volk Gottes*, 64f. So auch in *Die Neue Wissenschaft der Politik*, 135.

109 Der Philosoph wird also darin gefasst, dass er das ontologische Sollen erfährt. Das ist (und bleibt) seine wesentliche Kennzeichnung.

110 Aus der Asymmetrie der Überlegenheit des Idealen gegenüber dem Realen (der beiden idealen Personen am Kern des Seins gegenüber der realen Gesellschaft) folgert Voegelin also implizit eine Asymmetrie des Ideellen gegenüber dem Reellen (des philosophischen Projekts gegenüber sämtlichen empirischen Projektsphären). Damit zitiert er die drei Unterteilungen im Liniengleichnis in Platons *Politeia*.

111 Im Englischen = »secondary elaborations«. Darin deuten die Sekundärarbeiten bereits auf Platons zweitbeste Polis, deren Sinn Voegelin im Anschluss besprechen wird, hin.

112 Vgl. OG 6:303.

113 Wirklichkeit ist hier im platonischen Sinn zu verstehen. Man beachte die Asymmetrie, dass nicht die Ordnung zu gut wäre, sondern die Politik allenfalls viel zu schlecht ist. Wenn jemand den

Vorwurf erhebt, dass eine gerechtfertigte Ordnungsvorstellung zu gut (polemisch: unrealistisch) wäre, dann heißt das eigentlich nichts anderes, als dass die gegenwärtige Politik nicht einfach zu schlecht ist, sondern bis zur Hoffnungslosigkeit viel zu schlecht ist. Man könnte demokratietheoretisch auch zuspitzen, dass die Wähler nicht nur Stimmvieh, sondern sehr dummes Stimmvieh in den Augen desjenigen wären, der ein Ideal nur deswegen zurückweisen kann, weil er es für unrealistisch ausgibt (vgl. OG 6:260f.).

114 Vgl. OG 6:264f.

115 Vgl. OG 6:117-120 u. 168.

116 Vgl. OG 6:310f.

117 Zur Frage nach der Intervention, wenn die Machtmaschinerie im Zeitalter der Technik die wahre Ordnung unwiderstehlich unterdrücken sollte, kann es freilich nur eine rechtliche Antwort geben, keine aktivistische Revolutionsromantik, wie sie einer gnostischen Utopie entspräche (vgl. FN 123).

118 Hier zeigt sich auch bei Voegelin eines der grundlegenden Probleme sozialwissenschaftlichen Denkens überhaupt: die Definition des Gesellschaftsbegriffs. Bislang erschien Gesellschaft im Rahmen der Vorlesung stets als ein Sammelbegriff für alles, was nicht spezifisch unterschieden werden konnte. Erst jetzt wird sie selbst dahingehend bestimmt werden, dass sie ein Aggregat von Personen ist (Menschen und Gott), das selbst apersonal ist. Worin dann die systembildenden Kräfte bestehen, die aus dem Aggregat der Personen die Gesellschaft werden lassen bzw. durch die sich Gesellschaft als Epiphänomen des Personenaggregats hervorbringt, wird in diesem Abschnitt erläutert. Die besondere Stellung des personalen Gottes (das *Tetragrammaton*) bliebe dabei nachzutragen; vgl. Voegelin: *Quod Deus dicitur.*

119 Gemeint sind im englischen Text eindeutig die Rechtsregeln, nicht die Personen, die sie erlassen.

120 Die Vernunft tritt somit als das quasigöttliche Vermögen des Menschen in Erscheinung. Voegelin reiht sich somit in die geistige Tradition der Philosophen ein, die das Prinzip *Deus in nobis* verteidigt haben.

121 In diesem Satz übernimmt Voegelin die Struktur von Kelsens Argument. Allerdings mit dem wesentlichen Unterschied, dass er gerade nicht die formal korrekte Antwort sucht und dann abbricht. Kelsen muss an dieser Stelle abbrechen, da er ansonsten außerrechtliche Einflüsse in das Recht holen würde, was er methodologisch nicht legitimieren kann. Voegelin hatte diese Form von Argumenten bereits in den *Politischen Religionen* als *proton pseudon* zurückgewiesen,

da an dieser Stelle jede beliebige Norm zur Füllung dieser Form angeführt werden könnte und im Fall der Modernen Gnosis (also insbesondere des Sozialismus von Lenin und Stalin sowie des Nationalsozialismus Hitlers) das Extrem der Unrechtmäßigkeit und Ungerechtigkeit auch genutzt wurde. Voegelin betont demgegenüber, dass das Recht wie jedes Ding oder Quasiding immer an die Ontologie (also die *allgemeine* Metaphysik) gebunden sei, so dass der Rückgriff auf die Rechtsontologie keinen illegalen Überschritt im Sinne Kelsens darstellen würde, sondern Kelsens formaler Hypothesenbegriff an dieser Stelle überhaupt erst sinnvoll würde. Platons Höhlengleichnis aus der *Politeia* darf als Modell für dieses Argument angesehen werden, da in der Schau der Ideen – also der ontologischen Wahrheiten – der Schritt vom hypothetischen Wissen (das Regelwissen, die mathesis) hin zum »ahypothetikon« (also zum Unbedingten) vollzogen wird: Das Recht wird von Voegelin zunächst darin erkannt, dass es selbst kein Ding ist, dann dass es be*ding*t ist (durch die Menschen in gesellschaftlicher Existenz), dass die Be*ding*ung das Sollen im ontologischen Sinn ist (was aufgrund der ontologischen Fragerichtung eine formale Tautologie darstellt), dann dass dieses Sollen personal zu denken ist durch die beiden Personen am ontologischen Kern (das Phänomen der Regel und die Personalität ihrer Kommunikation), und schließlich dass das Recht dementsprechend allein durch diese Struktur be*ding*t ist, die dem Recht gegenüber (und qua Ontologie insgesamt) selbst unbe*ding*t ist. In diesem Sinn nennt Voegelin seinen Ansatz auch eine Theorie (also eine Schau der ontologischen Wahrheiten, wie im Griechischen die Schau der Ideen *theoría* heißt) und grenzt sie von anderen Bemühungen ab, die keinen solchen philosophischen Tiefgang anstreben. Nimmt man hinzu, dass die griechische *theoría* im Wortsinn eigentlich die Schau Gottes auf den Pilger meint und dass Sokrates sein Philosophieren, der gesellschaftlichen Meinung entgegen, als einen Gottesdienst verstanden wissen wollte (*Phaidon,* st60d-61b), so wird deutlich, welchen Rang die erste der beiden Personen am ontologischen Kern einnehmen dürfte: Gott. Damit würde Voegelin sich in eine Tradition bspw. mit Thomas von Aquin stellen.

122 Das Argument der Robinsonade spezifiziert diesen Ansatz, dass es nur Leben in Gesellschaft geben müsse, zu einem Beweis hin, worin die beste Zivilisationsgestalt (als Materie der besten Gesellschaft) bestehen würde, indem gezeigt wird, wie der Mensch sie sich ohne die Schwäche, Faulheit und Verderbtheit seiner Mitmenschen analog zu den Schöpfungstagen hätte erfinden wollen. Rousseau etwa wird diese Darstellungsweise der Zivilisation ablehnen, wenn er

im *Zweiten Diskurs* die Zivilisierung als genetische Ursache der Zivilisation aufarbeitet. Voegelin kann somit, indem er die Notwendigkeit gesellschaftlicher Existenz nicht bis zur Utopie (bspw. eben zur Robinsonade) ausweitet, im Folgenden auf Rousseau Bezug nehmen, ohne in einen Selbstwiderspruch zu geraten.

123 Im Umkehrschluss gilt daher: Wenn Menschen immer der Gesellschaft bedürfen, dann muss sich Gesellschaft als ein Kunstding nach den Menschen richten. Hieraus könnte man entsprechende Rechte ableiten, die jenseits des gegenwärtigen Normalfalls einer im Zwangsrecht staatlich abgeschlossenen Gesellschaft liegen: so bspw. ein Interventionsrecht.

124 Gemeint ist der *American's Creed*, den William Tyler Page 1917 formulierte und der im Folgejahr durch das Parlament zum offiziellen Verfassungseid erhoben wurde.

125 Im Englischen wird der Charakter des Rechts noch deutlicher, da Voegelin von »ruler« und »ruled« spricht.

126 Vgl. Jean Jacques Rousseau: *Du contrat social ou principes du droit politique*, Buch 1, Kapitel 5-8.

127 Voegelin betont somit die Tradition des abstrakten Souveräns bei Hobbes und Rousseau, wie er auch zuvor bei Bodin den Einstieg in die letzte vernünftige Stufe der Abstraktion fand.

128 Der Souveränitätsbegriff der Gesellschaft wird so endgültig gegen denjenigen von Hobbes abgegrenzt, da der Souverän so gefasst werden muss, dass er zwar nicht zwingend zur Personengruppe der Rechtsadressaten, aber immer zur Gesellschaft insgesamt gehört. Man erinnere sich an Voegelins Ausdehnung des Gesellschaftsbegriffs, der letztlich auch das Sein und Gott umfasst.

129 Damit folgt Voegelin nicht einfach dem Prinzip des Republikanismus, sondern seine Analyse bereitet umgekehrt diesen normativen Schluss, Gesellschaft solle politisch eine Republik bilden, erst vor: Er greift hiermit nämlich programmatisch auf Bereiche vor, die erst mit Talcott Parsons' evolutionärem Ansatz und insbesondere später mit Niklas Luhmanns Systemtheorie der Selbstorganisation verbunden werden. Der Schluss auf die Menschen, die der Grund für die Kommunikation sind, die die beiden Personen am ontologischen Kern mit ihnen teilen, folgt einer phänomenologischen Studie über die Gesellschaft. Deren Selbstorganisation ist somit erst der Schlüssel, um die Kommunikation als Republikanismusargument deuten zu dürfen. Ein anderes Modell, wonach der Mensch würdelos in die Kommunikation eingebunden wäre oder wonach er umgekehrt seine Würde einem außerrechtlichen ethischen Prinzip schulden würde, bliebe entweder hinter dem Phänomen der Selbst-

organisation zurück oder müsste rechtsfremde Quellen heranziehen. Voegelin befindet sich somit in der Nähe von Hegel, indem er die Schuldfähigkeit, also allgemeiner gesprochen: die Fähigkeit, Adressat dieser Kommunikation sein zu können, entdeckt und auslegt. Dadurch wird der Mensch Prüfstein jeder Ordnung – egal ob Philosoph, Prophet oder ohne direkte Verbindung zum ontologischen Kern. Indem sich das Recht an den Menschen richtet, zeigt es auf, dass es etwas von ihm als einem Jemand will, der für das Sollen im ontologischen Sinn nicht irrelevant ist. Diese Wertigkeit in ihrem Wesen weiter darzulegen, unternimmt Voegelin nicht. Indem er jedoch an dieser Stelle die Glückstheorien, also den positiven Rechtsinbegriff der gesellschaftlichen Existenz aufgreift, wird angezeigt, dass die Phänomene die Wertigkeit des Menschen gegenüber dem Recht immer zugleich mit dem Charakter der Würde verstanden wissen sollen. Wie zuvor im Vergleich mit Kelsen, bei dem sich die hypothetische Grundnorm und das platonische *Ahypothetikon* einander gegenüberstellten, kommt der Zug der Dinglichkeit auch hier wieder dem Menschen *in gesellschaftlicher Existenz* zu, sodass der Schluss auf die Würde gelingen kann, ohne den isolierten Menschen heranziehen zu müssen. Inwiefern dieser Schluss überzeugen mag, wenn man nicht wie Voegelin eine ontologische Interkommunikabilität unterstellt bzw. deren phänomenologischen Aufweis akzeptiert, darf zweifelhaft erscheinen.

130 In dieser Vorlesung bespricht Voegelin die Repräsentationsthematik mit Blick auf die Personalität bzw. als Lösung des Personalitätsdilemmas. Die profane Größe der Sprache, die Autoren wie Johann Gottfried Herder als Muster für anthropologische Selbstorganisation herausgestellt haben, wird hier als Lösung nicht diskutiert. Voegelin wird das Feld der Sprache erst sehr viel später – in seinem posthum veröffentlichten Artikel *Quod Deus dicitur* – auftun und für sich entdecken.

Man könnte den § 2 somit ebenfalls vor dem Hintergrund anderer Ansätze, wie demjenigen von Jürgen Habermas, gewinnbringend analysieren. Der Performanzcharakter, der am Ende ins Zentrum rückt, könnte hierzu das unmittelbare Vehikel darstellen.

131 Hiermit kehrt Voegelin wieder zum Stil des sokratisch-platonischen Dialogs zurück.

132 Dies ist – nach den Vorarbeiten zur Selbstorganisation der Gesellschaft im vorangegangenen Paragraphen – die erste gesellschaftsbildende Kraft, die Voegelin nennt. Das Recht ist die Selbstartikulation der Menschen als Herrscher und Beherrschte, die irgendwie (mehr oder weniger zusammen) das Recht aussprechen, das diese

Primärgliederung ausdrückt. Ob das Recht diese Gliederung auch bewirkt, kann nicht univok behauptet werden, da das positive Recht vom Repräsentanten kommuniziert werden muss, um das vorpositive Recht (nicht das überpositive Recht) der gesellschaftlichen Gliederung, die ihn als Herrschenden überhaupt erst konstituiert, in den Handlungsweisen der Mitglieder der Gesellschaft zu etablieren und fortzusetzen. Man bedenke bei dieser analytischen Unterscheidung, dass Voegelin unter die Personen der Maximalgesellschaft auch den monotheistischen Gott zählt, dem qua Schöpfer nur die Herrschaft zufallen kann: Gott erschafft die Welt, sodass der Schöpfungsakt selbst den ersten Ausdruck dieser Gliederung darstellt.

133 Nunmehr spricht Voegelin von Anerkennung.

134 Nach der ersten Gliederung fallen somit zwei weitere Aufgaben an, deren Erfüllung zu einem Aufweis der Trinität führt (analog zum Gemeinschaftsbegriff in Kants *Religion innerhalb der Grenzen der bloßen Vernunft*): der Gliederer, der innere Mittler und der äußere Mittler – der Schöpfer, der *deus in nobis* (der in uns strömende Geist) und der Gottmensch.

135 Hiermit ist die zweite Kraft benannt, die die Gesellschaft von einem Aggregat von Menschen unterscheidet: Die Gesellschaft kennt das Recht, das spezifisch durch Repräsentanten erlassen wird, die die erste Kraft der Selbstsetzung durch Gliederung gleichsam mithervorgebracht hat.

136 Die Analyse ist somit so weit vorangeschritten, dass Voegelin eine Wesentlichkeit des Rechts hervorzuheben wagt. Da es sich nicht mehr um die Geltung handelt, die keine Unterscheidung in wesentliche und unwesentliche Aspekte erlaubte, muss dies nicht zwingend einen Selbstwiderspruch bedeuten, da nunmehr der Begriff der Gesellschaft die Wesentlichkeit verbürgt.

137 Das ist der dritte Aspekt der Repräsentation, nachdem sie aus der Gliederung entstanden ist und das Recht erlässt: Nun ist die Repräsentation auch der Modus des Gehorsams. Somit gehört auch der Rechtsadressat vollständig in den Raum der Repräsentation und nicht nur der Gesetzgeber. Unter den verschiedenen Varianten der Trinität verweist diese Doppelfunktion, in die sich die Repräsentation ihrerseits gliedert, auf den Doppelcharakter von Schöpfer und Geschöpf, wie er im Symbol des Gottmenschen bspw. im ägyptischen Pharao oder im chinesischen Sohn des Himmels gefunden werden kann. Die Kombination aus Gottmensch und Trinität verweist jedoch eindeutig auf eine christliche Ausrichtung, die Voegelin seiner Rechtsphilosophie nicht zugrunde legt, sondern die er aus ihr gewinnt. Ebenso argumentierte auch Kant (*Die Religion*

innerhalb der Grenzen der bloßen Vernunft, Das Ende aller Dinge), obgleich Voegelin hiervon nichts wusste.

138 Dies könnte als ein Hinweis auf die Arbeiten von John L. Austin angesehen werden, der eine Sprachphilosophie der Performanz vorgelegt hatte und auf den Voegelin bereits im Rahmen seiner Recherchen zu Aristoteles gestoßen sein könnte: »How to Talk: Some Simple Ways«, in: *Proceedings of the Aristotelian Society* (1953).

139 Vgl. Aristoteles: *Politik*, Bücher 3 u. 4. Für die Wechsel der Staatsformen vgl. ebd. Buch 5.

140 Hierbei handelt es sich um das genuine Argument Voegelins, wenn er das Phänomen zur Gemeinschaftsbildung im Recht selbst findet, die dann erst später als Republik zu deuten ist – sie bedarf keinerlei ethischen Prämissen.

141 Vgl. den Begriff des Besonderen im Sinne Hegels und die Gestalt des Grüblers, der kurz vor der Entdeckung des Staats im theoretischen Geist stecken bleibt (*Grundlinien der Philosophie des Rechts*, §§ 4-7).

142 Im Englischen wird namentlich auf die »Bill of Rights« verwiesen.

143 Voegelin geht an dieser Stelle deutlich über das institutionenrechtliche Moment hinaus, das in Juvenals »Sed quis custodiet ipsos custodes?« (Wer kontrolliert die Kontrolleure?) festgehalten ist. Wenn Voegelin auf die Dummheit im Abstimmungsverhalten eingeht, ist insbesondere auch an die sogenannte Verführung der Deutschen durch Hitler zu denken (Vorlesung, München 1964); vgl. Voegelin: *Hitler und die Deutschen*. Allerdings ist der Gedanke, Voegelin habe mit dieser Beschreibung nicht nur totalitäre Systeme im Auge, durchaus nicht als übertriebener Zynismus abzutun: Ihm geht es in Kapitel VI um die allgemeine Schwäche des Menschen, die aus seiner Kontingenz heraus erwächst und das Recht als Medium gesellschaftlicher Selbstorganisation zwingend einfordert – eben auch als zwingendes Recht (Kapitel VI, § 4).

144 Vgl. OG 6:260f.

145 Denn dann wäre es ein Befehl Gottes. Das Recht sollte vielmehr vor allem die Art und Weise der Gesellschaft sein, sich selbst zu organisieren, wozu sie der Repräsentation mit Gliederung und zweifacher Vermittlung bedurfte. Gott kann nur in dieser Systembildung auf der Seite der Repräsentation seinen Ort haben.

146 Das ist dem Rechtsprinzip verschuldet: Nicht die Menschen, sondern die Existenz der Menschen in Gesellschaft ist der Grund für das Recht am ontologischen Kern des Sollens gewesen. Der einzelne Mensch in seiner Widerständigkeit ist – ganz wie bei Hegel – in seiner Subjektivität vielleicht moralisch im Recht, allerdings eben lediglich in der subjektivistischen Moral, deren ethische Begrün-

dung nur unter dem Prinzip des Individualismus gelingen kann. Individualismus, so hatte Voegelin zuvor argumentiert, ist aber eine Fiktion, die in die Irre führt. Die Irre, die freilich durch das Recht und nicht durch die Moral definiert wird, ist dann allerdings eine Absage an die Möglichkeit echter Humanität, da diese als abhängig vom Recht ausgewiesen wurde. Moral ist bei Voegelin, wie etwa auch der Hinweis auf das Berufsethos der Anwälte zeigte, allein eine hinreichende Bedingung für Humanität, sie ist niemals zureichend, da das Recht die *Conditio sine qua non* hierfür darstellt. Bspw. der Dekalog tritt so nicht auf sich allein gestellt an, sondern wird durch die rechtstheoretischen Prinzipien des Moses wie das Maximalschadensrechtsgebot »Auge um Auge« (2. Mose 21) oder das staatliche Strafrecht flankiert. Jesus Christus hat analog bei der Steinigung auch nur den Henker, nicht das Urteil kritisiert (Joh 8,7) – die Urteilsfindung wird erst in der Theologie des Paulus hieraus universalisierend ergänzt (Röm 2,1).

147 Auch bei dem zweiten Argument handelt es sich um dasselbe Prinzip, das als Obersatz dient: Die bürgerliche Subjektivität ist (im Gegensatz zur Intersubjektivität des Repräsentanten) nicht zureichend für eine politische Handlung – sei es nun eine aktive oder verweigernde. Nur der Untersatz hat sich geändert, indem Voegelin nun nicht den Bereich, für den diese Einsicht gilt, dahingehend erweitert, dass dieser sich nicht nur auf das geltende Recht, sondern auch auf das Recht in der Zukunftsdimension erstreckt.

148 Vgl. OG 7:50.

149 Es handelt sich auch beim dritten Argument wiederum um die Einsicht in die Notwendigkeit des Rechts für die Humanität, nur dass sie diesmal als Widerlegung des Umkehrschlusses vorgetragen wird: Wäre der Mensch vollkommen, dann wäre die menschliche Subjektivität nicht die menschliche Subjektivität und es bedürfte nicht des Rechts. Damit entsteht das Dilemma, dass die menschliche Subjektivität – erachtet als zureichende Bedingung für Humanität – entweder zu Irrschlüssen führt (Argumente 1 und 2), oder sich selbst aufheben müsste, um zu richtigen Schlüssen zu führen (Argument 3). In beiden Fällen führt nicht die Subjektivität, sondern allein ihre Aufhebung im Intersubjektiven der Repräsentation zur Humanität. Diese muss dann die entsprechenden Maßnahmen ergreifen dürfen und auch tatsächlich ergreifen, um die Subjektivität im Feld der Realisation politischer Entscheidungen zurückdrängen zu können. Das Prinzip hierfür ist kein ethisches, sondern das *ontologische* Prinzip, dass der Mensch im Sinn einer analytischen Wahrheit human sein soll. Humanität bedarf des Rechts, also der

Repräsentation, also der Intersubjektivität, also der Absage an einen ausufernden Subjektivismus, also der Existenz in Gesellschaft. Letztere war dabei zugleich der phänomenologische Aufweis eben des Sollens im ontologischen Sinn.

150 Vgl. zu diesem Abschnitt OG 7:Kap. 2, zur Einführung des Begriffs des *spoudaios* bes. 7:42. Dort belegt Voegelin auch, welche der vielen Stellen, an denen Aristoteles den *spoudaios* direkt oder indirekt kennzeichnet, er für seine Lesart bemüht. Siehe auch: *Die Neue Wissenschaft*, 77f.

151 Aristoteles entwickelt ein Kriterium, wann die *de facto* stattfindende Sklaverei gerecht ist bzw. wann sie nur durch ein kontingentes Ereignis und dem positiven Recht nach legal ist; vgl. *Politik*, Buch 1, Kap. 6, B 1255a27f. Dieses Kriterium besteht in dem Bezug auf die »Sklaven von Natur« (*phýsei*). Tatsächlich handelt es sich um eine Dialektik, die aus einem Wechselverhältnis besteht, wonach die Menschen von Natur aus nicht in der Lage sind, sich selbst vollständig zu versorgen – entweder geistig-moralisch oder körperlich – sodass sie in Analogie zum Verhältnis zwischen Leib und Seele (*Politik*, Buch 1, Kap. 5, B 1254a34f.) in die beiden Gruppen eingeteilt werden können, die zum Gehorchen oder zum Regieren taugen. Die Assoziation zwischen denjenigen, die ein Talent zum Regieren haben, und denjenigen, denen es daran mangelt, begründet die »Sklaven von Natur«. Dieser Zusammenhang ist insofern wichtig, als dass Aristoteles den politischen Begriff des Sklaven gegen einen politischen Begriff des Regierenden absetzt, wogegen die ethische Einteilung zwischen reifen und unreifen Menschen, auf die Voegelin im Folgenden abstellen wird, gerade keine exakte Analogie darstellt. Aristoteles zeigt nämlich anhand der Kriteriologie des Freundschaftsbegriffs, dass diese beiden Strukturen zwar ziemlich ähnlich, aber gerade nicht analog sind; vgl. *EN*, Buch 8, B 1155b26f. u. bes. B 1158b29f. sowie *Politik* Buch 1, Kap. 2, B 1252a25ff.

152 Voegelin bezieht sich offenbar auf Aristoteles: *Politik*, Buch 3, Kap. 4, wonach gute Bürger nicht zwingend auch tugendhafte Menschen sein müssen. In der Ethik zählt Aristoteles so etwa alle Menschen, die handwerklich oder kaufmännisch tätig sind (vgl. *EN*, Buch 1, B 1096a6f.), zu denjenigen, die niemals vollständig zur Reife gelangen werden. Voegelin assoziiert diese ethisch bestimmte Gruppe mit den politischen »Sklaven von Natur«, so dass es bei ihm zu einem politischen Begriff derjenigen kommt, die nicht in der Lage sind, ohne fremde Hilfe den *bios theoretikos* (vgl. *Politik*, Buch 7, Kap. 2 u. 3) als die wahrhaft beste Lebensform zu erkennen und dementsprechend von sich aus niemals anstreben werden, eine poli-

tische Gemeinschaft zu verwirklichen, die ihn ermöglicht. Am Fall der Kaufleute wird dies von Aristoteles durch Bezug auf deren analytischen Zielbegriff verdeutlicht, da er unbegrenzt ist (vgl. *Politik*, Buch 1, Kap. 9, B 1257b25f.), während hingegen die politischen »Sklaven von Natur« gerade nicht teleologisch, sondern ihrem Vermögen nach bestimmt werden.

153 Zeitgleich zu Voegelins Vorlesung hatte der Psychologe Raymond Bernard Cattell in einem Artikel die Weiterentwicklung der Temperamentenlehre zu einer Theorie im Rahmen der empirischen Psychologie bei Gordon Willard Allport und Henry Sebastian Odbert im Sinn der Begriffe introvertierten und extrovertierten Verhaltens beschrieben. Vgl. Cattell: *Personality and motivation. Structure and measurement*. Allport/Odbert: *Trait-names. A psycho-lexical study*.

154 Hierbei könnte es sich um eine provokante Umformulierung des sokratischen Nichtwissens handeln.

155 Neben den Kräften kommt nun auch die Quelle zur expliziten Nennung: die im Wesen des Menschen natürlich angelegten Momente, die nicht den Kriterien der Personalität genügen und sich dennoch auf die Bildung der Seele auswirken, indem sie die Handlungsweise des Menschen beeinflussen. Personalität ist durch die beiden Momente der Vernunft und des Gewissens kriteriologisch bestimmt; morphologisch ist sie als die Persönlichkeit erkannt, die an der Reife gemessen wird, die wahre Ordnung zu leben bzw. leben zu wollen. Die wahre Ordnung wiederum wird dadurch eingeführt, dass sie durch Vernunft und Gewissen erfahren wird, indem die realen Umstände (die empirische Ordnung) als unzureichend begriffen werden. Der Begriff kommt zum einen durch Reflexion und Analyse zustande, zum anderen durch die Empörung, die der Mensch ursprünglich durch die Erlebnisse der Scham und des Mitleids angesichts seiner eigenen Handlungsweise kennenlernt. Diese intrapersonalen Erfahrungen nennt Voegelin in der *Neuen Wissenschaft* das anthropologische Prinzip, das vor allem und am deutlichsten im Buchstabengleichnis in Platons *Politeia* zu finden ist. Die Begriffe der »empirischen Ordnung« sowie die Unterscheidung in personale und apersonale Aspekte der Willensbildung und Handlungsweise erinnern dabei auf frappante Weise an Kants Unterscheidung in kategorische und hypothetische Imperative, von denen erstere die Würde des Menschen aus der Spannung zwischen Person und Persönlichkeit, letztere alle davon unterschiedenen Einflüsse auf den Menschen abbilden. Eine Rationalisierung dieser Unterscheidung hin zu einer imperativen Formel diskutiert Voegelin demgegenüber in seinem Kant-Aufsatz ablehnend. Vgl. Nawrath: *Ideologiekritik am göttlichen Maß*.

156 Das Recht impliziert also eine grundlegende Form von Arbeitsteilung, wenn es Öffentlichkeit erzeugt. Öffentlichkeit wäre in dieser Dimension immer eine vom Recht erzeugte Beziehungsstruktur der Mitglieder der Gesellschaft zu ihr und durch sie zueinander. Diese Vermittlungsstellung der Gesellschaft nötigt dazu, die gesellschaftliche Struktur anhand eines Modells in der Art von Polarkoordinaten zu fassen, nicht als eine oder zwei Achsen, die einander in einem Grundprinzip schneiden würden. Dies ist entsprechend auch dafür relevant, dass dieser rechtsphilosophische Öffentlichkeitsbegriff für jede Gesellschaft gilt, was auch das Geviert umschließt, also die Gesellschaft aus Gott, Mensch und Welt. Die beiden Achsen von Mensch und Welt – Personalität und Apersonalität – werden polarkoordiniert auf Gott bezogen, sodass man nicht Gott in der Welt suchen muss, sondern der Personenmeridian immer durch Gott verläuft, während hingegen die Apersonalität nur dann vollständig am Pol ankommt, wenn sie sich zu einem bloßen Potenzial zusammenzieht. Die Kritik an den Gottesbeweisen (insbesondere an der Verschränkung aus kosmologischem und teleologischem Argument) spiegelt sich hierin wider, indem Voegelin so den göttlichen Pol als unerkennbar vom Standort der Breitengrade aus bestimmt, während er hingegen für jeden personalen Bezug unmittelbar aufleuchtet (vgl. Voegelins Stellungnahme zum ontologischen Argument und die personale Aufwertung durch das Symbol des *Tetragrammaton* in *Quod Deus dicitur*). Und dennoch gilt: Es gibt niemals echte Personalität außerhalb von Gott, die nicht ebenfalls apersonal bedingt wäre.

157 Vgl. Jean Jacques Rousseau: *Du contrat social ou principes du droit politique*, Buch 1, Kapitel 3.

158 Diese ›Ausdifferenzierung‹ darf als ein Hinweis darauf gesehen werden, dass Voegelin der Rechtsphilosophievorlesung bereits seine Theorie von der »Schichtung des menschlichen Bewußtseins« (OG 8:23) zugrundelegt, nicht aber seine ältere Auffassung vom »Seinssprung« (OG 4:19). Der Rechtsbegriff auf Grund des ontologischen Sollens gilt somit für alle Gesellschaften bzw. die Gesellschaft im übergreifenden Sinn. Eine Theorie der Sprünge würde hingegen einige Gesellschaften hiervon ausgeschlossen haben, da so mancherorts die beiden Personen am Kern des Seins noch nicht gehört werden konnten.

159 Vgl. auch den polemischen Schlusssatz zu einer derart beschriebenen Gesellschaft bei Rousseau: »Eine so vollkommene Regierung passt für Menschen nicht.« (*Du contrat social*, Buch 3, Kapitel 4).

160 Es kann somit keine Rechtsgeschichte geben, wie es eine Naturgeschichte bei Francis Bacon oder eine Geschichte der reinen Vernunft

bei Kant geben kann, die den Fortschritt in der Erkenntnis festhält und systematisch vorstellig macht. Das Recht ist in seiner eigenen Zeitstruktur befangen, die in Begriffen der Geltung bestimmt wird: das geltende Recht, das noch nicht geltende Recht, das nicht mehr geltende Recht. Hier einen Fortschritt erkennen zu wollen, würde jedoch voraussetzen, dass das Recht in seiner Geltung besser würde – und das ist unmöglich, wenn es immer durchgehend gelten sollte. Insofern kann nicht vom Recht, sondern nur von der Gesellschaft her ausgesagt werden, dass das gegenwärtige Recht der Gesellschaft besser entspräche als das ehemalige – und dass das zukünftige Recht der Gesellschaft freilich immer noch besser entsprechen müsse. Dabei kommen die beiden Pole des philosophischen und des empirischen Projekts zum Tragen, um den Begriff der Gerechtigkeit (die bessere Angemessenheit des Rechts) zu definieren. Das Recht selbst kennt an und für sich diese Projekte jedoch gar nicht, sondern besteht darin, zu gelten. Erst die Gesellschaft kann das Recht anhand dieser Projekte erkennen. Andernfalls müsste das Recht mit dem Sollen im ontologischen Sinn direkt zusammenhängen, was bedeuten würde, dass es ein wirkliches Ding sein müsste. Das jedoch hatten die zenonischen Paradoxien als unmöglich ausgewiesen.

161 Vgl. zu a) Bd. 1 von *Ordnung und Geschichte* und zu b) die Bde. 2-3 davon sowie zu c) insbesondere *Die Neue Wissenschaft der Politik*.

162 Voegelin nennt hierfür die »aktivistische[n] Mystiker«, deren Hauptvertreter die Gruppe der Modernen Gnostiker darstellt; vgl. *Das Volk Gottes. Sektenbewegungen und der Geist der Moderne*, 64. Vgl. auch insgesamt die Zusammenstellung *Der Gottesmord*. Die Wiederherstellung der Kompaktheit macht dabei den Aktivismus dieses Mystikers aus, dessen Gegensatz der wahre Mystiker bzw. der platonische Philosoph ist. Der Begriff der Gnosis, der auf die Gemeinschaft der Wissenden abzielt, ist zugleich das analytische Gegenstück zum Philosophen, der als Einzelner allein ein Wissen um sein Nichtwissen hat. Die Moderne Gnosis (bzw. der vierte Typ der gesellschaftlichen Rechtsparadigmen) ist somit derjenige, der radikal vom philosophischen Projekt des Rechts abgeschieden ist und das Sollen im ontologischen Sinn prinzipiell nicht adäquat in die empirische Ordnung dolmetschen kann.

163 Damit kommt Voegelin im letzten Abschnitt seiner Rechtsphilosophie noch dazu, seine Gnosis-These erstmalig ohne Bezug auf konkrete historische Umstände zu beweisen, indem er sie in ihrer systematischen Möglichkeit deutlich herausstellt: Die Moderne Gnosis ist das Verschmelzen der im Rechtsetzungsprozess zusammentretenden Autoritäten der Gesellschaft – zu Ungunsten der

normativen Quellen und zu Gunsten der realen Macht. Die Moderne Gnosis beantwortet das delphische »gnothi seauton« (»Erkenne dich selbst«) nicht mehr mit dem sokratischen Nichtwissen, sondern mit der normativen Kraft des Faktischen, die die beiden realen Normativitäten absorbiert(e). In dieser Verschmelzung nimmt die Macht insbesondere den Charakter eines superprofanen Herrschaftswissens, die Normativität exklusiv auslegen zu können, an: entweder als Pseudosakralismus oder als Säkularismus. Dieses Wissen (Gnosis), dessen machtvoller Vortrag in der Realität freilich nichts anderes ist als *in extremo* die Schergen und Mörder in den nationalsozialistischen Konzentrationslagern, ist gerade das Gegenteil vom sokratischen Dialog, der als geistige Hebammenkunst (Maieutik) die Erkenntnis immer noch im Anderen qua Menschen belässt und ihn nicht in eine pervertierte Wahrheitsvorstellung der bestialisierenden Ideologie zwingt.

Hatte Voegelin den Zwangscharakter des Rechts zuvor als unverzichtbar ausgewiesen, so ist an dieser Stelle zu sehen, dass es um den Zwang geht, den eine Macht auf einer der drei ersten Stufen des Menschseins (kosmologisch, relevatorisch und/oder philosophisch) ausüben dürfe und müsse. Die Zwangsgewalt wird durch das Sollen im ontologischen Sinn bedingt, an dessen Kern die zwei Personen der Vernunft und Offenbarung stehen, die zugleich die Quellen der Normativität darstellen. Sind diese beiden Quellen jedoch radikal missdeutet, indem sie in ihrer Personalität verkannt werden, wenn sie reduktionistisch vereinnahmt werden, dann können sie auch nicht irgendeine Zwangsgewalt rechtfertigen – außer diejenige der Intervention einer Gesellschaft gegen einen Staat, der seiner Gesellschaft zuwiderhandelt.

In einer Zeit, in der sich die Gesellschaft dermaßen ausgeweitet hat, dass sie über den einzelnen Staat hinausreicht, indem sie etwa die Gesellschaft derer ist, die die universalen Menschenrechte anerkennen, ist so der argumentative Rahmen der humanistischen Intervention vom zivilen Ungehorsam über die Revolution bis zur militärischen Kampagne durch einen anderen Staat vorgezeichnet. Letzteres umfasst freilich nur Staaten, die sich einer solchen umspannenden Gesellschaft mit der klaren Dreigestalt der Autoritäten von Macht, Vernunft und Offenbarung zugehörig sehen können. Ein gnostischer Staat (wie die Sowjetunion oder das nationalsozialistische Deutschland) kann nach Voegelin kein Recht beanspruchen, bspw. die Rote Armee gemäß der Trotzki-Doktrin zum präemptiven Schlag auszusenden oder einem zur Doktrin gesteigerten Antikominternpakt zu folgen.

RECHT, SINN UND GESELLSCHAFT EINBLICKE UND HINTERGRÜNDE ZU ERIC VOEGELIN

Von Thomas Nawrath

»Was ist das Recht?« Eine Frage, die sprachlich erschreckend banal erscheint und deren Beantwortung ebenso schwierig wie folgenreich sein wird.[1]

Um den Charakter der Fragestellung zu erläutern, soll eingangs zunächst bildlich auf einen Vergleichsfall verwiesen werden, dessen Brisanz ähnlich ist wie diejenige, die Voegelin für seine Rechtsphilosophie erwartet hatte, von der uns lediglich ein Manuskript vorliegt, nachdem er die USA im Anschluss an die Vorlesung verließ, um einem Ruf

---

1 Nach seiner Geburt 1901 in Köln wuchs Eric Voegelin in Wien auf und wurde Schüler des neukantianisch beeinflussten Rechtswissenschaftlers Hans Kelsen und des Nationalökonomen Othmar Spann, einem späteren Austrofaschisten. Parallel zur Veröffentlichung seiner *Politischen Religionen* musste Voegelin vor den Nationalsozialisten aus Österreich in die USA flüchten. Der geistige Bruch mit Kelsen hatte zu dieser Zeit schon längst stattgefunden. 1944 wurde er schließlich US-amerikanischer Staatsbürger, während er an seiner *History of Political Ideas* arbeitete, die erst im Nachlass zugänglich gemacht wurde. Bis 1952 entwickelte Voegelin seine These von der Modernen Gnosis, die er in seiner Vorlesung *The New Science of Politics* veröffentlichte. Darin analysiert er die zeitgenössischen Großbewegungen des Sozialismus, Faschismus/Nationalsozialismus und des Liberalismus als gleichermaßen destruktiv, da sie die Identität des Menschen als beseeltes Geschöpf verneinten. Als Voegelin 1985 starb, hinterließ er als sein letztes größeres Werk die (im Deutschen zehnbändige) Großstudie *Order and History*, deren letzter Band *In Search of Order* unfertig geblieben ist. Der Titel dieses Fragments – eine Anspielung auf den Begriff Philosophie, wie er in Platons *Timaios* zu finden ist – darf gleichsam als die Signatur des Voegelin'schen Werks und Forschens insgesamt angesehen werden: auf der Suche nach (der) Ordnung.

nach München zu folgen. »Was ist die Sonne?« lautet eine klassische Frage der Menschheit. Ob nun Lebensspender, Ursache von Wachstum und Gedeihen, Wohlstand und Niedergang, eine Gottheit oder deren Erscheinungsform innerhalb der Welt – die Frage nach dem Was der Sonne hat in der Menschheitsgeschichte eine Vielzahl von Antworten gefunden. Allesamt Antworten, die aus ihrem Kontext heraus und für eine bestimmte soziale Funktion unbedingt nachvollziehbar erscheinen können. Erst die Lösung aus diesen konkreten sozialen Kontexten heraus hat es schließlich ermöglicht, eine als objektiv und neutral anerkannte, durch theoretische Analyse geklärte Antwort zu formulieren, die zwar nicht die gesellschaftliche Funktion auflösen kann, aber doch korrigieren wird: die kopernikanische Wende. Seit der Entdeckung, die im kollektiven Gedächtnis mit dem Namen des Astronomen Nikolaus Kopernikus verbunden wird, analysiert man die tatsächlichen Phänomene der Sonnenbewegung als unabhängig von der Welt der Menschen und löst so den Geozentrismus dahingehend ab, dass das Verständnis unseres Kosmos – und somit natürlich auch das menschliche Selbstverständnis insgesamt – solarzentrisch wird. Die Sonne wird so freilich endgültig zu einem Stern, einem astronomisch eindeutig beschreibbaren Himmelskörper, der nicht mehr mit den Wandelsternen, sondern den Fixsternen eine gemeinsame Natur teilt. Eine physikalisch beschreibbare Natur, die nichts mehr mit Kulten oder Opfern, Fatum oder Fortune zu tun haben wird.

Eine entsprechend weitreichende Neubestimmung sucht Voegelin in seiner Vorlesung *The Nature of Law* nun für das Recht. Es soll eine Bestimmung sein, die wie die kopernikanische Wende für die Astronomie nun für das Recht alle Verkrustungen abstreifen und aus den realen Phänomenen heraus die wirkliche Natur des Rechts erkennen will. Anders jedoch als beim Himmelskörper Sonne ist nicht zu erwarten, dass es keine destruktiven Auswirkungen auf die menschliche Gesellschaft geben wird. Das Recht ist mit der Gesellschaft *wesentlich* verknüpft, es ist Ventil der Macht, kommt zwingend daher und kanalisiert die Gewalt des Staats in der Gesellschaft, indem es sie kategorisiert und ausnahmslos als legal oder illegal definiert.

Was wäre nun aber, wenn das Recht womöglich gar kein *Wesen* hätte? Wenn es so letztlich seine Stellung in und gegenüber der Gesellschaft verlöre? Oder wenn es ein Wesen hätte, das mit demjenigen Umgang, den die Gesellschaften mit ihm treiben, nicht übereinstimmen würde? Wenn vielleicht durch ein nochmals höheres Recht eigentlich ganz andere Formen der Wirklichkeitsmanifestation und -programmierung eingefordert würden?

1. Das Recht im Kontext der Staatslehre

Den zeitgeschichtlichen Hintergrund für Eric Voegelins Beschäftigung mit dem Rechtsbegriff bilden insbesondere drei Autoren. Zum einen ist hier Georg Jellinek (1851-1911) zu nennen, dessen Rechtsbegriff am Anfang der *Politischen Religionen* (1938) von Voegelin als die maßgebliche »Schuldefinition« (1938:12) seiner Zeit genannt wird. Daran schließt sich der Einfluss Hans Kelsens (1881-1973) an, der führende Verfassungsrechtler der Republik Österreich und Doktorvater Voegelins. Schließlich ist noch Carl Schmitt (1888-1985) zu nennen, dessen Ansatz zu einer Rechtstheorie von Voegelin sicherlich nicht geteilt wurde, aber dessen Opposition zur etablierten Riege neukantischen oder positiven Rechtsdenkens stark auf ihn gewirkt hat.

Noch in seinem Aufsatz *Kelsen's Pure Theory of Law* (1927) reiht Voegelin Kelsen, dessen Verdienste in den höchsten Tönen gelobt werden, neben Jellinek ein (vgl.

1927:268). Dennoch wird Kelsen methodisch als Vertreter einer »Neo-Kantian logic« (1927:269) eingeführt. Mit Verweis auf die Sein-Sollen-Distinktion erläutert Voegelin bereits hier seinen Zweifel am kantischen Denken. An dieser Stelle wird anhand seiner Übersetzung ins Englische besonders deutlich, wie er die neukantianische Logik begriff:

> It is not easy to give an account of the separation of the realm of *Sein* (existence) and *Sollen* (essence) to Americans, as the Kantian theory of the *a priori* which is the origin of this division in German logic is regarded in America with justifiable suspicion and explanations given by German logicians are not overwhelmingly clear. Law, in Kelsen's opinion, belongs to the realm of essence, not of existence. (1927:269f.)

Voegelin hebt hier einen verstehbaren Argwohn gegenüber der Sein-Sollen-Distinktion hervor. Er bezieht sich auf die Frage nach der Originalität der Kategorien (vgl. 1927:270), wonach sollenslogische Bezüge eine eigene, von der physischen Kausalität unabhängige Geltung hätten. Dies schlägt sich im Ergebnis darin nieder, dass das Recht zu einer Sozialtechnik instrumentalisiert wird. Es ist »not an eternal, sacred order, but a compromise of battling social forces« (1927:276).

Zu dieser Zeit sieht Voegelin in beiden Realitäten jedoch keinen problematischen materialen Widerspruch. Im Ergebnis stimmt er Kelsens säkularer Einordnung des Rechts zu. Es gibt noch keinen Hinweis darauf, dass er ein methodisches Problem wegen der Einheit des Seins hinter den beiden Realitäten haben könnte.

Eine entsprechende Einheit der beiden Realitäten von Sein und Sollen in der Rechts- und Staatstheorie findet Voegelin in seinem Aufsatz *Die Einheit des Rechts und das soziale Sinngebilde Staat* (1930) bei Ernst Rudolf Bierling (1841-1919). Bei diesem überlagern sich zwei Argumentationsstränge, die allerdings gegen Kelsens »Postulat der Methodenreinheit« (1930:58) verstoßen. Das sind »ein ideales Bewußtsein« und »die Einheit der Ordnung als realpsychologische[r] Akt der Anerkennung« (1930:63). Voegelin sieht in diesem »Methodensynkretismus« (1930:58) nun nicht nur »Mängel«, sondern auch »Vorzüge« (1930:63). Demgegenüber fehle der reinen Rechtslehre Folgendes:

> Das Gesamt-Sinngebilde eines Staat genannten politischen Verbandes mit seiner Rechtsordnung kann überhaupt von der Sphäre des formalen Zusammenhanges aus gar nicht geschlossen werden. Wir können von diesem formalen Zusammenhang als einem Gegenstand dieser Untersuchung ja überhaupt nur sprechen, weil wir die Einheit des gesamten Sinngebildes vorwissenschaftlich schon gegeben haben und aus diesem Sinngebilde die Grundschicht der Akte und Schematen herausheben. An sich, ohne Beziehung auf sein Auftreten in einem staatlichen Sinngebilde, würde der Zusammenhang nach allen Seiten verfließen und keineswegs bei der Verfassung aufhören. (1930:77)

Eine rein formale Lösung kann die normativen Bezüge, die das Dasein hinter den beiden Realitäten ausmacht, nicht integrieren, sondern nur als externe Quelle hinnehmen. Die eigentliche Aufgabe bliebe so völlig unbeantwortet. Worauf es ankommt, ist die Suche nach dem *political body*.

Voegelins Lösung besteht zu jener Zeit in dem Verweis auf Max Webers Begriff des »Herrschaftsverband[s]« als »politische[m] Verband« (1930:86), der jedoch um eine Komponente erweitert werden müsse: eine Beantwortung der Frage nach der *modernen* »Mediatisierung der Herrschaftsbeziehung« (1930:87), die eine jede Gesellschaft mit dem Anschein von normativer Ordnung versorgt. Zu diesem Zeitpunkt dient die Rechtswissenschaft Voegelin als Ventil zur Klärung dessen, was die »politische Theorie als Legitimitätsquelle« (1930:89) noch nicht kennt.

In den ersten Jahren seines akademischen Schaffens, noch bis Mitte der 1930er Jahre, entwickelt er also eine kritische Position gegenüber der vorherrschenden Position seiner Zeit – derjenigen seines Lehrers Hans Kelsen. Diese Kritik zielt auf einen grundlegenden, strukturellen Mangel in der Theorie, nämlich die gleichmäßige Formalisierung funktionaler wie materialer Gegebenheiten, was letztlich zu einer bloßen Taxonomie führt. Den dahinterstehenden Reduktionismus meint Voegelin im Anschluss an Max Weber (1864-1920), George Santayana (1863-1952) und Alfred Schütz (1899-1959) in einer unzureichenden Auseinandersetzung mit den *Phänomenen der Gesellschaft* zu finden.

Vor diesem Problemhorizont begegnet er den Schriften Carl Schmitts und schreibt dazu:

> Die Sphäre des Staatsrechtes, in der auch die Verfassungsnormen liegen, ist für Schmitt grundsätzlich nicht selbständig, ist kein in sich geschlossenes Normensystem, sondern weist auf die Frage nach Geltungsgrund und Einheit über sich hinaus auf den Akt der politischen Entscheidung, auf ›eine seinsmäßige Größe als Ursprung eines Sollens‹. Dieser Satz dürfte bewußt als Gegen-Satz zum Prinzip einer normativen Rechtslehre, nach dem Sein und Sollen zwei gegeneinander wohl abgegrenzte, niemals ineinander übergehende Bereiche sind, formuliert worden sein. Er [...] scheint mir als prinzipielle Gegenformulierung zum neukantischen Prinzip der Methodenreinheit wichtig. (1931a:90)

Schmitt zeige auf, dass es einen ontologischen – »seinsmäßigen« – Ursprung aller Geltung geben müsse, auf den auch noch die neuere Rechtswissenschaft der modernen Republiken wie Österreich und das Deutschland der Zwischenweltkriegszeit, die einen politischen Modernisierungsschub sondergleichen rechtstheoretisch zu verarbeiten hatten, zurückgehen müsse. Bei der Frage der Ausgestaltung dieser Suche nach einem Ursprung geht er für Voegelin jedoch keinesfalls weit genug zurück, sondern bricht bei einer Fremdnormativität des Rechts ab (vgl. 1931a:92f.). Schmitt bemühe lediglich eine Vielzahl an »Synthesen der Akteure der Staatsrealität« (1931a:93), nicht aber den einen Ursprung, der geltungslogisch hinter allem Recht stehe.

Schmitt folge trotz aller vermeintlicher Fortschritte »der personalen Kategorie der politischen Existenz, die mit der einzelmenschlichen Existenz verglichen wird« (1931a:97). Diese Scheinlösung verbleibe bei einem Phänomenalismus der Macht und Gewalten, ohne die phänomenologische Arbeit in Angriff zu nehmen, das Doppelverhältnis von Personalität und Macht, Apersonalität und Geltung auf den Begriff zu bringen.

Die Anregung, die Voegelin von Schmitt jedoch gewinnt, ist der Begriff des »Komplexes [der] Identität-Repräsentation« (1931a:103). Es wird hierin der Theoriebegriff ›Volk‹ entwickelt, das als Träger (Substanz) das Politische selbst verbürgt, indem es zum Medium, Adressaten und (repräsentativ) auch zum Akteur von Herrschaft wird. Im Schmitt-Aufsatz hat Voegelin jedoch offenbar noch keine Reflexion auf sein eigenes Gesamtschaffen gewagt. Er fasst dementsprechend seine Analyse zur politischen Theorie und zum Identitäts-Repräsentations-Komplex folgendermaßen zusammen:

> Eine Verfassungslehre müßte man daher meines Erachtens systematisch korrekt so aufbauen, daß zuerst transzendent, wie in unseren Analysen, die Aufbauprobleme des Staates erläutert werden, wobei die Stelle der politischen Idee als rationale Einheitserzeugung klarzumachen wäre, und insbesondere kein Zweifel darüber bleiben dürfte, daß politische Ideen *nicht* Aussagen *über* eine Realität sind, um dann, wie Schmitt es tut, immanent die konstitutionelle Ideenwelt durchzuarbeiten. (1931a:109)

Der Ansatz Voegelins zu einer Staatswissenschaft ist zur Frage nach der Grundlegung der Politikwissenschaft geworden, die sich gleichsam auf den Rechtsbegriff zurückgeworfen findet. Dieser Rechtsbegriff, so die Kritik an Kelsen, müsse mit einer materialen und, so die Kritik an Schmitt, singulär-originalen Ausdeutung versehen werden, die nicht einfach bei der Macht durch faktische Gewalt stehen bleibt. Die Ideen, die hinter einer gesellschaftlichen Grundnorm, die dem Recht seine Geltung einzuhauchen vermag, stehen, sind nicht immanent wie Begriffe einer modernen sozialwissenschaftlichen Theorie zu deuten, sondern müssten aus den Lebenszusammenhängen und realhistorischen Abfolgen verstanden werden. Dies ist der erste Schritt zum Geist, wie er bspw. der politischen Philosophie Platons noch ohne derartige Umwege zu eigen war (vgl. 1966:17f. und 1966:40). Die Entwicklung von ›Autorität‹ und ›Legitimation‹ sähe demnach wie folgt aus: »Aus der realen Lebensform wird eine zeitlose Idee.« (1931b:141)

Was es nun nachzuvollziehen gilt, ist Voegelins Kehre weg von einem Quasiideenhimmel der gesellschaftlichen Bewegungen hin zu einer nüchternen Betrachtung der Symbole und Erfahrungen der Menschen, die jeweils eine Gesellschaft geformt haben, um insgesamt zu begreifen, wie und weshalb sie dies machten. Das ist sein Ansatz zu einer Ideengeschichte als Geschichte der politischen Symbole, wie er sie anfänglich mit dem (von den Nationalsozialisten freilich umgehend verbotenem) Buch *Die politischen Religionen* versuchte.[2]

2 Hierzu ausführlicher Peter J. Opitz: *Fragmente eines Torsos. Werksgeschichtliche Studien zu Erich Voegelins »Staatslehre« und ihrer Stellung im Gesamtwerk*. Ferner Peter Goller: *Naturrecht, Rechtsphilosophie oder Rechtstheorie?*; Günther Winkler: *Die Rechtswissenschaft als empirische Sozialwissenschaft;* Thomas Nawrath: *Ideologiekritik am göttlichen Maß*.

2. *Die Rechtsphilosophie im Kontext der Ideengeschichte*

Das Recht als Schlüsselbegriff

Die Ideengeschichte des Rechts wird im Rahmen des unvollendeten Werks *History of Political Ideas* besprochen. Dort entdeckt Voegelin die einflussreichsten Modifikationen in der Rechtsentwicklung – und das heißt für den Ideengeschichtler Voegelin: diejenigen Entwicklungen, die den größten Modernisierungsdruck ausübten – im Ringen der profanen mit den klerikalen Mächten um die Interpretation der Zwei-Schwerter-Lehre innerhalb der Christianitas. Gleichermaßen provokante wie irritierende Ansätze, aber auch reintegrierende Bemühungen findet er hier vor. An prominentester Stelle ist die Bulle *Unam Sanctam* (vgl. CW 21:43), die Papst Bonifatius VIII. (1235-1303), der »last medieval pope« (CW 21:38), 1302 erließ, zu nennen. Aber auch die Inthronisationsdoktrin *Dictatus Papae*, die Gregor VII. (1020-1085) 1075 erließ, intendiert eine derartige politische Hierarchie, wonach der Papst den profanen Regenten des Reichs erst einsetzen müsse, bevor dessen Autorität und Machtausübung legitimiert wären (vgl. CW 20:90ff.).

Eine solche Struktur würde die christliche Zivilisation in einer ideellen Einheit belassen, sodass zugleich das Seelenheil nur über den einen Weg zu erhoffen wäre, obwohl es innerhalb der Welt eine Verästelung der Mächte geben könnte (*nulla salus extra ecclesiam*). Diese kann dabei ebenso vertikal als Mächtehierarchie unter dem Kaiser des Heiligen Römischen Reichs wie bei Bonifatius VIII., aber auch horizontal im Sinn einer ›League of Nations‹ autonomer Länder ausbuchstabiert werden, wie sie Voegelin zufolge prototypisch von Gregor VII. beschrieben wurde. Interessanter für den Zusammenhang des Rechts ist nun allerdings Voegelins Bewertung: der *modernere* Ansatz von den beiden ist derjenige Gregors VII. – obwohl dieser über zweihundert Jahre vor Bonifatius wirkte.

Wie kommt Voegelin zu diesem Urteil? Die Antwort findet sich in den Kriterien, in deren Schnitt sich sein Modernitätsbegriff herauskristallisiert. Gregor VII. präsentierte eine Lösung zum Problem der ›modernen Welt‹ seiner Zeit, die eine zeitgemäße Idee von Gesellschaft zum Ausdruck brachte, während hingegen Bonifatius VIII. einen restaurativen Ansatz durchsetzen wollte und das *gesellschaftliche* Problem hinter dem Ringen um die Macht übersah. Allein von hier aus wird die vertikale Lösung von Voegelin an dieser Stelle zurückgewiesen. Ein ethisches Argument, wie etwa die größere Nähe zur viel späteren Republikanisierung der europäischen Nationen, kommt nicht zum Tragen. Das Recht kann sich nicht auf ethische Intuitionen an sich stützen, sondern nur auf eine Gesellschaft, deren Mitglieder konkrete ethische Intuitionen teilen.

Nachdem nun die Artikulation von Gregor VII. keine Evokation der Ideen wurde, musste das Reich mit den Mitteln, die die damaligen Mächte tradiert fanden, auskommen. Voegelin hebt an dieser Stelle mit Blick auf die Rechtsgeschichte vor allem Friedrich II. (1194-1250) hervor, der 1231 mit der *Konstitution von Melfi* (und insbesondere ihrem *Proömium*) nun umgekehrt eine antiklerikale Rechtfertigung der profanen Autorität anstrebte (vgl. CW 27:27). Dabei musste er freilich die sakrale Ordnung respektieren, da diese nach wie vor von den verschiedenen Mächten des Reichs anerkannt wurde. Seine Lösung bestand nach Voegelin darin, politische Modernität – also die gesellschaftlichen Anforderungen seiner Zeit – durch die Institutionalisierung von administrativen Strukturen zu erfüllen (vgl. CW 20:74): »The last medieval emperor was the founder of the first modern state.«[3] Im Detail findet die Legitimation dieses ›ersten modernen Staats‹ wie folgt statt:

> The *Prooemium* contains the theory of the royal function of law making, embedded in the Christian symbolism of the origin of governmental order in the state of man after the Fall [i.e. der Sündenfall; T. N.]. After the completion of his creation God set man, the most perfect creature, over it, imposing on him only the observation of one law. The transgression was punished by the loss of immortality […] and God provided rulers of the people to preserve the order of human society. (CW 20:152ff.)

Die Vorrede handelt von einem Problem der Übertretung des einen Gesetzes, das Gott ursprünglich erlassen habe. Es geht nicht um eine moralische Konstellation, sondern darum, wer die Macht hat, die Menschen davon abzuhalten, dieses Gesetz zu verletzen. Deshalb wird der traditionelle Zugang, der die Gnade Gottes, wie sie in der Ankunft Christi aktualisiert ist, bemühen würde, überflüssig – entsprechend fehlt ein Bezug auf das Papsttum qua Stuhl Petri. Mehr noch, Friedrich II. benötigt nicht einmal mehr »the story of Genesis« (CW 20:153), sondern kann mit einem philosophischen Schöpfungsbegriff auskommen. In mittelalterlichen Begriffen heißt das dann, es handelt sich um eine »Aristotelian conception« (ebd.) von Politik, deren Entelechie im Herrscher kulminiert.[4]

Auf den ersten Blick muss dies wie ein rechtstheoretischer Frontalangriff auf die Institution der Kirche erschei-

---

3 CW 20:144. Voegelin folgt in diesem Zusammenhang offenbar Jacob Burckhardts *Die Kultur der Renaissance in Italien: Der Staat als Kunstwerk* (1860, vermutlich in der englischen Ausgabe).

4 Der Rückgriff Friedrichs II. auf Aristoteles kann dabei allerdings keine Identität der profanen und sakralen Reichsidee stiften. Bei Thomas von Aquin wird, wie später zu sehen sein wird, gerade solch ein Argument präsentiert, was für Voegelin von außerordentlicher Wichtigkeit ist (vgl. CW 27:33-35 und CW 20:212).

nen. Aber Friedrich II. hat *de facto* gar keine (zeitgemäße) Rechtstheorie. Damit bleibt auch diese Artikulation unvollständig und kann nicht zu einer Evokation der Idee der Gesellschaft werden. Gegenüber der anhaltenden Autorität, die das Römische Recht über das gesamte Mittelalter innehatte, versagt sein Versuch einer zentralisierenden Neuorganisation der Administration vollständig, so dass Voegelin mit Blick auf die Kriterien seines Modernitätsbegriffs zusammenfassen kann:

> It is not acceptable, however, if we assume the political evocations to be the primary facts of history, while legal systems can have only the secondary function of suitably ordering the actions of men within the framework of established evocations. (CW 20:161)

Beide, sowohl Gregor VII. als auch Friedrich II., artikulieren ein Modernitätsmodell, das jeweils Dimensionen ihrer gesellschaftlichen Realität herausschneidet, aber eben aufgrund des selektiven Charakters keine Evokation der Ideen herausbilden kann. Obgleich es die sozialen und politischen Ideen sowie die Erfahrungswirklichkeit im Alltag der Menschen gibt, die sogar von realen Mächten aufgegriffen wurden, können weder Papst noch Kaiser eine adäquate Kommunikation der epochemachenden Idee vortragen und somit als ihre Legitimationsquelle etablieren: Sie mangeln einer ausführlichen Inkorporation des Rechtsbegriffs.

Dieser Vorspann zeigt auf, wie wichtig der Rechtsbegriff für Voegelin wurde, wie zentral dessen Geltung für das gesamte Projekt einer Ideengeschichte und somit einer politischen und Sozialphilosophie, deren Frucht eine vollständige Staatslehre sein sollte, war. Wie bereits in der Frühphase mit ihrem Zugang zum Begriff der Repräsentation, der für die *Neue Wissenschaft der Politik* wie für die Vorlesung *Die Natur des Rechts* einer der Dreh- und

Angelpunkte ist, zeichnet sich auch hier ab, wie Voegelin zu seinen Kategorien der Rechtsanalyse gelangte: Das Recht kann durch die Mächte – das empirische Projekt – nicht vollständig integriert werden, so dass es eines weiteren Projekts bedarf, das die Legitimationsebene, also konkret die Rechtstheorie, vorbereitet – das philosophische Projekt. Und dieses Projekt gilt es nun im Rahmen der Ideengeschichte nachzuvollziehen, so dass deutlicher wird, woran und wie Voegelin diese Methodologie entwickelte, die er in der Vorlesung systematisch anwendet.

Das Recht in seiner ideengeschichtlichen Entwicklung

Das philosophische Projekt wird während des Mittelalters selbstverständlich weder von den klassischen Philosophen Platon und Aristoteles, die Voegelin in *Die Natur des Rechts* nennt, noch von den Sophisten vertreten, sondern von der Scholastik. Die Kapitel zu dem Dominikaner Thomas von Aquin (1225-1274) und dem Franziskaner Wilhelm von Ockham (1285-1347), die als Hauptvertreter des Universalienstreits gelten, sind auch für die Geschichte des Rechtsdenkens einschlägig. Thomas vertrat dabei die Partei der Realisten, die von der Einsicht in die Wirklichkeit der ontologischen Kategorien durch das natürliche Licht der Vernunft ausgehen und darauf Argumentationen stützen zu dürfen meinen, während Ockham als Hauptvertreter des Nominalismus gilt, der messerscharf nur diejenigen Eigenschaften der Dinge als Beweisstützen zulässt, die im unmittelbar konkreten Dasein liegen oder konzeptionell auf dem Glauben beruhen.

Voegelin interessiert das Folgeproblem der sozialen Integration, die sich zu jener Zeit mit immer stärker werdenden Bewegungen christlicher Sekten auseinandersetzen musste:

> The Franciscan Order in its second form, the conventual with permanent houses, and the Dominican Order may be best characterized, in the context of our problems, as successful attempts at integrating the activist spirit of popular sectarianism into acceptable, nonheretical institutions. (CW 20:78)

Es geht um die subtile Grenze, wann ein Prediger noch ein Mystiker ist, der in der Kirche seine Heimat hat, und ab wann er ein häretischer Sektengründer wird.

In diesem Zusammenhang stößt Voegelin jedoch alsbald auf eine andere Tradition, was den Leser vor ein gewisses Rätsel stellt: Warum münden seine Ausführungen zur Scholastik bei der Schule von Salamanca bzw. Francisco de Vitoria (1492-1546), der so viel später gleichsam als der erste moderne Philosoph, gleichzeitig aber auch als ein Bewahrer und Brecher mit der dominikanischen Tradition ausgewiesen wird? Nicht allein das Bemühen um die Vollständigkeit lässt Voegelin dem sogenannten *Vater des Völkerrechts* ein eigenes Kapitel widmen, sondern auch Einsichten in das Rechtsdenken seit Thomas von Aquin, die ihm vermutlich erst während der Arbeit kamen und so unerwartete Zusammenhänge – und eben auch Brüche – erkennen ließen.[5]

Dass ein scholastischer Philosoph ideal als Akteur in das Gesamtbild der beiden Rechtsprojekte hineinpasst, wenn er ohnehin stets zwischen der Autorität des natürlichen Lichts und der Offenbarung oszillieren muss, ist ersichtlich. Einen Höhepunkt dieses spekulativen Denkens stellen nicht nur für Voegelin die Synthesen von Thomas von Aquin dar. Er fasst Thomas' prinzipielle Einsicht in die analogia entis zu-

5 Es ist davon auszugehen, dass Voegelin das Kapitel zu Francisco de Vitoria zu der *History of Ideas* erst nachträglich hinzugefügt hat, nachdem er die Rechtsgeschichte von James Brown Scott aus dem Jahr 1939 rezensiert hatte (vgl. CW 27:84ff.). Falls dem so ist, liegt der Schluss nahe, dass Voegelin sich zu Beginn der Arbeit an der *History of Ideas* noch gar nicht über das prinzipielle Problem der Rechtsidee im Klaren war.

sammen als »the experience of identity between the truth of God and the reality of the world.« (CW 20:207)

Wahrheit und Sein werden – wie typisch für das philosophische Projekt – nicht getrennt voneinander gefunden, sondern sind aufs Innigste in der Schöpfungsidee verbunden. Schöpfung bezeichnet dabei einen fortwährenden Akt, weshalb auch darin die Gemeinschaft von Schöpfer und Geschöpf in der aktuellen Wirklichkeit mitzudenken ist. Unabhängig von konkreten Formen von Kausalität wie Fortpflanzung oder Mechanik spiegelt diese ursprüngliche Kraft die Identität von Schöpfer und Schöpfung wider.

Aber in dieser Schöpfung besteht nicht das ontische Dasein des Schöpfers, da so die Schöpfung zu einer Art von Fortpflanzung degradiert würde. Es handelt sich nur um die Repräsentation der Identität von der Schöpfung *in toto*. Man könnte diese Identität naturphilosophisch ebenfalls im Wesen der Welt sehen. Aber das Wesen von etwas ist traditionell nur als die substanzielle Form eines Dings möglich. Die Form eines Dings meint seine Wahrheit – und umgekehrt ist Wahrheit die transzendentale Eigenschaft eines jeden Dings, insofern es durch den Schöpfer in der göttlichen Ordination – in der Hinordnung auf den Schöpfer – erkennbar ist: »dicitur vera in ordine ad veritatem intellectus divini«.[6]

Diese metaphysischen Hintergründe sind nun insofern von Bedeutung, als dass gemäß der Position der Realisten der Mensch an dieser Ordination partizipiert. Und folglich hat er ebenfalls eine Einsicht in das Wesen der Dinge. Eine solche ontologische Konzeption erfordert nun freilich eine gänzlich andere Einführung des Rechtsbegriffs, insofern nicht nur Querschnitte der Wirklichkeit, sondern die göttliche Gesamtperspektive hinter dem Rechtsdenken des Thomas von Aquin steht.

---

6 Thomas von Aquin: *Quaestiones disputatae de Veritate*, q1 a4 resp; vgl. *Summa Theologiae*, p I q16 a13.

Zunächst einmal gilt es, das Verhältnis zwischen Glaube und Vernunft systematisch einzubinden. Die Idee Gottes als Wahrheit impliziert hierbei das Folgende: »Faith and reason cannot be in conflict because the human intellect carries the impressions of the divine intellect«. (CW 20:209)

Solange Gott sich nicht selbst widerspricht, wovon bereits rein logisch gesehen auszugehen ist, kann es auch keinen endgültigen Widerspruch zwischen Glaube und Vernunft geben. Und stilistisch kann Thomas in der *Summa* Vernunftargumente und geoffenbarte Glaubenswahrheiten in einer widerspruchsfreien Sortierung präsentieren und angemessen kommentieren, sodass er die aufgeworfenen Fragen wie unter verschiedenen Perspektiven einheitsbewahrend diskutieren kann.

An dieser Stelle kommt es zu einer unerwarteten Abwandlung bei Thomas von Aquin, die Voegelin aufgeweckt haben könnte: Man könnte nun nämlich einfach naiv den Kompatibilismus zwischen Glaube und Vernunft extrapolieren und eine Rechtsphilosophie für das *Imperium sacrum* erwarten. Tatsächlich verweist Voegelin zuvor auf die Erstarkung der muslimischen Mächte über den Süden des Mittelmeerraums hinaus. Die Hauptaufgabe der Stunde für Thomas war daher, gemäß Voegelin, eine *neue Mission* in Spanien argumentativ auszustatten: Für ihn ging es nicht mehr nur um die imperialen Binnenkonflikte zwischen den weltlichen Mächten untereinander und dem Klerus. Er fand sich auf einmal »on an intercivilizational scale« (CW 20:211) und musste mit Problemen zurechtkommen, wie sie Paulus zu lösen hatte. Daher kommt es auch nicht zu einer Fortführung der Wesensanalogie ins Recht hinein, sondern die paulinische Doktrin der drei Rechte wird von Thomas von Aquin zu den drei Missionen umformuliert, derer seine Zeit bedurfte:

> with the Jews we can argue on the basis of the Old Testament, with the heretics on the basis of the New Testament, but with

> the Muslims we have to argue by appeal to the authority of the intellect. (CW 20:211)

Interessant ist hieran die Fassung des »intellect«. Er ist nicht einfach die *ratio*, also das natürliche Licht der Vernunft, sondern ein »instrument of Christian propaganda« (ebd.). Denn es sollte für Thomas ja gerade keinen Konflikt zwischen dem christlichen Gott und der Vernunft geben. In seiner *Summa contra Gentiles* (dt.: Summe gegen die heidnischen Völker) werden zwar die Attribute des christlichen Gottesbegriffs als die Wahrheiten des Ewigen demonstriert, aber für den Menschen handelt es sich dabei keineswegs um apodiktische Wahrheiten. Gemäß Thomas, so Voegelin, muss der christliche Denker harte Arbeit aufbringen, um sich selbst in Übereinstimmung mit dem Glauben an die christliche Offenbarung auf der einen und der aristotelisch gefassten Vernunft auf der anderen Seite zu finden. Für Voegelin ist dies wesentlich, wie die Vorüberlegungen zum aristotelischen Entwurf bei Friedrich II. und dem heilsgeschichtlichen Entwurf bei Bonifatius VIII. bereits erwarten ließen. Thomas bereitet den Grund für eine argumentative Auseinandersetzung vor, die dem christlichen Intellektuellen viele Anstrengungen abverlangen wird: grundsolide Kenntnisse in der Theologie der christlichen Offenbarung, ein philosophisch ausgebildetes Vermögen zur Vernunft, eine aktive, aber gleichsam friedfertige Einstellung zum Missionsgedanken und schließlich die Anerkennung des Rechtsbegriffs als lebensprägendes Zentralsymbol, wenn der Intellektuelle dem paulinischen Ruf zur Mission folgt.

Im Vergleich mit anderen zeitgenössischen Spekulationen zur Heils- und Weltgeschichte kann es bei Thomas von Aquin somit nicht zur Idee von einem ›Dritten Zeitalter‹ nach dem Zeitalter des Vaters und dem des Sohnes kommen, das unter Führung des christlichen Intellektuellen eingeläutet würde. Solch eine ›Dritte Wahrheit‹, wie sie insbesondere in der Artikulation des Joachim von Fiore (1135-1202) zu finden ist, gilt für Voegelin gleichsam als die Vorlage für die Evokationen des Dritten Reichs bzw. Dritten Wegs, die er später als Moderne Gnosis bezeichnen wird: Der »Third Realm« findet im Anschluss an das Zeitalter der vier Evangelien und der Vorherrschaft der römisch-katholischen Kirche statt und aktualisiert das »evangelium aeternum«, das die Bedingungen des »perfect life« besorgen wird (CW 20:134; vgl. CW 5:179). Dieses »perfect life« wird ohne die großen, etablierten Institutionen auskommen, ohne die überlieferten Autoritäten der Welt und des Klerus, und wird durch die anthropologische Selbstüberbietung möglich, wie sie im biblischen Symbol des Neuen Menschen verklärt und, nach Voegelin, später in der Säkularisation bis zum arischen Übermenschen bzw. sozialistischen Menschen transformiert wird. Dieses Ideal besteht zusammengefasst in der joachitischen Anthropo-Utopie der

> evocation of the new idea of man as the autonomous free spiritual person, able to form a community of brotherly solidarity, independent of the feudal ecclesiastical and temporal organization of society. (CW 20:134)

Thomas von Aquin lehnte eine solche Vorstellung nicht nur ab, sondern versah sie mit dem Etikett »stultissimum« (CW 20:213). Diese Zurückweisung gehört für Voegelin zur Signatur des dominikanischen Denkens, wie es zur Zeit der Hochscholastik vertreten wurde. Anstelle zeitlicher Träumereien entwickelt Thomas eine Theorie des Gottesbegriffs, der auf einer Analyse dessen beruht, was die ewige Wahrheit sein könnte.

Und gerade hierin kommt die Reichweite des Rechtsbegriffs zum Tragen, dass nur so die Spannungen in der endlichen Welt mit ihrer politischen Zerrissenheit und ihren Zerwürfnissen – eben diejenigen des interzivilisatorischen Spaniens – überbrückt werden könnten. Thomas von Aquin unterscheidet hierzu vier Hauptformen des Rechts: (1) die generative *lex aeterna*, die identisch mit der göttlichen Vernunft selbst sei; (2) die menschliche Vernunft, die durch die Schöpfung der göttlichen Wahrheit ordiniert ist und somit eine *lex naturalis* bilde; (3) die Anwendung der menschlichen Vernunft auf konkrete, kontingente Situationen des Erdenlebens, die *lex humana*; (4) und schließlich spezielle Orientierungen, die den Menschen helfen sollen, den rechten Weg zur »spiritual transcendental beatitude« zu finden: »special revelations of divine law in the Old and New Testaments [...] called the *lex divina*.« (CW 20:224)

Bis hierhin wäre das freilich weder besonders brillant noch originell. Die außergewöhnliche Qualität des thomasischen Rechtsbegriffs wird, nach Voegelin, erst deutlich, wenn das Kriterium dieser Klassifikation ebenfalls in den Blick gerückt wird. Der Rechtsbegriff schließt sich an die Ausrichtung des Menschen auf das göttliche Ziel der Schöpfung an. Und diese Ausrichtung wird aristotelisch in Form einer Handlungs- und Motivationstheorie gefasst, damit sie dem Freiheitsgedanken nicht widerspricht (vgl. CW 20:223). Dieses theoretische Mittelstück erlaube nunmehr erst eine Anwendung der ontologischen Prinzipien auf die Ausrichtung und auf »the return of man to God« (CW 20:225). Indem Gott dem Menschen zwei Rechte gegeben habe – das göttliche und das natürliche Recht, die später als die zwei Personen am ontologischen Kern des Seins in *Die Natur des Rechts* wieder bemüht werden –, kann der Mensch nach der *lex aeterna* als der Wahrheit hinter jedem Recht streben.

Dieser *appetitus naturaliter* in aristotelischer Tradition wird jedoch *prima facie* durch zwei Hürden verstellt: die Kontingenzen der Welt ganz allgemein und spezifisch die Notwendigkeit, dass das Recht einen Objektivitätsanspruch einlösen müsse. Beide Probleme kann eine subjektive Strebetheorie nicht von sich aus hinreichend auflösen. Deshalb bedarf es eines expliziten Vorgangs, der auch in der Vorlesung zur *Natur des Rechts* einen großen Anteil unter den diskutierten Themen einnimmt: Die Anstrengungen, die als Rechtsetzungsprozess – als »making« (ebd.) des Rechts – bezeichnet werden und die rechtstheoretisch das gesamte Problem legitimer Autorität unter sich zusammenfassen.

Bei Thomas von Aquin analysiert Voegelin nun eine dem doppelten Rechtsbegriff entsprechende Argumentationsstruktur für den Rechtsetzungsprozess, die als politische Theorie auf zwei verschiedenen Ebenen verlaufe: (a) Auf der personalen Ebene wird der Tugendbegriff ausgeweitet um eine »*regia virtus*«, die nicht länger auch die »spiritual authority« umfasst, aber noch nicht das »demonic element« eines Niccolò Machiavelli (1469-1527) einbezieht (CW 20:218). (b) Und so falle auf der ontischen Ebene die Politik auch nicht mehr unter eine unüberbrückbare »dichotomy of spiritual and temporal«, obgleich es deshalb noch nicht zu einer »dichotomy of religion and politics« wie bei John Locke (1632-1704) komme (CW 20:220). Denn der grundlegende Rekurs auf die spirituelle *lex aeterna* verhindere zum einen eine Sedimentierung, werde aber zum anderen auf allen Ebenen letztlich wieder an die irdischen Realitäten geknüpft.

Der Fürst in seinen persönlichen Qualitäten von Urteilskraft und Tugend wird dabei nicht nur einbezogen, sondern rückt mitsamt seiner ganzen Kontingenz geradezu ins Zentrum des Gedankengangs. Im Unterschied zur Theorie vom christlich intellektuellen Führer bei Joachim von Fiore ist es nun die Obliegenheit des Fürsten, einen aktiven Part nicht nur in seinem Hoheitsgebiet, sondern auch in der Geschichte zu übernehmen und den Zielvorstellungen einer »perfect community« zu folgen, die weder ein apokalyptischer Realismus, noch ein utopisches Szenario sein soll, sondern eine

»elastic formula with potentialities«,[7] die den Verlust der transzendenten Orientierung verhindert (CW 20:227). Ein solcher Verlust wäre gerade der *Fall* in eine nihilistische oder pseudoreligiöse Attitüde (vgl. CW 20:226).

»Thomas's theory is eminently dynamic« (CW 20:227) an dieser Stelle. Sie lässt die Zielvorstellungen insofern offen, als dass sie dem jeweiligen Fürsten – also der Kontingenz – unterliegen wird, und fordert gleichsam, um diese Kontingenzen einzubinden, eine spirituelle Ausrichtung am ewigen Recht Gottes, das als einzige Antwort auf die ontologische Einheitsproblematik zu finden war. Flankierend wird das Recht wie folgt definiert:

> Law is defined as an ordinance of reason (*ratio*), for the common good, made by him who has the care of the community, and promulgated in it. (CW 20:224)

Damit ist für Voegelin die elementare Argumentation an dieser Stelle abgeschlossen. Wesentliche Aspekte der Rechtsvorlesung konnten aus ihrer ideengeschichtlichen Konstellation und in Abgrenzung zu anderen Positionen ausgewiesen werden. Dennoch ist damit nur der erste Schritt getan, da zur Förderung des Verständnisses der Vorlesung nunmehr noch eine vollständige Ausführung der ideengeschichtlichen Betrachtung fehlt. Und tatsächlich findet Voegelin eine weiterführende logische Figur, die so von ihm bislang noch nicht beleuchtet wurde: die »dialectic of positive law« (CW 20:225), die in dem Doppelakt besteht, dass der freie Mensch das Gesetz zum einen selbst macht und zum anderen dabei an der *lex aeterna* orientiert ist, wenn er der *lex naturalis* und der *lex divina* folgt. Dementsprechend

7 Nur mittels einer solchen Formel, so scheint es Voegelin zu begreifen, kann auf die Identität der ontologischen und ontischen Wirklichkeitsweise des Göttlichen verwiesen werden. Das ontologische *ens communale* findet so seine politische Identität innerhalb des ontischen Bereichs der Wirklichkeit, indem dieser durch die Idee einer *perfect community* chiffriert wird.

gebe bei Thomas letztlich Gott das Recht »through the instrument of human action« (ebd.).

Wenn Gott aber das Gesetz gibt, würde das nicht sowohl der Kontingenzanforderung zuwiderlaufen als auch ein massives Theodizeeproblem heraufbeschwören? Thomas distinguiert an dieser Stelle zwischen zwei Momenten der *lex humana*. Da ist zum einen die *lex adinventa* bzw. *lex ab hominibus inventa*, die die Details des irdischen Lebens betrifft, und zum anderen die *lex humanitus posita* bzw. *lex positiva*, die den Akt der Rechtsetzung durch den Menschen anbelangt (vgl. CW 20:228). Letzteres zielt vor allem auf die Allgemeinverbindlichkeit und den Zwangscharakter des Rechts, während ersteres auf das prinzipielle Problem der Rechtsadäquatheit verweist. Die Lösung besteht an dieser Stelle darin, dass nun die Idee der »perfect community« weiter ausgedeutet wird: die *lex humana* kann nur eine *kontingente* Adäquatheit erreichen, da die Fälle selbst nur der Kontingenz und nicht den ewigen Formen der aktuellen Substanzen angehören. Vielleicht könnte eine Metaphysik mit einem schwächeren Substanzbegriff an dieser Stelle das Problem direkt lösen, ohne das Recht in die Schranken der harten Arbeit durch den Gesetzgeber zu weisen. Aber dieser Weg steht Thomas eben nicht offen, da er dann die ontologische Einheit des Seins in den Personen des trinitarischen Gottes und des ewigen Gesetzes nicht mehr denken könnte. Es bleiben abschließend nur die klassischen Antworten der *prudentia politica* übrig, auf die Traditionen der Offenbarung zu achten und das positive Recht an den lokalen Gewohnheiten, den Üblichkeiten, der Fairness, dem Gemeinwohl und den Fähigkeiten der Menschen, es erfüllen zu können, auszurichten (vgl. CW 20:228).[8]

8 Voegelin merkt zudem noch zu Thomas von Aquins Unterscheidung zwischen gouvernementalen und zivilrechtlichen Beziehungen an, sie sei »revolutionary because it swept aside the feudal structure of property rights« (CW 20:229). Gerade darin finde Thomas letztlich auch auf der Ebene der Anwendung den gesuchten Ausgleich zwischen

Man sieht, dass Thomas von Aquin zwar die Hochachtung und äußerste Wertschätzung Voegelins erfahren hat, wenn man bedenkt, wie viele und welche seiner Analysekategorien in *Die Natur des Rechts* von ihm entlehnt sind. Man muss zugleich aber auch anmerken, dass Thomas letztlich darin versagt hat, eine über die Artikulation hinausreichende Evokation zu leisten, die den Rechtsbegriff nicht allein vollständig, sondern auch auf der Höhe seiner Zeit – also für die Menschen in ihren Erfahrungen nachvollziehbar – denkt. Die scholastischen Subtilitäten der Verästelungen im Recht, die er in seiner Theorie vorsieht, mögen zwar logisch und metaphysisch konsistent sein, konnten aber angesichts des zuvor erwähnten Universalienstreits und den ihm zugrundeliegenden Irritationen in der Erfahrungswelt nicht überzeugen. Ungeachtet der hochdynamischen Konstruktion bei Thomas wird erst Vitoria als der moderne Philosoph bezeichnet werden, während Thomas lediglich die »unique figure who could voice the pathos of medieval imperial Christianity in the language of the modern West« (CW 20:232) war. Um jedoch diesen zusätzlichen Aspekt, den Vitoria in seiner Rechtstheorie abdeckt, herauszufinden, muss ein Blick auf die Einflüsse auf Vitoria aus dem Universalienstreit, also aus dem Spannungsfeld, in dem auch Thomas stand, geworfen werden: der Franziskaner Wilhelm von Ockham.

Ockham vertritt eine messerscharfe Trennung von Glaube und Vernunft. Die Signatur hiervon besteht in einer »strictly fideistic religion«, die in »accepting the rationally impenetrable dogma by an act of faith that is worked in man by a miracle of God« besteht (CW 21:107). In Bezug auf das metaphysische Problem der Universalien gilt entsprechend, dass es keine transzendentale Wahrheit gibt, die

---

Öffentlichkeit und Privatsphäre, Politik und Recht, Glaube und Vernunft, der Tradition und den Herausforderungen seiner Zeit.

dem göttlichen Verstand zugehört und *a fortiori* Grundlage der menschlichen Verstandestätigkeit und des menschlichen Erkennens wäre.

Wenn es also keine solche Vernunft gibt, die den nunmehr an dieser Stelle wirkenden Glauben begreifen kann, kann es freilich auch keinen Vernunftbegriff universaler Heilsziele geben und somit keine übergreifende *lex aeterna*:

> [The] refusal of William marks the beginning of a withdrawal of the church from the compromise with the world, a withdrawal that was necessitated by an enrichment of the content of the world that threatened to engulf the substance of faith. (CW 21:110)

Ist die Grenzlinie einmal akzeptiert, kann sich die profane Wirklichkeit zu einer säkularen Welt entwickeln, die sich unabhängig von jeder spirituellen Transzendenz ausbildet:

> The absolute God, the absolute pope, and the absolute faith of Giles of Rome and William of Ockham are followed by the absolute prince, the absolute people, and the absolute enlightened reason; the infallible pope of the nineteenth century is followed by the secular analogues of the leaders who cannot err, in the twentieth. (CW 21:111)

Soweit die lange Fluchtlinie, die Voegelins Interpretation dieser Entwicklungen im ideengeschichtlichen Kontext zieht. Für die Gegenwart der Hochscholastik fällt jedoch auf, dass die Rechtstheorie einen deutlichen Schritt weg von der thomasischen Dynamik unternimmt: »In many aspects the theory of William appears more ›medieval‹ than the Thomistic theory.« (CW 21:116) Der Grund hierfür liegt in Ockhams ausgebliebener Übertragung seiner metaphysischen Einsichten in die Schwäche der menschlichen Vernunft, ewige Formen erkennen zu können, auf das Feld des Rechts:

> Ockham has, indeed, a theory of natural law – which he could not have if he were a strict nominalist who deems the substance

> of reason inaccessible – but it is not the Thomistic theory of a natural rational order of human relations. (CW 21:117)

Bei dem Versuch, die ontologischen Universalien abzustreifen, bleibt jedoch die allen Menschen gemeinsame universale Vernunft selbst erhalten. Mit Voegelin kann die Kritik daran in Form einer Frage formuliert werden: Ist das nicht die nach wie vor erkannte Substanz des Menschen? Und obgleich Ockham als »the most complex thinker of the age« (CW 21:103) gelobt wird, bleibt der Vorwurf eindeutig.

Betrachtet man nun dieses Szenario näher – eine allgemeine Menschenvernunft, aber keine Erkenntnis universaler Wahrheiten –, so stößt man auf die methodologisch recht obskure Idee eines »relative natural law« (CW 21:117). Das ist wie bei Friedrich II. dasjenige Recht »that governs the state of fallen man, in contrast with the absolute order of reason that governs the paradisiacal state« (ebd.). Ausführlicher bedeutet dies:

> The paradisiacal state of innocence is a state of reasonable *dominium* over the world (*temporalia*) without resistance; it is a state without violence and, therefore, without private property rights, which ultimately would require defense by force. The state of fallen man, governed by a variety of laws, is opposed to this state of natural equity. [...] The *jus fori* is the property order after the division of the originally common *temporalia*; it is a stratum of law preceding in time and ranking higher in order than the civil law enacted by rulers. Insofar as the property order precedes the political order, it is *jus gentium* in the specific sense of a customary law binding the princes; it can be broken only in an emergency by the prince or by the consent of all mortals. The *jus poli* is the natural equity that permits the breaking of the order in an exceptional case such as the appropriation of the necessities of life. The ›natural equity‹ is the only remnant of natural law in the strict sense in William's system. But he uses the term *natural law*, never-

theless, to cover the man-made law of the *jus gentium*; and he goes so far as to extend the term to any human enactment that is not contrary to evident reason. (CW 21:118)

An dieser Stelle entspinnt sich freilich eine Vielzahl gewinnversprechender Analyserichtungen wie etwa die Rechte des Papstes (vgl. CW 21:120) oder die frühe Forderung nach einer »laicistic civilization« (CW 21:125), die aus diesen Ideen abgeleitet wird. Für den Augenblick soll jedoch, um die Gesamtbewertung Voegelins nachvollziehbar zu machen, nur der Weg nachgezeichnet werden, der sich mit dem Begriff des *jus gentium*, wie Ockham es als ein relatives Naturrecht einführt, befassen wird.

Das Recht in seiner evokativen Gestalt

Gemäß der Voegelin'schen Theorie bedarf es einer ontologischen Fundierung des Rechts in einer universalen Ordnung. Das Recht würde entsprechend in Übereinstimmung mit der besten und klarsten Einsicht in diese Ordnung entwickelt, die einer Zeit jeweils möglich ist. Solche Einsichten können (a) durch Meditation, (b) aus den überlieferten Symbolen oder (c) den gegenwärtigen Ereignissen der politischen oder sozialen Faktenwelt gewonnen werden. Aber allein der erste Zugang, die Meditation wie beispielsweise bei Thomas von Aquin, kann für sich genommen zureichend sein, während der Zugang über eine Verallgemeinerung der Faktenlage allenfalls bei der Ausarbeitung der Anwendungsanweisungen oder Urteilstopik helfen könne, da hier die ontologischen Strukturen nicht direkt in Erscheinung treten, sondern nur die ontische Realität zur Debatte steht.

Wendet man sich nun Vitoria zu, kommt es gemäß Voegelin zu einer Lösung, die auf dem mittleren Aspekt, der Symbolgeschichte, beruht, indem er sich einerseits in die

Nähe seines dominikanischen Bruders Thomas von Aquin stellt, andererseits aber nicht die Persönlichkeit mitbringt, die es ihm erlauben würde, einen meditativen Tiefenblick in das Wesen des Rechts zu werfen und so Thomas innwendig nachzuvollziehen:

> [...] a thinker of this type has neither enough spiritual intenseness nor intellectual power to be a mystic who can see the disorder of the age in its proportions as well as in its distance from the life of the spirit; hence he will not create a great work of contemplation, but he will use his learning as well as his by no means negligible powers for the purpose of linking the forces of history with the life of the spirit in a work of justification and rationalization. (CW 23:130)[9]

Angesichts dieser Defizite fragt man sich durchaus, warum Vitoria überhaupt ein moderner Philosoph sein sollte – wollte sich dahinter nicht gar eine zynische Spitze gegen alle moderne Philosophie verbergen? Es handelt sich nicht um eine solche Spitze. Vitoria hat etwas zu bieten, woran es Thomas unter dieser Rücksicht tatsächlich mangelte. Nicht einfach die »discovery of America and the Spanish conquest« (CW 23:108) machten aus Vitoria einen modernen Menschen, kannte doch bereits Thomas ähnliche Probleme und musste sie theoretisch bearbeiten (vgl. CW 20:214; CW 23:113). Die entscheidende Auszeichnung Vitorias muss in der Antwort selbst liegen, die im Gegensatz zu derjenigen von Thomas für seine Zeit angemessen war (vgl. CW 27:72).[10]

Die Christianitas war damals noch nicht zu ›Europa‹ (als bloß einem der beiden christlichen Kontinente) oder gar zur ›westlichen Welt‹ geworden, obwohl mit dem

---

9 Voegelins Gewährsmann an dieser Stelle, James Brown Scott, kommt bereits zu dem Ergebnis, dass es keine echte Diskussion dieser Prinzipien bei Vitoria gebe, sondern bei ihm nur ein Interesse an seinen »conclusions« (1934a:128f.) vorliege.

10 In der Hauptsache folgt Voegelin der Detailanalyse von Ernest Nys (1914:84f.).

Eingeständnis, dass es das *Imperium sacrum* nicht länger gebe, ein massiver Bruch zum Mittelalter vollzogen war. Die neue »*communitas communitatum*« (CW 23:113) war ausgehöhlt durch Separationskriege und die selbstzerstörerische Wirkung der innerchristlichen »countercrusades« (CW 23:109).[11] Zeitgenössische Rechtsphilosophen hatten neben diesen internen Zerwürfnissen auch die »discovery of America and in its wake the conquest of the Indian empires« (CW 23:113) theoriekonsistent zu rechtfertigen. In seinen *Relectiones de Indis et de Iure Belli* (1532) formuliert Vitoria eine solche Theorie, um sowohl die zwischenstaatliche als auch die interzivilisatorische Sphäre befriedigend abzuhandeln – so befriedigend, dass sein modernes ›*interpolity*‹ Recht ihm den Beinamen ›Vater des Völkerrechts‹ einbrachte. Wie Voegelin allerdings anmerkt: mit juristischer Nüchternheit und ohne jeden meditativen »sense of tragedy in existence« (CW 23:131).

Lässt man die theologischen (Neben-)Diskurse beiseite und konzentriert sich auf sein rechtstheoretisches Argument, so stellt sich die Frage nach der Synthese bei Vitoria: Worin kann *die eine* rechtstheoretische Argumentationsstrategie bestehen, die gleichermaßen die Sphären der zwischenstaatlichen wie interzivilisatorischen Relationen einholen kann? Rein logisch betrachtet ist dies nur möglich, wenn es genau einen gemeinsamen Subjektbegriff gibt, auf den in einem Schluss verschiedene Prädikatbegriffe angewandt werden.

Vitoria müsste somit ein einziges Konzept entwickeln, das logisch ebenso universal wie die *lex aeterna* bei Thomas von Aquin, metaphysisch aber nicht ebenso substanziell wie das »medieval concept of *jus gentium* as the body of legal rules accepted by all peoples« (CW 23:114) ist. Und solch ein Konzept hatte gerade Ockham in seinem Begriff

11 Voegelin folgt hierin J. B. Scott (1934b:1).

des ›fallen state‹ vorgetragen. Aber er bedurfte noch einer fideistischen Rechtfertigungsstrategie, da er seine Theorie an die analytischen Grenzen des *Imperium sacrum* knüpfte. Diese Grenzen waren zu Vitorias Zeit in der Ideenwelt nicht mehr relevant. Seine »insight into the new problem of the secular polity« eröffnete ihm den Weg zu eben einer genuin *modernen* Lösung, indem er den politischen Begriff einer »human community larger than the single subjects of the new interstate law« schmiedete (ebd.).[12] Dies ist der neue Subjektbegriff, wie er in seiner ersten Gestalt und zunächst rein formal in Erscheinung tritt: Der Mensch lebt in einer Gemeinschaft, die (nach dem Sündenfall) von seinesgleichen gebildet, bewohnt und beherrscht wird, so dass alle Menschen und menschlichen Gesellschaften in dieser Großgesellschaft miteinander in Beziehungen stehen, ohne jedoch schon eine natürliche politische Beziehung zu Gott zu haben. In diesem ersten Schritt sieht Voegelin einen rückhaltlosen Tribut an das neue, sich der Säkularisation zuwendende Zeitalter der Politik.

Eine solche formale Aussage kann aber natürlich keinesfalls als eine Evokation der Ideen angesehen werden. Nur weil jemand etwas über die Menschheit als Ganze philosophiert, kommt noch keine Politik zustande – von einem einschneidenden Ereignis im Rechtsdenken der Menschheit

12 An dieser Stelle entfernt sich Voegelin von der Interpretation Scotts, der auf die allgemeine Idee der »natural reason« (1934b:12) bzw. die »international community« (1934b:2) verweist, aber gerade keine »human community« bemüht. Voegelin legt aufgrund seiner Vorüberlegungen zum franziskanischen Hintergrund (Ockham) bei Vitorias Bemühungen um eine Fortführung der dominikanischen Tradition (Thomas) den Schwerpunkt genau auf die »human community«. In der englischen Ausgabe zu Vitoria, die von James Brown Scott für den amerikanischen Lehr- und Forschungsbetrieb neu herausgegeben wurde und die Voegelin vorgelegen haben dürfte, findet sich der Begriff »mankind« (*Relectio on the Indians lately discovered*, second section, Nr. 1).

könnte überhaupt nicht die Rede sein. Vitorias Argument war an dieser Stelle also noch nicht vollständig vorgetragen. Es fehlt noch eine explanatorische Ausführung über die Materialität dieses logischen Subjektbegriffs, der den metaphysischen Identitätsbegriff hinter der Seinsanalogie bei Thomas von Aquin ersetzen sollte.

Weitaus bekannter ist ein anderer Autor, der dasselbe Problem zu lösen hatte: Jean-Jacques Rousseau (1712-1778) vertrat in seinem *Zweiten Diskurs* ebenfalls die Idee, den Menschen bar jeder übernatürlichen Weisheit nur mit seinen natürlichen Talenten auszustatten, um so seine materiale Identität wesenssubstituierend zu fassen. Vitoria hatte in seiner konkreten Argumentation eine hiervon deutlich abweichende Zugangsweise, um an dieser Stelle einmal ausdrücklich hervorzuheben, wie unselbstverständlich derartige materiale Bestimmungen des Menschen überhaupt sind: Vitoria »used the construction that mankind as a whole is a single republic with power to create law« (CW 23:114). Der Wille dieser Republik der Menschheit ist der Ausdruck des ursprünglichen Souveräns, der darin einmal und für alle Zeiten das *jus gentium* installierte, das rechtlich unwiderstehlich für jedwede reale politische Macht ist und bleibt – bzw. dessen Übertretung einer »mortal sin« (CW 23:115) gleichkomme. Dieser Begriff der einen Republik ist die materiale Definition des benötigten logischen Subjekts. Er ist einfach, aber zeitlich, was der metaphysischen Tradition, wonach Einfachheit ausschließlich den ewigen Dingen zukomme, widerspricht. Und er beantwortet das Problem der zwischenstaatlichen Politik in Europa und gleichzeitig dasjenige der interzivilisatorischen Konflikte in Amerika, die die Kolonialisierung und Eroberungswut dort hervorgerufen hatten. Jetzt konnte jede zur Debatte stehende politische Relation mit Blick auf dieses generale *jus gentium* geklärt werden, während es für die internen Affären der Europäer genug Handlungsspielraum für Separatlösungen gab. Insbesondere konnten spezielle Zusatzannahmen mit Blick auf den Personenkreis der christlichen Fürsten und Staaten eingeführt werden, wenn dies notwendig würde.

Aber das ist noch nicht alles, was Voegelin bei Vitoria an ›Innovationen‹ entdeckt. Wenn Vitoria den Begriff einer Republik benutzt, so macht er dies in kollektiver Supposition – als wäre es ein einfaches Ganzes. Rousseaus Idee einer natürlichen *perfectiblité* der natürlichen Talente des Menschen, um den vorangegangenen Vergleich noch einmal zu bemühen, wird in distributiver Supposition angewandt – also als eine Eigenschaft, die allen gemeinsam, aber in jedem einzelnen bereits vollständig aktualisiert ist. Und obwohl dies nur nach einem minimalen Unterschied auszusehen scheint, wie er allein für eine logische Spezialbetrachtung von Bedeutung wäre, erwachsen ganz genau hieraus die problematischen Konsequenzen, die Vitorias Begriff einer Republik der Menschheit mit sich bringt: Sie wird zu einer abstrakten Größe. Das bedeutet dann, dass es einer besonderen Zugangsweise bedarf, um das in ihr gespeicherte Wissen abrufen zu können; eine universale Vernunft mit einer Einsicht in das Wesen einer solchen Republik wie bei Thomas von Aquin gibt es für Vitoria schließlich so nicht mehr.

Der Fürst bzw. die Person, die politisch in der Pflicht steht, muss sich also dringend nach einer Antwort auf die Frage umsehen: Wie kann das *jus gentium*, das durch die Republik eingesetzt wurde (und *per constructionem* eben nicht zu den überzeitlichen Wahrheiten gehört), erkannt werden, wenn es nicht jedem konkreten Menschen angehört, sondern in einer abstrakten Entität liegt? Und genau hier präsentiert Vitoria eine Antwort, die ein Großteil der Tradition der politischen Philosophie teilen wird: der »*sa-*

piens« (CW 23:118).[13] Insbesondere entgegen der stoischen Tradition, der dieser Terminus entspringt und in der Sokrates als die prototypische Verkörperung des Ideals eines gelungenen Lebens gilt, definiert Vitoria den ›weisen Mann‹ nicht durch die *Substanz* seiner Seele, sondern anhand der *Services*, die er leisten wird. Der ›Weise‹ wird jedes Für und Wider in Betracht ziehen und zu einem ausgewogenen Urteil gelangen, was beispielsweise auch die Rechtmäßigkeit von Militäraktionen anbelangt.

Dieser *sapiens* hat freilich keine reale Macht, sondern nur dasjenige, was Kant später als die Freiheit der Feder bezeichnen wird. Und umgekehrt wird der Weise bei Vitoria eine Reihe weiterer Anforderungen erfüllen müssen, die ihn als solchen qualifizieren. Ähnlich wie bei Thomas von Aquin sind dies ein christlicher Geist, vor allem aber, dass er nunmehr ein Spezialist der »legal technique« (CW 23:121ff.) sein müsse. Ganz im Gegensatz zu Thomas schlägt sich dies in der Fähigkeit nieder, den Sieger eines Konflikts in seinem Tun zu rechtfertigen, damit immer nur die gerechte Sache (mit Gott auf ihrer Seite) obsiegen kann, während hingegen die böse Seite verlieren müsse (vgl. CW 23:119) – wie auch immer ein solches göttliches Wirken in einem ›fallen state‹ möglich sein soll.

Darüber hinaus finden sich noch weitere Distinktionen, die Vitoria im Rahmen der Charakterisierung des *sapiens* postuliert: er hat eine »necessary function because princes do not conduct wars in bad faith but are convinced of the righteousness of their cause.« (CW 23:118) Darin findet Voegelin nicht nur den *modus operandi* einer Recht-

13 Voegelins Kritik am Konstrukt des *sapiens* ist auch insofern instruktiv, als dass viele Ansätze ein Argument bemühen, das auf einem Menschen mit dem natürlichen Licht der Vernunft bzw. mit gesundem Menschenverstand oder auch auf einem Mitglied einer (kontrafaktisch antizipierten) herrschaftsfreien Diskursgemeinschaft beruht und somit demjenigen vom *sapiens* im Prinzip ähnelt.

fertigung *ex post*, sondern auch eine recht frühe Form von Gewaltenteilung. Natürlich bleibt der *sapiens* (als die einzige Stimme, die die Republik hat) nach wie vor gleichsam Richter und Gesetzgeber in Personalunion. Aber die exekutive Gewalt wird klar und mit Notwendigkeit von den beiden anderen abgetrennt. Es erscheint dabei durchaus vernünftig anzunehmen, dass der Weise eine solche Funktion rechtmäßig ausfüllen kann, da ihm als Weisen eine wahre Einsicht in die Republik und ihren Willen zukomme. Wollte man diesen Gedankengang zusammenfassen, so kann man sagen, dass er die Republik *repräsentiere*, da ja jeder Weise zu denselben unvoreingenommenen Schlüssen gelangen müsse. (Glücklicherweise, so mag man mit Voegelin polemisieren, war angesichts des ›Problems mit den Indianern‹ in Person von Vitoria jemand zur Stelle, dem diese quasigöttliche Aufgabe des Weisen anvertraut werden konnte.)

Was sich bislang abzeichnet, ist eine Ansammlung von Kasuistik. Aber was daran erfüllt das Kriterium, als modern zu gelten? Worin besteht dieses Kriterium allgemein betrachtet überhaupt?[14] Sicherlich wird es nicht einfach die blinde Rechtfertigung des militärischen Siegers sein. Ebenso wenig der Charakter der Selbstermächtigung in der Einführung der Figur des *sapiens*. Und schließlich wird es auch nicht die Tradition eines formalen Souveränitätsbegriffs sein, der ins Abstrakte abgleitet. Diesen Momenten fehlen nach Voegelin noch immer die beiden Hauptmomente dessen, was Modernität ausmache.

Zunächst einmal sei auf die pragmatische Anwendung der Theorie hingewiesen, die einer modernen Theorie zugrunde liegt. Dies ist zwar noch nicht ihr Prinzip, aber dennoch ein wesentlicher Teil ihrer Signatur. Hierbei handelt es sich um das Kriterium der »reciprocity« (CW 23:124), das aus der einen, der gesamten Menschheit gemeinsamen

14 Vgl. Jene M. Porter: *The Birth of Modernity*, 807.

Republik deduziert wird.[15] Der Weise kann so verschiedene Prinzipien anhand dessen überprüfen, ob sie in jeder gegebenen Situation dem Kriterium der Reziprozität genügen.

Wie darf man sich das vorstellen? Im Fall der ›Indianer‹ könnte eine Vielzahl von Rechten entwickelt werden, aus denen dann die entsprechenden Gesetze hergeleitet werden könnten. Aber diese Rechte der Menschheit konnten *de facto* nur von den Spaniern ausgeschöpft werden, während die ihnen korrespondierenden Pflichten den Ureinwohnern Amerikas gleichermaßen auferlegt wurden. Dies sind insbesondere das Hospitationsrecht (im Gegensatz zu den Völkern Amerikas verfügte die spanische Seefahrt über die hierzu geeigneten Schiffe) sowie der Respekt und die Garantie der Unversehrtheit von Besuchern (die für die ›Indianer‹, die nach Spanien gekommen wären, ebenfalls zu gelten hätten, obwohl jedermann diesen Fall natürlich faktisch ausschließen konnte).

Dementgegen, dass man heutzutage angesichts einer derart einseitigen Reziprozität erschrocken sein wird, ist sie eigentlich »not one-sided« (CW 23:125). Sie ist ganz im Gegenteil vollkommen ausgeglichen, wenn man alle vermeintlichen Ungerechtigkeiten als Voreingenommenheiten und Perspektiven, die das Urteil des Weisen nicht trüben dürfen, beiseiteließe. Das thomasische Prinzip der Fairness gehört schließlich nicht zum Kanon der Tugenden des *sapiens*.

Das Prinzip der Reziprozität in seiner bloßen Formalität wird von Voegelin als das Symptom einer Moderne präsentiert, die auf den Erfahrungen hinter der Idee des »beatus possidens« (ebd.) beruht. Weltpolitisch führt dies zu dem »sentiment of the white man's burden« (CW 23:128), da dieser als erster in der Geschichte, analog zum *sapiens*, die ›Services‹ der Mission und Verbreitung der (christlichen) Kultur und Zivilisation ausüben konnte; nichtsdestowe-

15 Voegelins Zurückweisung der Reziprozität verweist auf ein Argument von Augustinus (vgl. *De Civitate Dei*, Buch 7).

niger bleiben alle Menschen, Völker und interzivilisatorischen Religionsgemeinschaften formal gleich und gleichwertig in diesen Rechten.

Daher wird man, um die Legitimität eines bloß formalen Reziprozitätsarguments verstehen zu können, nachfragen müssen: Welches Prinzip kann hinter so einem Verständnis von Politik und Recht stehen – ein Prinzip, das zu den wirkmächtigsten Evokationen aller Zeiten gehört? Freilich wird man es in der Idee der Republik suchen müssen, allerdings nicht in dem Begriff selbst, sondern in seinem Ursprung. Noch Thomas von Aquin entwickelte das Konzept eines universalen Rechts und bemühte sich um eine konsistente Ausdifferenzierung. Im Falle Vitorias bemerkt Voegelin hingegen eine umgekehrte Abfolge der zu Gedanken weitergetragenen politischen Symbole:

> The formulation [der Republik; T. N.] is of theoretical interest insofar as it *reverses* the process in which the idea of the closed secular state has grown. The idea of the closed state (arose) through the *transfer of the universal characteristics* of the mystical body of Christian mankind to the parochial, national communities. Now, in the ideas of Vitoria and Suárez, we can observe an attempt to make the moral unity of mankind intelligible as an analogue of the closed, parochial state. (CW 23:115; Hervorhebungen T. N.)[16]

Der Universalismus bei Thomas von Aquin wird partikularisiert, indem es kein *Imperium sacrum* mehr gibt, auf das als politische Grundgröße Bezug genommen werden kann. Vielmehr nehmen die frühen Nationalstaaten (die einander alsbald reziprok als souverän anerkennen werden) einen prototypischen Modellcharakter an. Wenn man nun aber nicht mehr zwischen diesen Phänomenen auf der einen und

16 Die Ähnlichkeit zwischen Vitoria und dem späteren Jesuiten Francisco Suárez (1548-1617) wird bereits von J. B. Scott hervorgehoben (1934b:vi).

dem Prinzip der politischen Rechtfertigung und Argumentation auf der anderen Seite unterscheiden kann, wie Voegelin es Vitoria vorwirft, steigt auch die Wahrscheinlichkeit, den logischen Status der herangezogenen Beobachtungen zu vermischen. An diesem Punkt wird der partikularisierte Aspekt unmittelbar als ein *Element* der Wirklichkeit und nicht als ein *Teil* eines Ganzen erachtet.[17] Dieses Pseudoelement wird daraufhin generalisiert zu einem typischen Element der (politischen) Realität an sich. Und genau diesen zweistufigen Mechanismus sieht Voegelin hinter jeder Form von *politischer Repräsentation*, der in der Moderne zu einem bloßen *Konstrukt* verkommt, das sich nicht mehr der meditativen Einsicht in den Kern des Seins verdankt. Die Repräsentation basiert nicht länger auf einer »spiritual intenseness«, wie es für Thomas von Aquin und sogar noch

17 Zu diesem Problem im Rahmen der Rechtsphilosophie im Allgemeinen vgl. CW 27:8. Ein ›Element‹ ist eine Unterart des ›Partikels‹, die dadurch spezifiziert wird, dass im Unterschied zum bloßen Teil jedes Element wenigstens eine *Qualität* mit allen anderen gemeinsam hat (nicht nur die Relation, zu einem gewissen Verbund gezählt zu werden). Daher kann ein Teil, das Elementstatus besitzt, als typischer Vertreter angesehen werden, der ein bestimmtes Ganzes und seine Teile zureichend repräsentiert. Das Problem erwächst dann, wenn eine konkrete Selektion von Teilen als allgemein angenommen wird, obwohl sie es eigentlich gar nicht ist. Philosophisch tritt dies bereits ein, wenn eine generelle (empirisch oder normativ exkludierende) Beobachtung als universelle Eigenschaft des Seinsganzen angenommen wird. In der Tradition der politischen Philosophie (Platon, Aristoteles, Thomas von Aquin, aber auch Hobbes, Locke, Kant, Hegel etc.) wird der Status eines Partikels als Element im Rahmen der Anthropologie ausgewiesen (vgl. CW 27:52). Gemäß Voegelin stützt Vitoria seinen ›Beweis‹ für die Allgemeinheit lediglich auf die Akzeptanz politischer Fakten und Machtkonstellationen. In den ideologischen Ansätzen würden an dieser Stelle zudem pseudo-biologische Kräfte (Faschismus), pseudo-soziologische Strukturen (Sozialismus) oder pseudo-moralische Talente und Tugenden (blinder Liberalismus) bemüht werden.

für den fideistischen Wilhelm von Ockham galt; vielmehr ist es »not a great work of contemplation, but [...] a work of justification and rationalization« (CW 23:130).

Und solange Reziprozität als das Substitut für die Idee der thomasischen Identität fungieren kann, kann die rationale Generalisierung als ein Substitut für den meditativen Universalismus gelten, so dass die Modernität den Geist gegenüber wahrer Transzendenz verschließt: *Modernität ist* für Voegelin demnach *genau ein solcher Akt, indem ein Konstrukt* nicht mehr eine Erklärung der Wirklichkeit ist, das sich an ihr zu orientieren hat, sondern *zu einem Substitut für Realität erhoben wird.*

Dies ist der Grund, weshalb Vitorias Bemühen, den »Western Christian man as the model of humanity« (CW 23:115) zu installieren, von Voegelin als Prototyp für Modernität überhaupt angesehen wird. Diese Installation baut auf der dominikanischen Tradition der thomasischen Rechtsphilosophie auf, wählt aber die Realität der Gebilde, die als Vorformen der Nationalstaaten gelten dürfen, als Grundelement ihres politischen Denkens. Womöglich, so beschließt Voegelin seine Diskussion von Vitoria, ist dieser Begriff anthropologisch in einem *sentiment* verwurzelt, das »contains a will of self-assertion«: Anstelle der spirituellen Transzendenz wird das endliche und vereinzelte »self« betont (CW 23:135).

Das Recht, so zeigt sich, stellt für Voegelin also bereits während seiner zweiten Schaffensphase, der Arbeit an der *History of Political Ideas*, zum einen eine wesentliche Bezugsgröße dar, die die Kategorien der späteren Rechtsphilosophie nicht nur antizipiert, sondern anhand von historischen Persönlichkeiten und deren Werken vorwegnahm. Zum anderen wird das zentrale Ventil verfolgt, durch das sich die europäische Gesellschaft aus der sozialen und politischen Dispermeabilität der unvollständigen Artikulationen hin zur Evokation der Moderne entfalten konnte. Diese Ansätze sind und bleiben allerdings bis hierhin nicht nur von Voegelins spezieller Lesart und historischen Kontingenz abhängig. Sie sind vor allem nicht als Gesamtwerk veröffentlicht worden – und somit nicht als sein letztgültiges Verständnis autorisiert. Es gilt zu sehen, was er hiervon aufgegriffen und für eine spätere Publikation im Rahmen seiner Lehrtätigkeit wenigstens der kleinen Öffentlichkeit seiner HörerInnen am Stück präsentierte.

3. The Nature of Law – Das systematische Rechtsdenken Voegelins

In der Vorlesung *The Nature of Law* (1957) präsentiert Voegelin nun erstmals systematisch die Früchte seiner dreißigjährigen Beschäftigung mit dem Rechtsdenken.[18] Darin wird er beinahe alle historischen Anmerkungen beiseitelassen, die er zuvor in der *History of Political Ideas* ausgearbeitet hatte. Wie reichhaltig – und streitbar – diese Analysen sind, sollte aus dem vorangegangenen Abschnitt dieses Nachworts deutlich geworden sein. Voegelin kannte nicht nur philosophische Gedankenexperimente, die den Leser von *Die Natur des Rechts* womöglich erschrecken werden, sondern auch die vielen kleinen Dinge, die im Zusammenhang von Politik und Recht stattfinden, und die Schwierigkeiten, die die Rechtstheorie vermittelt über einen (teilweise weit davon abgesetzten) Gesetzgebungsprozess der anwaltlichen und richterlichen Praxis aufbürdet.

18 Neben den Hinweisen im ersten Abschnitt dieses Nachworts zu Voegelins Rechtsdenken wären beispielsweise zu nennen: Gerhart Niemeyer: *What Price »Natural Law«?*; Patrick H. Martin: *Natural Law: Voegelin and The End of [Legal] Philosophy*; Timothy Fuller: *Reflections on Voegelin on the Nature of Law*; Henrik Syse: *Ethics and Natural Law in Eric Voegelin's Anamnesis.*

Seine Vorlesung bricht mit allem, was zur damaligen Zeit üblich und auf dem Buchmarkt verfügbar war, wie er selbst in einem Brief an Kenneth Thompson von der *Rockefeller Foundation* einräumt – ein Antrag auf eine Forschungsförderung, um aus der Vorlesung ein Lehrbuch zu machen.[19] Voegelin diskutiert darin nicht die üblichen Grenzfragen der Rechtswissenschaft nach den ethischen Legitimationen und sozialen Motiven der Rechtsidee, sondern konzentriert sich auf die philosophische Grundlage dessen, was der Rechtsbegriff umfasst. Dabei fällt vor allem auf, dass er nicht zu einer philosophiehistorischen Museumsführung einlädt, sondern seinen Hörern im Rahmen einer Pflichtveranstaltung eine systematische Vorlesung mit schwierigen Überlegungen aufnötigt, die sich als Maßstab die zenonischen Paradoxien gewählt hat. Der Gewährsmann für diese Vorgehensweise wird dann auch klassisch Aristoteles sein – mit Seiten- und Rückblicken auf Platon.

Der Rechtsbegriff – Ein zusammenfassender Überblick vorab

Der Rechtsbegriff, den Voegelin vorlegt, ist hochgradig komplex, um so die historischen Entwicklungen wie auch die damit zusammenhängenden Paradoxien, die die Zeitlichkeit allen Dingen auferlegt, auflösen zu können. Seine Argumentation kann in fünf Schritten zusammengefasst werden, die der exegetischen Detailbetrachtung der Vorlesung und ihrer Interpretation der besseren Verständlichkeit halber vorangestellt werden sollen:

(1) Es gibt keine einfache Analogie zwischen den Naturgesetzen und dem Recht im Sinn der Jurisprudenz, da sie nicht dieselbe Art der ontologischen Spezifikation tei-

19 Brief vom 12. Dezember 1955.

len (vgl. CW 27:56). Während die Natur anhand von Begriffen wie Ursache und Wirkung oder Organismen erklärt werden kann, bedarf das juristische Recht eines expliziten Prozesses, um die normativen Prinzipien mit den positiven Rechtsregeln zu verbinden.

(2) Da es keine Analogie gibt, die von der Begründungsarbeit befreien könnte, kann das juristische Recht auch nicht einfach durch Verweis auf die apersonale Seinswirklichkeit gefasst werden, wie es eben im Fall der Naturgesetze mit methodologischer Notwendigkeit geschieht. Eine Rechtsphilosophie muss daher Orientierungsmarken ausweisen, um eine klare Sicht auf das Wesen von dieser Art von Recht zu erlangen. Der Wirklichkeitszusammenhang, der hier zugänglich ist, ist allein derjenige der menschlichen Erfahrungen mit dem Recht, die auf der Tatsache beruhen, dass das einzige juristische Recht, das wir kennen, dasjenige ist, das an Menschen qua Personen gerichtet wird (vgl. CW 27:58). Daher wird auch ein zeitgenössischer Rechtsphilosoph auf derartige personale Orientierungsmarken Bezug nehmen müssen. Traditionell sind diese Bezugsgrößen Gott und die Menschheit, die die Begriffe des göttlichen und des natürlichen Rechts unmittelbar mit sich führen.

(3) Aber diese beiden Begriffe, von denen wir ohnehin kaum mehr als überlieferte Symbolisierungen haben, stellen noch keine adäquate Antwort auf das Problem der systematischen und historischen Natur des Rechts dar. Es bedarf noch immer des Aufweises des konkreten Prozesses, in dem Recht gesetzt und der stets fehleranfällig sein wird (vgl. CW 27:59). Daher gilt es, zwischen dem Wesen bzw. der Essenz des Rechts und der Existenz konkreter Regeln zu unterscheiden. Dieser Unterschied bedingt eine Spannung zwischen dem göttlichen und dem natürlichen Recht auf der einen und dem positiven Recht auf der anderen Seite (vgl. CW 27:60). Es handelt sich dabei nicht einfach nur um

eine Spannung, wie sie durch die Utopien bspw. in Form von unbefriedigten Gerechtigkeitserwartungen erzeugt wird, sondern es ist die prinzipielle Sorge, dass die menschheitliche Intuition eines göttlich-natürlichen Rechtsgefüges insgesamt fehlerhaft sein könnte.

(4) Die relationale Unterbestimmtheit auf der abstrakten Ebene, die durch den Rechtsetzungsprozess begründet wird und letztlich zu der Sorge um die rechtliche Grundintuition führen kann, wird durch drei konkrete realhistorisch wirksame Kräfte verursacht: Macht, Vernunft und Offenbarung (vgl. CW 27:68). Damit verweist Voegelin implizit auf die drei Prinzipien, die als kosmologische, anthropologische und soteriologische Einsicht in die Natur der menschlichen Konsubstanzialität mit dem Geviert zugrunde liegen (vgl. CW 5:149ff.): die ontologische Einheit von Mensch, Gott, Welt und Gesellschaft (vgl. CW 27:43ff.). Um eine Relation auszuweisen, die die drei Einsichten befriedigend aufgreifen kann, gelte es, den Menschen in Beziehung auf die drei anderen Momente des Gevierts zu setzen (vgl. CW 28:74).[20]

Zusammenfassend lässt sich aus den ersten vier Schritten festhalten, dass es eine Distinktion zwischen Essenz und Existenz und zwischen der personalen Bezogenheit gibt, die sich auf die übernatürlichen und die natürlichen Normativitätsquellen aufteilt. Zusammen mit den drei Prinzipien der Konsubstanzialität – also wie der Mensch an den beiden Normativitätsquellen partizipieren kann – umfassen diese vier ersten Schritte dasjenige, was Voegelin die *ontologische Grundlegung des Rechts* nennt (vgl. CW 27:44).

20 Die drei Kombinationen lauten: (1) Mensch und Welt, die kosmologische Einsicht; (2) Mensch und Gesellschaft, die anthropologische Einsicht; (3) Mensch und Gott, die soteriologische Einsicht. Obgleich die beiden ersten im Lauf der Geschichte ebenfalls sakralisiert wurden, sieht Voegelin allein in der soteriologischen Einsicht die wahre Idee Gottes verwirklicht.

Selbstverständlich werden die von ihm im Text mehrmals zitierten ›gewöhnlichen Anwälte‹ sich niemals mit diesen Subtilitäten der Theorie herumschlagen – und wenn, dann sicherlich nicht in der Nähe eines Richters, vor dem sie einen realen Fall zu verteidigen haben (vgl. CW 27:11). Über diese Anwälte schreibt er bei anderer Gelegenheit, um das Bild abzurunden, übrigens:

> Lawyers are a noble and arrogant race. Filled with understandable pride by the practical importance of their profession, they all too frequently believe that if they master the law dogmatically they are sufficiently equipped to deal with it scientifically – which they are not. (CW 27:93ff.)

(5) Es geht um die Frage, wie die systematischen und die historischen Bewegungen der rechtlich verfassten Gesellschaft nun ineinandergreifen. Voegelin argumentiert in seiner Vorlesung gegen einige Theorien seiner Zeitgenossen, beispielsweise diejenige, die von einem Modell der verschiedenen Zivilisationen ausgeht (vgl. CW 27:42), oder diejenige, die das Recht als Befehlssystem auffasst (vgl. CW 27:57). Er selbst schlägt eine Gesellschaftstheorie des Rechts vor (vgl. CW 27:58).

Eine Gesellschaft umfasst nicht allein diejenigen Menschen, die synchron etwa einen Nationalstaat oder etwas ähnlich Modernes formen. Eine Gesellschaft besteht aus den Menschen, die einen *body political* bilden: Dies kann dann die Bevölkerung eines Nationalstaats sein, es können aber ebenso mehrere Völker oder sogar unterschiedliche Zivilisationen, wie sie zum Beispiel ein antikes Großreich bevölkerten, unter diesem Begriff versammelt werden. Gesellschaft bedeutet hier, dass Menschen dieselbe Idee des Rechts teilen, wobei Recht etwas ist, das von den positiven Gesetzen insofern unterschieden bleibt, dass sich letztere auf diese Idee des Rechts beziehen. Und innerhalb dieser plastischen Vorstellung der Gesellschaft, in denen all die verschiedenen Kräfte einander entgegen- und zusammenwirken, die den politischen Autoritäten sowie der menschlichen Vernunft und göttlichen Offenbarung entstammen, wird diese Idee alltäglich erfahren.

Dahinter steht keine idealistische Position, sondern vielmehr eine aristotelische Konzeption, die um einen *body political* bemüht ist – ›body‹ als der Stoff und seine Politisierung als die Form (vgl. CW 27:35). Die Disziplin, die hierzu zu befragen ist, ist demnach für Voegelin vor allem die *episteme politike* (vgl. CW 27:6). Aus der Staatstheorie ist somit eine Politikwissenschaft, die auf den Rechtsbegriff verwies, und aus dieser wiederum eine Vernunfteinsicht in den Rechtsetzungsprozess geworden, die an die antike Politikwissenschaft aristotelischen Zuschnitts anknüpft.

Folgt man nun Aristoteles, dann ist eine Substanz dann gegeben, wenn Stoff und Form zusammenkommen, sodass man den fünften Schritt dergestalt begreifen darf, dass er die Materialursache bestimmen soll, die es den Menschen erlaubt, mit der Formalursache der politischen Gesellschaft zusammenzustimmen (vgl. CW 27:55). Das Ziel dieser Zusammenstimmung, das Voegelin in der Vorlesung nicht explizit benennt und nach dem in aristotelischer Tradition analog zur Zielursache zu fragen ist, bestünde dann genau in der Idee der Konsubstanzialität. Was zum Verständnis der Substanzialisierung freilich noch fehlt, um die aristotelische Herangehensweise vollständig abzuschreiten, wäre eine Auskunft über die Wirkursache. Da sie ebenfalls nicht ausdrücklich genannt wird, gilt es sie nun zu extrapolieren bzw. aus dem Hintergrund des Voegelin'schen Rechtsdenkens herauszuschälen.

Jeder Rechtsetzungsprozess hat nach Voegelin zwei Dimensionen: eine philosophische und eine empirische (vgl. CW 27:53ff.). Das empirische Projekt umfasst die positiven Regeln, die die konkreten Handlungskategorien definieren und Sanktionen festlegen. Diese Sanktionen werden von den Menschen ganz konkret erfahren. Und diese Erfahrungen sind es, die Voegelin als einen wesentlichen Teil derjenigen *sentiments* verstanden wissen will, die die gesellschaftliche Verankerung der Menschen in der Realität besorgen (vgl. CW 27:44). Genau diese *sentiments*, die den Erfahrungen der Menschen mit dem positiven Recht erwachsen, sind es, die den Wandel einer Gesellschaft letztlich ausmachen und auf die ein fähiger Gesetzgeber zu reagieren hat. Flankiert wird der Gesetzgeber durch das Expertenwissen um die positiven Regeln einerseits und die Übereinstimmung mit der prinzipiellen Bedeutung menschlicher Existenz in der Wirklichkeit andererseits, wenn sie nicht durch Ideologien oder Träumereien verstellt wird (vgl. CW 27:53). Diese Form von Aufklärung, vornehmlich wo sie ihren tiefsten Blick auf die Wirklichkeit in meditativer Kontemplation erhascht, bezeichnet Voegelin als das philosophische Projekt.

Aufgrund dieser immanenten Doppelkapazität besteht die Wirkursache in nichts anderem als der Gesellschaft selbst, wie sie aus Menschen besteht, die in ihr und durch sie und auf sie zurückspiegelnd die rechtliche Spannung erfahren, die die Wirklichkeit unter der Ordnung des Gevierts dem Seienden existenziell abverlangt. Und umgekehrt wird so der Begriff der Konsubstanzialität als Partizipation des geschichtlich bedingten endlichen Seienden an der Ordnung der Wirklichkeit gleichermaßen durch philosophische Reflexion (die ewigen Wahrheiten) wie durch die *sentiments* des Alltagslebens (die geschichtliche Existenz) geschliffen und (ein Stück weit) geklärt. Der Schluss, den Voegelin hieraus zieht, besteht darin, eine Gesellschaft material nur anhand von Erfahrungen (und die sie adäquat ausdrückenden Symbolen) definieren zu können. Dieser Gesellschaftsbegriff, wie er gleichsam für die kleinsten Gemeinschaften bis hin zur ewigen Gemeinschaft der Seienden in der Gesellschaft des Gevierts gelten soll, wird als die einzige zureichende Bedingung für das Recht ausgewiesen, sowohl in seiner systematischen als auch historischen Verstehensweise.

Der Rechtsbegriff – Ein Blick auf Voegelins Argumentationsformen und -strategie

Der von Voegelin präsentierte Aufbau der Vorlesung umfasst (1) einen *Prolog*, (2) die eigentliche Untersuchung sowie (3) eine Zusammenfassung mit überraschender Schlussthese. Die Wichtigkeit des *Prologs* darf dabei analog zur Präambel einer Verfassung selbst gesehen werden, wenn Voegelin diesen Vergleich später in der Wertschätzung der Präambel bei Platon in den *Nomoi* (OG 6:264 und 6:303) bemüht. Gleichsam darf Rousseaus *Exordé* zum 2. *Diskurs* oder Kants vorangestellte Definition des Rechtsbegriffs in der *Metaphysik der Sitten* in diesem Zusammenhang genannt werden, deren philosophische Darlegungen ebenso wie Voegelins Rechtsphilosophie eine überraschende Wendung nehmen und die Gegenwart ihrer Hörer eben nicht als eine Zeit der guten Gesetze darstellen werden, sondern als eine der Dekadenz der natürlichen Tugend des Menschen bzw. eine Zeit der Aufklärung, die aber weit davon entfernt ist, bereits als aufgeklärt gelten zu dürfen.

Um nun zunächst die Voegelin'sche Argumentationsweise zu kennzeichnen, muss als das zentrale Scharnier der Begriff einer Analyse selbst genannt werden. Wie Martin Heidegger (1889-1976) sich darüber entrüstet hat, dass es eine Seinsvergessenheit gebe, die darin gipfele, dass der Mensch nicht mehr denke, so moniert Voegelin an erster Stelle, dass die Rechtswissenschaft nicht mehr in der Lage sei, ihren philosophischen Unterbau integrativ einzubeziehen, weil und indem sie einen ungeprüften (oder schlechtweg kommoden) Analysebegriff verwende. Ganz in Opposition zu Heidegger stehen dann freilich Voegelins inhaltliche Einsichten in das Sein – und dennoch ist diese Empörung im Ausgang eine auffällige Gemeinsamkeit dieser beiden Philosophen, die ihre jeweilige Wissenschaft mit einem auf Max Scheler zurückgehenden Verständnis der Phänomenologie neu begründen wollen. Voegelin kennzeichnet eine Analyse folgendermaßen: »Analyse ist die Suche nach dem Wesen.« (NR:19)

Sein Verständnis der ›Analyse‹ als *Suche nach dem Wesen* geht über die Wortbedeutung der *Zergliederung* hinaus und lehnt sich an das Substanzparadigma an, das er bei Platon und Aristoteles gefunden zu haben meint. Damit wird es ihm möglich, einen unausgesprochenen Bogen zu seinen anderen Arbeiten zu schlagen, die er insbesondere im Spätwerk unter dem Titel *In Search of Order* nochmals am präzisesten auf den Begriff bringen wird. Dieser Titel zitiert dabei zugleich die Übersetzung von ›Philosophie‹ aus Platons *Timaios* (OG 6: Kap. 5, Nr. 3), die auch an dieser Stelle erhellend sein dürfte: Analyse ist qua philosophische Analyse die Suche nach dem Wesen als der Ordnung der Seienden im Sein.

Die Ordnung der Seienden im Sein – das mag für jemanden, der sich mit dem unangenehmen Bohren des Anwalts der Gegenpartei und den günstigen oder ungünstigen Entscheidungen eines Richters auseinanderzusetzen hat, kaum anders als ein abstraktes Meißeln an den Verzierungen eines Elfenbeinturms erscheinen. Und doch sieht Voegelin gerade darin den Zugang zu den Problemen auf der Grundlagenebene, wie er konkreter nicht sein könnte. Denn das Sein der Seienden wird nicht beliebig reflektiert, sondern mit Blick auf eine ganz konkrete Eigenschaft, die dem Recht offenbar innenwohnt. Mehr noch: Wenn etwas dem Recht überhaupt innewohne, dann doch wohl gerade dies: die Geltung.

Liest man jedoch weiter, so wird die Geltung unmittelbar auf das Problem zurückgespiegelt, wonach Geltung immer noch nur ein Indiz sei, kein exakter Beweis dessen, dass es etwas gebe, das dem Recht nicht nur innewohne, sondern ihm auch wesentlich zukomme:

> Die Geltung einer Regel, ihr normativer Charakter, ist Teil ihres Sinngehalts. Aber sie verleiht ihr keinen ontologischen Status. (NR:33)

Dennoch vertritt Voegelin keine Skepsis gegenüber dem Recht, wie es die Provokation des *Prologs* hätte vermuten lassen können, sondern bezieht sich auf die von Aristoteles in der *Topik* vorgeschriebenen Argumentationsformen, die für ein Thema, das wie die Rechtsphilosophie außerhalb der strengen Wissenschaften angesiedelt ist, angemessen erscheint.[21]

Die Geltung ist somit nicht bereits als das Wesen des Rechts erkannt, sondern nur als sein Primärphänomen aufgezeigt. Welche Brisanz liegt darin? Voegelin orientiert sich an einer Eigenschaft des Rechts, die einem Juristen, der sich (wie alle seine HörerInnen) mit dem angelsächsischen Case-Law befasst, eher entgegenkommen wird, obgleich diese Konjektur nicht an der Geltung des Arguments rührt. Die Singularität der Rechtsgeltung steht dabei keineswegs im Gegensatz zum systematischen Rechtsdenken, wie es u.a. den Neukantianismus kennzeichnet (insbesondere eben auch Kelsen, der alle Geltung von der hypothetischen Grundnorm *ableitet*). Bereits Voegelins erster Amerikaaufenthalt dürfte dafür entscheidend gewesen sein, seine Perspektive dergestalt zu ändern, dass er die systematische Form von der Geltungsfrage unterscheidet und stattdessen materiale Assoziationen anführt. Das Gerichtsurteil, das die Geltung mit dem Rechtskorpus assoziiert, steht hierbei in Analogie zu den Erfahrungen der Menschen, die

21 Zum Begriff der Analyse in diesem Kontext vgl. OG 7:84.

die politischen Ideen und Symbole zur Geschichtlichkeit verweben. Und umgekehrt wird man ebenfalls sagen müssen: Wenn man eine Theorie begründen will, dann kann man nicht mit einem fertigen System ansetzen, das methodologische wie materiale Prinzipien – und sei es die reine Formalität als dieses materiale Prinzip – bereits annimmt und somit seinen Gegenstand gleichsam innerhalb seiner wissenschaftstheoretischen Grenzen und Voramnahmen konstruiert. Damit könnte man dann zwar eine immense Konsistenz generieren, die stabile Geltungsstrukturen entfalten wird, aber es erlaubt eben überhaupt gar keine Aussage darüber, ob das Recht seine Geltung nicht nur *de facto* durchzusetzen vermag, sondern ob es auch wahr ist, dass diesem Recht Geltung zukommt. Die Geltungsfrage ist insofern nämlich eine doppelte: einmal diejenige nach der faktischen Geltung in einer Gesellschaft, dann aber auch diejenige danach, ob diesem Recht Geltung zukommen soll. Die Geltung des Rechts ist somit stets doppelt codiert.

Fragt man nur nach der faktischen Geltung, gelangt man zu einer Analyse der Machtfrage – Voegelin hatte dies in seiner Staatswissenschaft bereits problematisiert. Fragt man nur nach dem Wesen des Rechts, so kann man beliebige Konstruktionen vortragen, die eine unangreifbare Konsistenz entfalten können, aber keinerlei Bezug zu den historischen und gesellschaftlichen Kräften haben müssen. Erst das Phänomen der Geltung, das immanent beide Komponenten abbildet, erlaubt es an dieser Stelle, eine Argumentation mit Blick auf beide Dimensionen des Problems zu entspinnen.

Die Frage, was nun die Geltung sei, darf jedoch keineswegs als zu simpel angesehen werden, da selbst hier wiederum die Alltäglichkeit die Fallen der Gewohnheit und der als gut/optimal erfahrenen Umstände und Lösungen aufgestellt hat. Die Wahrheit einer Beobachtung kann unstrittig sein, also ob die Aussage p einen Sachverhalt P einwandfrei beschreibt. Damit ist allerdings noch nichts darüber ausgesagt, ob p ebenfalls eine legitime Aussage ist, um sie als Beleg im Rahmen einer bestimmten Analyse vortragen zu dürfen.[22]

Die Geltung ist nicht durch jedes Einzelurteil herauszudestillieren, so dass man einfach einen transkulturellen Quer- und historischen Längsschnitt machen müsste, um

---

22 Voegelin bemüht einen disjunktiv-hypothetischen Schluss (insbesondere S. 10):

Entweder A oder B,
nun aber nicht A,
also B.

Interessant ist dabei, dass er nicht die Beobachtungen, sondern die segmentierten Beobachtungen mitsamt den darauf aufbauenden Schlussfolgerungen betrachtet, um sie gegeneinander auszuspielen:

Entweder A_{These} oder B_{These},
nun aber nicht A_{Folge},
also <entfällt>.

Damit umgeht er das Problem der negativen Reziprozität, wonach sich die *Beobachtungen* wechselseitig kritisieren müssten, indem er sie in einen sokratischen Dialog einbindet, dessen Re-Entry-Punkt die naive logische Konsequenz weglässt und direkt nach dem Paradigma der Fragestellung fragt (i.e. Dekonstruktion). Die hermeneutische Vorverständigung darf an dieser Stelle nicht missverstanden werden, wonach es doch billig wäre, dass man an die Beobachtungen nichts herantragen dürfe. Im Gegenteil handelte es sich doch gar nicht erst um Beobachtungen, sondern um Beobachtungen mit analysierten Folgen, also um vollständige Thesen, die in eine Disjunktion gerückt wurden. Der sokratische Schritt nun, den Hypothesencharakter der Disjunktion zu hinterfragen, erlaubt es, die bereits gebrochene Hermeneutik zurückzugewinnen, indem die Art und Weise des Konsequenzenableitens ebenfalls nochmals reflektiert werden muss. Darin kommt es nun dazu, dass nicht mehr bereits bearbeitete Beobachtungen, sondern tatsächlich die Beobachtungen selbst wieder in den Blick treten. Unbearbeitete Beobachtungen können schließlich gar keine Disjunktion darstellen, da eine Disjunktion als logische Konstellation immer zwischen Begriffen besteht, nicht zwischen Beobachtungen. Indem die Disjunktion gebrochen wird, werden die Beobachtungen wiedergewonnen – und somit eine hermeneutische Redlichkeit überhaupt erst ermöglicht.

im Sinn der mathematischen Mengenlehre den Grundkörper zu einem Rechtskalkül aufzustellen, den man dann hochtrabend (und unter Ignoranz aller Pferdefüße, die das mathematische Modell birgt) als *pure body political* bezeichnen könnte. Es ist vielmehr ein bekannter Fehlschluss, dass man jemanden vom Falschen überzeugen kann, indem man ihn dazu nötigt, Prämissen zu bestätigen, die mit einem Thema nur teilweise zusammenhängen, so dass aufgrund der Vielheit an Aussagen auf einmal aus denjenigen Prämissen gefolgert wird, die eigentlich nicht angemessen sind. Die prinzipielle Legitimität der Beobachtung bedeutet also eigentlich, dass Voegelin das angemessene Modell bzw. die angemessene Diskussionsgrundlage sucht, bevor er über die Wahrheit des Rechts aus wahren Beobachtungen schlussfolgern kann (vgl. Platon: *Politikos*, 279a). Diese Aufgabe dürfte nunmehr jedoch alles andere als einfach erscheinen, was mit Blick auf die Klassiker derartiger Analysen der Vorlesung vorangestellt wird:

> Eine Untersuchung über die Natur des Rechts ist mit Argwohn gegenüber ihrer Machbarkeit belastet, da die klassischen Philosophen, Platon und Aristoteles, gar keine Rechtsphilosophie kannten. (NR:13)

Fragt man also nach dem Recht, dann wird man nicht umhinkommen, den Begriff der Geltung dergestalt zu verfolgen, wie die klassischen Philosophen ihre Begriffe verfolgt haben, deren Klärung auf demselben grundlegenden Niveau angesiedelt war. Eine der schärfsten Herausforderungen, die die philosophische Argumentationsweise kennt, um sich über Begriffe und Theorien ihrem Sinn und Gehalt nach zu verständigen, ist die dialektische Zuspitzung. Diese Tradition ist sogar älter als die bislang benannten Klassiker des vierten vorchristlichen Jahrhunderts, wenn sie mit den Extrempositionen der ewigen Identität (Parmenides, etwa 540-475) oder der ewigen Nichtidentität (Heraklit, etwa 520-460) referenziert wird. Unter den Sophisten ist insbesondere Zenon von Elea (ca. 490-430), ein Schüler des Parmenides, zu nennen, dessen Formulierungen der Identitätsthese wesentlich auf die platonische Schule eingewirkt haben und freilich auch bei Aristoteles eine der wichtigsten Diskussionen in dessen Gesamtwerk einnehmen. Und so erklärt Voegelin:

> Keine Rechtstheorie kann aufgestellt werden, ohne in ein zenonisches Paradoxon zu münden, wenn die Theorie auf der Vermutung beruht, dass die Rechtsordnung ein Aggregat geltender Regeln oder Normen und nichts anderes als so ein Aggregat sei. (NR:33)

Damit springen wir gleichsam schon mitten in die Debatte um das Wesen des Rechts, das hier in einer seiner möglichen Interpretationen benannt wird. Die *Bündeltheorie* besagt, dass es nichts Weiteres sei als die Gesamtheit der jeweils geltenden Regeln. Was das Recht, das noch im Entstehen ist, oder dasjenige, das schon nicht mehr Grundlage eines Urteils werden kann, aber dessen Wirkungen in der Gesellschaft natürlich noch gegenwärtig spürbar sind, sei, bleibt hiervon unberührt. Diese Identität der Umstände, auf die das Recht unabhängig von seiner aktuellen Geltung wirkt, wird von den Mitgliedern einer Gesellschaft als ein Teil dessen, was Recht ist, konkret und täglich erfahren. Es kann nicht sein, dass eine Theorie des Rechts dieses Faktum leugnen muss, wenn sie erklären will, worin Recht seinem Wesen nach besteht und wie es alle seine Formen der doppelt codierten Geltung entfalten kann.[23]

23 Voegelin vermeidet so zudem einen der Grundfehler einiger Rechtstheorien, ungeprüft den alltagsrealistischen oder physikalischen Zeitbegriff zu übernehmen. Dass keiner dieser beiden Zeitbegriffe – beim physikalischen handelt es sich zudem häufig nicht einmal um einen ordentlich angeglichenen, sondern um den vorrelativistischen Zeitbegriff – überhaupt für sich in der Wissenschaft überzeugen kann, ist klar. Dass man so jedoch zugleich ei-

Die Antwort hierauf liegt darin, dass das Recht wesentlich mehr sein muss als das Aggregat der jeweils geltenden Gesetze und Verordnungen. Die Frage nach der Identität des Rechts – ein Hauptkriterium dafür, dass es ein Wesen haben könne – hat zu den Erscheinungen von Werden und Vergehen geführt, wie es in der naturphilosophischen Metaphysik regelmäßig der Fall ist. Allerdings ist eine Antwort in Form einer naturalistischen Analogie keineswegs hinreichend. In der Natur gelten Gesetze, die man erkennt, die man aber nicht vor dem Hintergrund der zweiten Dimension der Geltung erst machen musste. Und ihre Geltung ist ferner unwiderstehlich, während hingegen das Recht die Missachtung der Geltung nicht nur kennt; eine seiner Hauptaufgaben besteht geradezu darin, diese Missachtungen zu antizipieren und ggf. als Verstöße oder Verbrechen zu kategorisieren und zu sanktionieren. Dies entspricht dann der ersten Dimension der Geltung, wie sie die Naturgesetze ebenfalls nicht kennen.

Der Ausweg, den diese Schwierigkeiten bergen, liegt genau in ihrer Mitte, nämlich den Begriffen der Gesetzgebung und der Verstöße. Allgemeiner kann man diese auch unter die Termini fassen, dass es einerseits um die Rechtsetzung, andererseits um die Verstöße gegen die gesellschaftliche Ordnung gehe, wie sie das Recht sicherstellen soll.

> Daher müssen wir der Annahme den Vorzug geben, dass der Rechtsetzungsprozess Sinn ergibt, und zwar als ein Instrument zur Sicherung der Substanz der Ordnung, die einer Gesellschaft wesentlich innewohnt. (NR:45)

---

nen ungerechtfertigten Naturalismus ins Recht hineinträgt, kann nur durch einen Griff umgangen werden, wie ihn Voegelin hier versucht. Damit nimmt er in bezeichnender Form den Zeitbegriff vorweg, den später bspw. Niklas Luhmann für die allgemeine Systemtheorie verwenden wird.

Und geht man noch den kleinen Schritt weiter, dass dies das gemeinsame Zentrum der Probleme der beiden Dimensionen der Geltung angesichts der metaphysischen Paradoxien ist, kann beides auch folgendermaßen synthetisch gefasst werden:

> Der Rechtsetzungsprozess hat Teil an der Natur des Rechts, insofern er dem Zweck der Sicherung der Substanz der gesellschaftlichen Ordnung dient. Und die gesellschaftliche Ordnung ist das Gebiet, in dem wir die Natur des Rechts zu suchen haben. (NR:46)

Der Rechtsetzungsprozess ist substanziell an der Ordnung der Gesellschaft, in der die Geltung des Rechts unleugbar erfahren wird, beteiligt. Er ist ihre stabilisierende Garantie, insofern Menschen entsprechende Garantien möglich sind – nämlich unter Berücksichtigung der Verstöße gegen die Geltung des Rechts und somit gegen die durch es ausgedrückte Ordnung. Das Recht, sollte es ein Wesen haben, kann somit nur innerhalb der Wirklichkeitssphäre der Substanz der Gesellschaft gefunden werden. Und das ist nicht zu unterschätzen:

> Wir beschäftigen uns mit einem Problem, das selbst einen Aristoteles in die Irre geführt hat. Wir müssen äußerste Vorsicht walten lassen, indem wir auf jeden einzelnen Schritt der Analyse achtgeben. (NR:60)

Wie zuvor das Aggregat jeweils geltender Regeln als Lösung für das Identitätsproblem und *a fortiori* als mögliches Verständnis für das Wesen des Rechts ausgeschlossen werden konnte, so müssen nunmehr Verständnisse dessen, worin das Wesen bzw. die Substanz der Gesellschaft liegt, diskutiert und ausgeschlossen werden:

> Für Aristoteles hängen die Antworten auf Fragen dieser Art von der Antwort auf die ultimative Fragestellung ab: Wollen wir von einer Polis als derselben Polis sprechen, solange das Volk und sein Wohnsitz derselbe bleiben, ungeachtet des

> Faktums, dass die Mitglieder der Polis selbst einen Fluss der Generationen darstellen, einen Fluss von Menschen, die in die Existenz treten und sterben, und daher von einem Tag auf den anderen niemals dieselben sein werden? (NR:58)

Aristoteles habe in diesem Punkt versagt, meint Voegelin, da er Stoff und Form der Polis nicht hinreichend klar ausgewiesen, die politische Wirklichkeit somit nicht deutlich erklärt habe.

> Der Ausgang aus der Aporie eröffnet sich nun im Augenblick der Einsicht, dass die Rechtsordnung, die keinen eigenen ontologischen Status hat, Teil desjenigen Prozesses ist, durch den eine Gesellschaft sich selbst zur Existenz bringt und sich in einer geordneten Existenz erhält. (NR:65f.)

Um den von Aristoteles hinterlassenen Mangel zu beseitigen, bemüht Voegelin die zuvor als frühneuzeitlich bestimmten Mittel zur Dekonstruktion eben der aristotelischen Analyse, wenn er auf das Defizit in der Frage nach dem Prozess insistiert, durch den eine Gesellschaft ihre Existenz geordnet erhalten will. Dies wird als der Rechtsetzungsprozess identifiziert, in dem die beiden Dimensionen der Geltung zusammenkommen. In ihm werden die ideellen Anforderungen an die Mächte zur Durchsetzung der rechtlich gefassten Ordnungsvorstellungen geschmiedet.

Diese Fragestellung, die zuvor an das Werk Jean Bodins (1529-1596) geknüpft wurde, ist also keineswegs zu denjenigen zu rechnen, die seit den *Politischen Religionen* unter dem Eintrag Thomas Hobbes (1588-1679) die Kette zur Modernen Gnosis energetisiert haben sollen. Hobbes markiert auf Voegelins historischem Seismographen den Zeitpunkt, an dem die anreicherbare, integrative Analyse im Medium der *episteme politike* in die exkludierende, nach Dichotomien strebende oder sie erkünstelnde Sezierung des Politischen umkippte.

Der vorangegangene Ausblick auf die Rechtstheorien der *History of Ideas* kann an dieser Stelle zudem flankierend hinzugezogen werden. Im Rahmen der Analysen zu Vitoria entdeckte Voegelin damals das Prinzip modernen Rechtsdenkens im pseudo-elementaristischen Reziprozitätsbegriff. Dieses Argument kommt nun ebenfalls hintergründig zum Tragen. Reziprozität bedeutet im geschichtsphilosophischen Zusammenhang, dass zwei Positionen durch wechselseitige Anerkennung ihrer Gleichheit den moralischen oder sozialen Fortschritt begründen könnten. Tatsächlich bleibt dieses Argument aufgrund seiner Formalität jedoch mangelhaft, da es so keine Ordnung des Guten geben müsse, sondern nur irgendeine Ordnung entstehen könne. Voegelins Gewährsmann hierfür ist freilich Augustinus mit seiner Kritik am *Do-ut-Des*-Prinzip,[24] aber auch bspw. Kant oder Hegel hätten hier erwähnt werden dürfen. Wenn Voegelin nun betont, dass durch die Reziprozität innerhalb der zeitgenössischen Rechtsphilosophie eine Isosthenie (ein Gleichgewicht der Argumente) in der Debatte entsteht, dann handelt es sich vor diesem Hintergrund um die doppelte Abwertung, dass sie nicht nur nicht zum Guten fähig, sondern noch nicht einmal selbst zum Schlechten geeignet ist, wenn sie nicht einmal die Reziprozität zum argumentativ einfachsten Ergebnis, den Kompromiss, hin auslegen kann. Reziprozität ist aber nicht nur das Rezept von Vitoria, sondern auch von Hobbes gewesen. Diese einfache Mechanik, auf einen relationalen Zusammenhang von sich balancierenden Trägern von Anerkennung zu rekurrieren und mit diesem abstrakten Terminus die Begründungsnot abzubrechen, scheidet für Voegelin genuin aus. Seine Suche nach dem Prozess der Ordnung der Gesellschaft verlangt somit, um es direkt zu sagen, nach einem substanziellen

24 Vgl. *De Civitate Dei*, Buch 7; vgl. Voegelin: *Die Neue Wissenschaft*, Kap. 3, Nr. 3 u. 4.

Ausdruck. Die Frage nach der Substanz der Gesellschaft, deren Ordnung nicht nur theoretisch, sondern erfahrbar gefordert wird, lautet dann:

> Wie ist es ontologisch überhaupt möglich, dass Regeln eine Funktion innerhalb des Daseins einer Gesellschaft und ihrem Ordnungsprozess haben? (NR:66)

Die Antwort fällt mit Verweis auf ein Phänomen sehr kurz aus:

> Aufgrund seiner Existenz hat der Mensch Erfahrungen der Partizipation an einer Ordnung des Seins, die nicht nur ihn selbst, sondern auch Gott, die Welt und die Gesellschaft umfasst. (NR:74)

Glaubt man Voegelin an dieser Stelle, dann kann man seinen weiteren Ausführungen einfach folgen. Zweifelt man jedoch an einer solchen pauschalen Urerfahrung, muss man sich nach Hinweisen umsehen, woher er dieses Phänomen genommen hat und wie er es verstanden wissen will. Diese Frage leitet jedoch von der methodologischen Analyse bereits über zur Auslegung der inhaltlichen Position, die im nächsten Abschnitt besprochen werden soll.

Die religiösen und anthropologischen Konsequenzen des Rechts – Hinwendungen und Fingerzeige zu einer Interpretation

> Wenn die Gesellschaft und ihre Ordnung nicht mit einer gegebenen Machtkonstellation und ihrem Rechtsetzungsprozess identisch sind, wie weit müssen wir dann in die Ordnung der Gesellschaft noch vordringen, um die letzte Einheit zu finden, von der die gegenwärtigen Machtkonstellationen nur Unterteilungen sind? (NR:71)

Die Antwort hierauf ist von erstaunlicher – wenn nicht sogar erschreckender – Weite. Voegelin geht auf die Grundintuition aller Gesellschaften, denen der Mensch angehört, zurück und spiegelt auf sie die Frage nach den beiden Dimensionen des Phänomens der Geltung. Der Mensch hat Regeln, die er an sich als Person von einer Person unabhängig von deren individuell-einmaliger Persönlichkeit in einer realen Situation zu einem gegebenen Zeitpunkt (genau genommen: für eine konkret erfahrene Dauer) gerichtet vorfindet.

> Regeln können dazu verwendet werden, die Gesellschaft zu ordnen, da die Ordnung der menschlichen Existenz in Gesellschaft den Charakter der Dauer hat. (NR:72)

Diese Erfahrung der Partizipation an der Ordnung des Seins wird durch Regeln und die durch sie konstruierte Regelmäßigkeit eines Lebens in einer Ordnung konstruiert. Diese Konstruktion kann dabei einer natürlichen Ordnung folgen, die als Seinsordnung unhinterfragbar wäre, die als menschliches Konstrukt hingegen sehr wohl hinterfragbar sein muss. Und da dieser apersonale Charakter der Regel immer doch durch personale Proponenten artikuliert wird, kann man niemals per se die Möglichkeit eliminieren, dass es sich doch um ein bloß menschliches Konstrukt handelt. Die Dauer der Ordnung ist im Idealfall eine Wiederholung der Ordnung des Seins selbst, nämlich der Ewigkeit. Doch ebenso wie die Ewigkeit im endlichen Sein niemals vollständig nachgebildet sein kann, wird diese Wiederholung folglich niemals eine bloße Mimesis sein können. Sie muss eine andere Nachbildung sein, die den Kern dessen erfasst, worum es in dieser ewigen Ordnung geht.

Anders als bei Vitoria oder Hobbes darf dies nun nicht einfach einer elementaristischen Generalisierung geschuldet sein, die durch Abstraktion von ihrem partikularen Ursprung absieht. Vielmehr müsste es sich um eine genuine Einsicht in das Wesen der gesellschaftlichen Ordnung handeln – und zwar jetzt eindeutig der Gesellschaft, die auch diese ewige Ordnung umfasst bzw. darin west.

> Die Natur des Menschen, sein Logos, wird zum zentralen Thema einer Wissenschaft der Gesellschaftsordnung; die Wissenschaft der menschlichen Natur, die philosophische

Anthropologie, wird das Kernstück der Politikwissenschaft; und die Natur des Menschen, wie sie sich in der Existenz des Philosophen wie auch in der ungeordneten Existenz des Menschen in der ihn umgebenden Gesellschaft entfaltet, dient dieser Untersuchung als empirisches Material. (NR:88)

Der Philosoph, den Voegelin im Sinn hat, muss also eine ganz andere Herangehensweise an das Problem der ewigen Wahrheit der Wirklichkeit der gesellschaftlichen Ordnung haben als etwa der *sapiens*. Für den Philosophen muss es eine genuin personale Partizipation sein, die er aufsucht, im Gegensatz zu einer formalisierten Reziprozität angesichts neutraler Dinge, die späteren oder potenziellen Rechtsgeschäften kontrafaktisch zugrunde gelegt werden. Darin darf man das wesentliche Kriterium sehen, dessen Einhaltung Voegelin reklamiert.

Die Philosophen entwickeln Entwürfe der Ordnung, von denen sie gar nicht erwarten, dass sie durch den Rechtsetzungsprozess ihrer Gesellschaft als geltende Regeln in Kraft gesetzt werden. Das Werk ist vollendet, wenn der Dialog oder das Traktat geschrieben ist; die Projektion der wahren Ordnung ist vollbracht. (NR:88f.)

Anders als der *sapiens* geht es dem Philosophen bei der Einhaltung des Kriteriums nicht darum, reale Probleme zu lösen bzw. eine »Blaupause« (NR:73) anzubieten. Die Lage ist gerade umgekehrt: der wahre Philosoph – bzw. derjenige, den Voegelin als den ›wahren‹ Philosophen identifiziert – wird sich von jedem konkreten Projekt der Gesetzgebung zurückhalten und lediglich Projektionen vortragen, woran sich ein reales Projekt orientieren müsse, damit es nicht gegen die ewige Ordnung verstoßen wird.

Der Philosoph markiert somit eine Scheidung im Rechtsetzungsprozess, der die Scheidung zwischen ewiger Wahrheit und menschlicher Artikulation wiederholt, indem er eben nicht zum realen Gesetzgeber werden kann, ohne sein Sein als Philosoph verlieren zu müssen:

> Daher wird der Philosoph zu einem eigenständigen Gesetzgeber der wahren Ordnung, der mit dem Gesetzgeber der empirischen Gesellschaft mit ihrer zweifelhaften Wahrheit konkurriert. (NR:89)

Selbst wenn nun ein Stück weit deutlicher wird, wie Voegelin den Rechtsetzungsprozess in seinen prinzipiellen Verästelungen nachvollzieht, wird allerdings doch wohl kaum klarer, wie der Philosoph es schafft, dasjenige zu leisten, was im Ausgang als Frage nach der Möglichkeit aufleuchtete, wie der Mensch diese Partizipation an der Ordnung erfahren kann bzw. wie der Mensch sich auf eine Art und Weise angesprochen und aufgefordert fühlen wird, so dass er den Kern der ewigen Ordnung nachbilden kann und will.

Rein formallogisch kann angesichts der aufgestellten Bedingungen an dieser Stelle nur eine Antwort gegeben werden. Es ist keine andere als die Berücksichtigung der ontologischen Struktur selbst als das ultimative *Tertium Comparationis* aller Ordnung.

> Menschliche Existenz ist ontologisch gesehen gesellschaftlich, ungeachtet aller Konflikte zwischen dem Menschen und der apersonalen Kraft des gesellschaftlichen Felds, in dem er als ein Teil existiert. (NR:95)

Der Mensch als solcher steht als Person in einem Sein, das von sich aus zwar personale Seiende beherbergt, aber dennoch nicht per se eine auf diese Personen ausgerichtete Ordnung verbürgt. Die Gesellschaft ist von sich aus fähig zu Regeln, die ungeachtet der individuellen Person, die sie erlässt, gelten können und durchgesetzt werden. Hieraus ergeben sich Spannungen, die über das Feld der gesellschaftlichen Kräfte auf der Ebene der Macht deutlich hinausgehen. Machtfragen könnten auch in Form von anderen Regeln gefunden werden, deren Geltung nur personal als eine Art rechtlicher Schatten desjenigen erfahren würde, der sie erlassen hat. Die ontologische Spannung hingegen betrifft insbesondere auch Regeln, die ohne einen individuellen personalen Ursprung gelten, wie etwa die Sitte – und das heißt, dass es überhaupt so etwas wie eine Sitte gibt. Diese muss nicht allein auf die Vorfahren bezogen werden, sondern geht weit über den traditionalistischen Zusammenhang auf die allgemeine Ordnung des Zusammenlebens hinaus:

> Regeln zielen darauf ab, eine Wahrheit über die Ordnung zu verbreiten. Sie verweisen letztlich auf das Sollen im ontologischen Sinn, d.i. auf die erfahrene Spannung zwischen der Seinsordnung und dem Teil der Ordnung, der in der Gesellschaft durch menschliches Handeln zu errichten ist. (NR:93)

Alle Gesellschaften stehen im Sein, sodass sie Teil dessen sind, was als Ordnung des Seins gilt. Diese Ordnung ist allerdings, wie gesagt, nicht nur apersonal, wie im Fall der Naturgesetze, sondern hat auch eine personale Komponente. Man kann sie erfüllen, aber man kann auch gegen sie verstoßen. Diese Spannung ist von prinzipieller Natur und wird immerfort mitempfunden, wenn es um das Recht geht. Es handelt sich um den Charakter des Rechts, insofern die Regeln, die es ausdrücken, von normativer und nicht von deterministischer Geltung sind.

Normativität stellt so die nächste Sphäre dar, nachdem das Recht in seinem Wesen auf das Wesen der Gesellschaft und deren Wesentlichkeit wiederum auf die Spannung zurückgeführt wird, die dadurch bereits erzeugt wird, dass es so etwas wie Ordnung überhaupt gibt. Normativität umfasst nach Voegelin die drei Komponenten der Allgemeinheit, der erwarteten Verwirklichung und der öffentlichen Geltung. Mit Öffentlichkeit ist hier eine Geltung gemeint, die alle angeht, die an diesem geordneten Ganzen partizipieren, die also Mitglieder dieser Gesellschaft sind.

An dieser Stelle gelangt man zu demjenigen Punkt, an dem die Frage nach dem Ursprung der Erfahrung der Partizipation des Menschen im Geviert von Mensch-Gott-Welt-Geschichte aufgegriffen werden kann. Es ist zunächst die Erfahrung allgegenwärtiger Normativität. Aber von einer erfahrenen Allgegenwart ist es noch ein irreduzibler Schritt in die Transzendenz, die Ewigkeit des Seins als solches miteinzubeziehen. Historisch wie ideengeschichtlich wird dies recht einfach einzuholen sein: »Es gibt ein *ius divinum et naturale*, aber es gibt definitiv kein autonomes *ius sociale et historiale.*« (NR:94)

Die Klassiker kennen ein Naturrecht, dessen Ursprung bei Gott und/oder der Vernunft liegt. Demgegenüber kommt in der Regel kein davon abgelöstes Eigenrecht einer Gesellschaft vor, das von ihr kraft eigener Autorität gesetzt und gleichzeitig auch diesen Setzungsprozess legitimieren würde. Man könnte der Einfachheit halber an dieser Stelle auch einfach von einem Zirkelschluss sprechen. Nimmt man jedoch noch hinzu, dass es um die Gesellschaft der Seienden geht, so ist es nicht einfach nur ein Zirkelschluss, sondern eine leere Aussage, da das Seiende als solches, das hier setzend würde, noch gar nicht im Sein und somit einfach gar nicht wäre.

Es gibt also mit dem Naturrecht in diesem Sinn, dem *ius divinum et naturale*, eine in der Zeit vernehmbare, aber über das Zeitliche hinausgreifende Artikulation der wahren Ordnung. Für diesen Bereich gelten somit Kräfte, die über das Spiel der Mächte wesentlich erhaben sind. Sie sprechen nicht mit den Stimmen der Promulgation und der Zwangsgewalt zum Menschen, wie dies die empirischen Projekte im Endeffekt müssen. »Aber wo befindet sich der personale Proponent der Regel im Fall des Rechts?« (NR:77)

Die Stimmen hinter den Rechtsregeln sind im prinzipiellen Rahmen die Offenbarung und die Reflexion, i.e. Gewissen und Vernunft. Und ist erstere auch nicht vorhersagbar bzw. nicht aktiv herbeizuführen, so kann letzteres doch durch den meditativen Vollzug des Philosophen gesucht werden: er ist dann *auf der Suche nach Ordnung*. Der personale Proponent der Rechtsregeln ist das Symbol der zwei Personen am ontologischen Kern der Ordnung, die das Sollen im ontologischen Sinn zum Ausdruck bringen.

Aber dennoch muss man weiter fragen: Wie sollen diese Symbole möglich sein? Weiß man nun, wofür sie im Allgemeinen stehen, so weiß man doch nicht, wie ein solches Zusammenwerfen (griech. sýmbolon = das Zusammengeworfene) stattfinden konnte bzw. immer wieder kann.

> Eine Gesellschaft tritt durch soziale Gliederung, die sich in der Erschaffung und Akzeptanz eines Repräsentanten niederschlägt, in die Existenz, und sie bleibt so lange in der Existenz, wie sie anerkannte Repräsentanten hat. (NR:98)

Die Antwort Voegelins schlägt den Bogen zwischen demjenigen, was ihm seine rechts- und staatswissenschaftlichen Frühstudien aufgezeigt hatten, und dem, was ihm seine philosophischen Studien entdeckt haben: die *anerkannte Repräsentation*. Ist Anerkennung die klassische Antwort der Staatsdenker, die Voegelin bemüht, so spezifiziert er doch exakt, dass es nicht um irgendeine Anerkennung geht – bspw. die reziproke Anerkennung als sich gegenseitig Anerkennende (Hegel) –, sondern gerade um eine solche, die die beiden Dimensionen des Phänomens der Geltung erfüllen kann: eine Anerkennung einer Repräsentation, die die Gesellschaft durch Gliederung *uno actu* erschafft. In der Repräsentation bleibt das apersonale Moment erhalten, dass es nicht um die Person geht, die repräsentiert, sondern um das Amt, das von ihr repräsentiert wird; und in der Anerkennung bleibt der personale Aspekt erhalten, der eine Stimme hört, deren Proposition eine Gliederung intendiert. Gliederung – das ist zum einen die Hierarchie, zum anderen aber auch die Einbeziehung: aber beides ist Partizipation am Ganzen der Gesellschaft und ihrer Ordnung, wie Voegelins Beispiel der altägyptischen Beamten illustriert (vgl. NR:43). Es gilt, dies im Einzelnen näher zu fassen.

Voegelin scheint sich beim Begriff der Repräsentation (wie auch insgesamt bei wesentlichen Argumenten im Staats- und Rechtsdenken) an Gerhard Leibholz anzulehnen. Leibholz kritisiert u.a. die empirisch-induktive Vorgehensweise bzw. die intrasystematische Darstellung bei Hans Kelsen, wonach Repräsentation zu einer Frage des Organrechts wird (vgl. 1929:25). Er bezieht sich hierzu methodisch auf Max Weber und Max Scheler, die auch als Gewährsmänner für Voegelin zu nennen sind. Daneben kommen die Metaphysik von Nicolai Hartmann (1882-1950) und die rechtliche Repräsentationstheorie von Carl Schmitt zur Geltung. Teilt Voegelin die Überlegungen zur Wortbedeutung der Repräsentation sicherlich noch (vgl. 1929:26), muss er bei der Definition ihres Wesens (vgl. 1929:37) allerdings einen Unterschied machen. Leibholz verbleibe nämlich bei immanenten, auf die Funktionen der Staatlichkeit bezogenen Definientes, die in Begriffen wie Gruppe, Volk, Bevölkerung etc. zum Ausdruck kommen – das ist die Ebene vom Spiel der Mächte. Damit erreicht er zwar die »Duplizität der personellen Existenz« (1929:28) des Menschen als Individuum und als Glied eines Kollektivs, gelangt jedoch nicht zu den Originalpersonen am ontologischen Kern des Sollens, die zur analytischen Notwendigkeit der Repräsentation gehören würden. Leibholz findet als »personelle Einheit« letztlich nur die verschiedenen, einander dialektisch entfaltenden Gestalten im »Kreationsorgan« (1929:160 und Kapitel 6). Die Sollensanalyse, die bei Leibholz gänzlich fehlt, stellt bei Voegelin dann den zentralen Kern dar, sodass er über ähnliche Phänomene nun zur Transzendenz des Sollens und somit der Transzendenzbezogenheit der Repräsentation gelangt.

Bereits im Entwurf zur *Rechtslehre* kommt der *Ursprung des Sollens*[25] als zentrales Thema zum Ausdruck. Dort bricht das Manuskript, das das Sollen im Anschluss an die Handlungs- und Entscheidungstheorie diskutieren wollte, ab, was mit Voegelins Einsicht in die ontologische Natur des Sollens bzw. des Rechtsproblems zu jener Zeit zusammenhängen dürfte. Parallel bricht auch *Ordnung und Geschichte* zwischen den Bänden 7 *Aristoteles* und 8 *Das ökumenische Zeitalter* ab, was darauf hinweisen könnte, dass die methodischen Vertiefungen, wie sie in Band 8 beschrieben werden, der Vorlesung zugrunde liegen, da die Thesen zu den Autoren (bis einschließlich eben Aristoteles) im Rahmen von *The Nature of Law* gänzlich auf den ontologischen Sollensbegriff bezogen werden, wie er durch die bewusstseinsphilosophische Neuausrichtung Voegelins ab diesem Punkt markiert wird. Bis dahin stellte die Erschütterung durch die Symbol- und Mythostheorie (aus Voegelins Schelling-Lektüre) die stärkste Erschütterung seiner alten Ansichten zur Rechtslehre dar. Eine Mythentheorie kommt in dem vorliegenden Manuskript zur *Natur des Rechts* nunmehr gar nicht zum Ausdruck. Vielmehr findet Voegelin jetzt durch die Analyse der Spannung zwischen personaler und apersonaler Normativität den Schlüssel zum Wesensgehalt der Gesellschaft hierin:

> Wir tragen seine Entscheidung mit, nicht weil wir ihr als der Wahrheit zustimmen – vermutlich werden wir sogar eine abweichende Ansicht über die Wahrheit vertreten, wenn die Entscheidung gegen uns ausgefallen ist –, sondern weil wir in unserem Dasein als Bürger unsere repräsentativen Rollen spielen: Mitglieder dieser organisierten Gesellschaft, die ihre Ordnung respektieren. (NR:99f.)

---

25 So die Überschrift von Kapitel 1.4, die zugänglich gemacht wurde in Eric Voegelin: *Rechtslehre*.

Die Repräsentation kann mit der Spielmetapher ausgedrückt werden und führt dann zu konzeptionellen Konsequenzen, die der damaligen politischen Theorie deutlich voraus gewesen sind:

> Dieses Spiel der Repräsentation wird performativ vollzogen – nicht als eine *l'art pour l'art*, sondern als eine Notwendigkeit für die geordnete Existenz des Menschen in Gesellschaft. Sein Zweck besteht in der Verwirklichung von Ordnung, und diese Ordnung betrifft nicht irgendjemandes Privatvergnügen, sondern die substanzielle Organisation des menschlichen Lebens im Bestimmtsein zur Ordnung des Seins, wie sie im Sollen im ontologischen Sinn erfahren wird. (NR:100)

Die Performanz im Spiel der Repräsentation verweist gleichsam auf das Wesen des Menschen qua Bürger wie auch bspw. in Karl-Otto Apels Transzendentalpragmatik, die das Wesen des Menschen als Bürger und als Würdewesen verknüpfen will. Hervorzuheben ist aber neben diesen Ausblicken insbesondere die Stellung des Bürgers selbst. Der Mensch, der am Geviert partizipiert, wird nunmehr angesichts der Kategorie der Repräsentation zum Bürger in einer Gesellschaft.

Der Bürger wird von Voegelin als Zwischenebene eingebunden, die die Repräsentation tragen kann. Was ein Bürger ist, muss so nicht mehr wie bei Aristoteles material, sondern kann *funktional* in Begriffen von Repräsentation definiert werden. Derartige Begriffe entstammen formal der gesellschaftlichen Wirklichkeit. Material mussten sie bislang jedoch als die ›Mächte, die da sind‹ bzw. prinzipiierend als das ›göttliche und das Naturrecht‹ eingeführt werden, was einen Rückfall auf eine theoretisierende oder abbrechende Ebene bedeutet. Die Repräsentation hingegen erlaubt es nun, den Menschen funktional in die Ordnung des Seins einzubinden. Der Mensch wird nicht nur von den beiden Personen, die symbolisch am Kern des Seins stehen, angesprochen, sondern in dieser Gesellschaft zum Bürger erhoben, der funktional dadurch gefasst werden kann, dass er die Ordnung in sich wiederholt, wenn er an der Ordnung partizipiert. Er spielt darin die Rolle, die ihm von Natur gegeben ist – auch wenn er gar nicht unbedingt weiß, warum und woher er diese Rolle hat, worin sie besteht, und wozu er dies tut:

> »Er ist ein Schauspieler, der im Drama des Seins eine Rolle spielt und durch das Faktum seiner Existenz gezwungen ist, sie zu spielen, ohne zu wissen, worin sie besteht.« (OG 1:39)

Diese Existenz wird als ein Faktum eingeführt, das gleichsam die Repräsentation des Menschen als Bürger und des Seins als einer unhintergehbaren Ordnung umfasst – ein Argument, wie Kant es bezogen auf die Vernunftethik der Person und ihre Würde bereits in seiner *Kritik der praktischen Vernunft* bemühte. Der Mensch existiert und erkennt sich – wenn er überhaupt reflektiert – selbst darin wieder, wie ihm die Wirklichkeit in ihrer Ordnung als Repräsentation gegeben ist. Anders als die Anerkennung, die durch Reziprozität herbeigeführt würde, kommt es nun zum Wiedererkennen. Die platonische Lehre von der Wiedererkennung der Ideen in den Dingen, die an ihnen Anteil haben, steht Modell für dieses Argument, das Voegelins Denken wesentlich ermöglicht und in einem zentralen Moment ausmacht. Unter dem griechischen Titel der *Anamnesis* (1966) veröffentlicht er dann auch entsprechend die Schriften und Bemerkungen zur methodologischen Grundlegung seiner späteren Philosophie, die ihn zu einer Kehre weg von einer *Geschichte der politischen Ideen* hin zu einer Bestimmung von *Ordnung und Geschichte* gebracht haben: Es sind die *Erfahrungen* der Ordnung, die zu den Ideen auf dem Wege der Wiedererinnerung führen.

Der Mensch hat die Ideen in ihrer klaren und distinkten, vollständig reflektierten Gestalt jedoch keineswegs.

Und ebenso wie der Mensch die Ideen nicht vollständig hat, wird seine Repräsentation unvollständig sein. Von der anderen Seite her gelesen bedeutet dies, dass der Mensch ein unvollständiges Wesen in einer unvollständigen Ordnung ist, die er selbst erschaffen hat. In seiner Unvollständigkeit, sei diese nun kognitiv, psychisch oder leiblich verwurzelt, bedarf er der Einschränkungen, die das Recht ihm diktieren wird. Dies fasst Voegelins Anmerkungen zur (aristotelischen) Komponente des Rechts, wie sie das Fehlerkalkül vorsieht, zusammen: der legitime Gewaltgebrauch.

Entscheidend, neben dieser realistischen Ausführung des Aspekts der Unvollständigkeit, wird aber weiterhin die Erfahrung der Repräsentation sein. Sie als Wiedererinnerung zu deuten, ist freilich nichts anderes als eine symbolische Ausdrucksweise, die an die platonische Sprache anschließt, aber doch nur weitere Fragen nach der Organisation der Seele aufwerfen muss. Diese Fragen werden in *Die Natur des Rechts* aber nicht gestellt. Wie kann der Leser/Hörer daher zufrieden mit dem sein, was er erhält?

Der Bürger steht in der Spannung zwischen der personalen und der apersonalen Seite der Repräsentation der Normativität. Subjektiv kann er das Problem, wie er zu einer apersonalen Größe gelangen soll, nicht lösen. Denn dann bliebe er stets auf der Ebene des Personalen, auf der er sich subjektiv immer bewegt und bewegen muss. Und objektiv kann er es auch nicht lösen, da er dann seine Personalität aufgeben müsste, was er natürlich überhaupt nicht kann. Der Mensch hat also eine Erfahrung, die mit der Erfahrung seiner eigenen Existenz als Faktum verbunden und somit nicht zu leugnen ist und die ihm anzeigt, er müsse sich an einer gleichsam personalen wie apersonalen Ebene orientieren, um zu begreifen und letztlich auch in seinem Leben nachvollziehen zu können, was diese prinzipielle Normativität ist, die er an sich gerichtet findet. Die Repräsentation verweist somit in sich auf einen Kern, der außerhalb der Sphäre liegen muss, die dem Menschen zugänglich ist, die nämlich das Personale und das Apersonale als Einheit zu denken erlaubt. Diese Einheit ist das Originalbild der Repräsentation. Ihren Namen hält Voegelin in seinem letzten Manuskript nochmals ausdrücklich fest, das er kurz vor seinem Tod diktiert: Tetragrammaton.[26] Die ultimative Gliederung des Seins im Schöpfungsakt und die Ausdifferenzierung in zwei Aufgaben umfasst dann aber den Gliederer, den inneren Mittler und den äußeren Mittler – der Schöpfer, der *deus in nobis* (der in uns strömende Geist; vgl. Joh 3,8) und der Gottmensch (der sich für alle geopfert hat –, geopfert *als Gott* für alle und *als Mensch* am Kreuz gestorben). Die transzendentale Erfahrung der Trinität als Grundstruktur aller Repräsentation, die die Menschen als Bürger in die Gliederung miteinbezieht, wird so zur Struktur des identischen Kerns, an dem sich die beiden überzeitlichen Personen unterhalten und zum Menschen sprechen und dessen drittes Glied in der Zeit (gewesen) ist. Bezogen auf die ursprüngliche Einheit, die der Normativitätsbegriff voraussetzte, bedeutet dies freilich, dass alle Normativität nicht nur an einer strukturellen, sondern an der göttlichen Trinität hängt, die das Sein durchwaltet.

Hinzu kommt noch die Rolle des Rechtsadressaten, der ebenfalls zur Repräsentation gehört, ohne den Gesetzgeber darin zu erdrücken. Diese Doppelfunktion, in die sich die Repräsentation ihrerseits gliedert, verweist somit auf den Doppelcharakter von Schöpfer und Geschöpf, wie er im Symbol des Gottmenschen bspw. im ägyptischen Pharao oder im chinesischen Sohn des Himmels gefunden werden kann. Die Kombination aus Gottmensch und Trinität verweist jedoch eindeutig auf eine christliche Ausrichtung, die

26 Vgl. zu diesem Komplex, der hier nur schlagwortartig angezeigt werden kann, den Artikel von Voegelin: *Quod Deus dicitur*.

Voegelin seiner Rechtsphilosophie nicht zugrunde legt, sondern die er umgekehrt aus ihr für seine religions-anthropologische Interpretation der menschlichen Existenz gewinnt. Darin liegt letztlich die Natur des Rechts: in der Partizipation an der Gliederung des Seins, angefangen bei der Trinität über die ontologische Spannung zwischen der Personalität und Apersonalität bis zu deren normativem Schlagschatten, der Gesellschaft heißt und in dem der Mensch diese Strukturen je nach dem erfahren wird und leben kann, wie er sich um eine unverstellte und authentische Wiedererinnerung dieser Wahrheiten bemüht.

SIGLEN- UND LITERATURVERZEICHNIS

(CW)	*The Collected Works of Eric Voegelin.*
(OG)	Voegelin: *Ordnung und Geschichte.*
(NR)	Voegelin: *Die Natur des Rechts* (Seitenzahlen der vorliegenden Übersetzung).
(1914)	Nys: *Le Droit des Gens et les Anciens Jurisconsultes Espagnols.*
(1927)	Voegelin: *Kelsen's Pure Theory of Law.*
(1929)	Leibholz: *Das Wesen der Repräsentation.*
(1930)	Voegelin: *Die Einheit des Rechts und das soziale Sinngebilde Staat.*
(1931a)	Voegelin: *Die Verfassungslehre von Carl Schmitt.*
(1931b)	Voegelin: *Das Sollen im System Kants.*
(1934a)	Scott: *The Catholic Conception of International Law.*
(1934b)	Scott: *The Spanish Conception of International Law and of Sanctions.*
(1938)	Voegelin: *Die politischen Religionen.*
(1966)	Voegelin: *Anamnesis. Zur Theorie der Geschichte und Politik.*

Allport, Gordon W. und Odbert, Henry S.: *Trait-names. A psycho-lexical study.* Princeton 1936 (Psychological Review Publications 211).

Arnold, Eckhart (Hg.): *A new science of politics. Hans Kelsen's reply to Eric Voegelin's »New science of politics«. A contribution to the critique of ideology.* Frankfurt (M): Ontos 2004.

Austin, John Langshaw: *»How to Talk: Some Simple Ways«*, in: Proceedings of the Aristotelian Society, 53 (1953) 227-246.

Böckenförde, Ernst-Wolfgang: *Staat, Gesellschaft, Freiheit.* Frankfurt (M): Suhrkamp 1976.

Cattell, Raymond B.: *Personality and motivation. Structure and measurement.* In: Journal of Personality Disorders, 19 (1957:1) 53-67.

Fuller, Timothy: *Reflections on Voegelin on the Nature of Law.* http://www.artsci.lsu.edu/ voegelin/ EVS/ 2003%20Papers/ T.Fuller2003.htm.

Goller, Peter: *Naturrecht, Rechtsphilosophie oder Rechtstheorie? Zur Geschichte der Rechtsphilosophie an Österreichs Universitäten (1848-1945).* Frankfurt (M): Lang 1997.

Leibholz, Gerhard: *Das Wesen der Repräsentation unter besonderer Berücksichtigung des Repräsentativsystems. Ein Beitrag zur allgemeinen Staats- und Verfassungslehre*. Berlin u. Leipzig: de Gruyter 1929.

Martin, Patrick H.: *Natural Law: Voegelin and The End of [Legal] Philosophy*. In: Lousiana Law Review 62 (2002) 879-896.

Nawrath, Thomas: *Ideologiekritik am göttlichen Maß. Voegelin und Kant über Vernunft, Gottesbezug und Heilswahn*. München: Eric-Voegelin-Archiv 2008 (Occasional Papers 69).

Nawrath, Thomas: *Warum bedarf die Wissenschaft von der Politik der Ontologie? Analytische und hermeneutische Aspekte der Entwicklung im Denken Eric Voegelins von den »Politischen Religionen« zur »Neuen Wissenschaft«*. München: Eric-Voegelin-Archiv 2005 (Occasional Papers 49).

Niemeyer, Gerhart: *What Price »Natural Law«?* In: logos 10 (2007) 126-142.

Nys, Ernest: *Le Droit des Gens et les Anciens Jurisconsultes Espagnols*. Bruxelles: Weissenbruch 1914.

Opitz, Peter J.: *Eric Voegelins Politische Religionen. Kontexte und Kontinuitäten*. München: Eric-Voegelin-Archiv [2]2006 (Occasional Papers 47).

Opitz, Peter J.: *Fragmente eines Torsos. Werksgeschichtliche Studien zu Erich Voegelins »Staatslehre« und ihrer Stellung im Gesamtwerk*. München: Eric-Voegelin-Archiv 2009 (Voegeliniana 74).

Opitz, Peter J.: *Zwischen Evokation und Kontemplation. Eric Voegelins »Introduction« zur »History of Political Ideas«*. Aus dem Englischen und mit einem Nachwort von Peter J. Opitz (Occasional Papers 11).

Porter, Jene M.: *The Birth of Modernity*. In: The Review of Politics 62 (2000) 795-808.

Scott, James B.: *The Catholic Conception of International Law*. Washington: Georgetown University Press.

Scott, James B.: *The Spanish Conception of International Law and of Sanctions*. Washington: Carnegie Endowment for International Peace 1934.

Syse, Henrik: *Ethics and Natural Law in Eric Voegelin's Anamnesis*. http://www.artsci.lsu.edu/voegelin/EVS/2004%20Papers/Syse2004.htm.

Toynbee, Arnold J.: *A Study of History*, 10 Bde. London 1934-1954.

Voegelin, Eric: *Anamnesis. Zur Theorie der Geschichte und Politik*. München: Piper 1966 (Studienausgabe München: Alber 2005).

Voegelin, Eric: *Das Sollen im System Kants. In: Gesellschaft, Staat und Recht. Untersuchungen zur reinen Rechtslehre*. Festschrift Hans Kelsen zum 50. Geburtstage gewidmet; hg. v. Alfred Verdross; Wien: Springer 1931, 136-173.

Voegelin, Eric: *Das Volk Gottes. Sektenbewegungen und der Geist der Moderne*. München: Fink 1994.

Voegelin, Eric: *Der Gottesmord. Zur Genese und Gestalt der modernen politischen Gnosis*. Hg. u. eingeleitet v. Peter J. Opitz. München: Fink 1999.

Voegelin, Eric: *Die Einheit des Rechts und das soziale Sinngebilde Staat*. In: Internationale Zeitschrift für Theorie des Rechts 1930 (II) 58-89.

Voegelin, Eric: *Die Größe Max Webers*. München: Fink 1995.

Voegelin, Eric: *Die Neue Wissenschaft der Politik. Eine Einführung*. Hg. v. Peter J. Opitz. München: Fink 2004.

Voegelin, Eric: *Die politischen Religionen*. München: Fink 1993, [3]2007.

Voegelin, Eric: *Die Verfassungslehre von Carl Schmitt. Versuch einer konstruktiven Analyse ihrer staatstheoretischen Prinzipien*. In: Zeitschrift für Öffentliches Recht 1931 (XI) 89-109.

Voegelin, Eric: *Hitler und die Deutschen*. München: Fink [2]2009.

Voegelin, Eric: *Kelsen's Pure Theory of Law*. In: Political Science Quarterly 1927 (XLII:2) 268-276.

Voegelin, Eric: *Das Jüngste Gericht. Friedrich Nietzsche*. Hg. v. Peter J. Opitz, übersetzt v. Heide Lipecky. Berlin: Matthes & Seitz Berlin 2007.

Voegelin, Eric: *Ordnung und Geschichte*. 10 Bde. Hg. v. Peter J. Opitz u. Dietmar Herz. München: Fink 2001-2005.

Voegelin, Eric: *Phänomenalismus*. München: Eric-Voegelin-Archiv 2004 (Occasional Papers 44).

Voegelin, Eric: *Quod Deus dicitur*. In: Journal of the American Academy of Religion 1985 (LIII/3) 569-584.

Voegelin, Eric: *Realitätsfinsternis*. Hg. v. Peter J. Opitz, übersetzt v. Dora Fischer-Barnicol. Berlin: Matthes & Seitz Berlin 2010.

Voegelin, Eric: *Rechtslehre*. München: Eric-Voegelin-Archiv 2008 (Voegelinana 62).

Voegelin, Eric: *The Collected Works of Eric Voegelin*. Paul Caringella u. a. (Hg.). Columbia & London: University of Missouri Press 1990ff.

Voegelin, Eric: Zwei Grundbegriffe der Humeschen Gesellschaftslehre. In: Archiv für angewandte Soziologie 1 (1928:2) 11-16.

Winkler, Günther (Hg.): *Die Rechtswissenschaft als empirische Sozialwissenschaft. Biographische und methodologische Anmerkungen zur Staatsrechtslehre*. Wien: Springer 1999 (Forschungen aus Staat und Recht 130).

PERSONEN- UND SACHREGISTER

INHALT

Erste Auflage 2012

www.matthes-seitz-berlin.de

Druck und Bindung: CPI Moravia, Pohořelice

ISBN 978-3-88221-617-2

ERIC VOEGELIN BEI MATTHES & SEITZ BERLIN

Eric Voegelin
Das Jüngste Gericht Friedrich Nietzsche
Aus dem Englischen von Heide Lipecky
Herausgegeben und kommentiert von Peter J. Opitz
192 Seiten, Klappenbroschur, ISBN 978-3-88221-887-9

»Das Bändchen erzählt erstmals (und kongenial) ins Deutsche übertragen, zwei Aufsätze, die als Vorstudien zu Voegelins History of Political Ideas entstanden.« Jürgen Große, *Philosophischer Literaturanzeige*

Eric Voegelin
Realitätsfinsternis
Aus dem Englischen von Dora Fischer-Barnicol
Herausgegeben und mit einem Vorwort von Peter J. Opitz
160 Seiten, Klappenbroschur, ISBN 978-3-88221-696-7

»Die intellektuellen Mühen für die Leser dieses hochtheoretischen Essays lohnen sich zweifellos: Man spürt, wo die argumentativ blinden Flecken von Aufklärung, Positivismus, Ökologismus und dem jeweils letzten argumentativen dernier cri der scheinbar niemals versiegenden Theorieemanationen der progressiven Sozialingenieure liegen.« Christian Moser, *Die Furche*

»Voegelins von Platon her geschriebene Verfallsgeschichte des westlichen Bewusstseins sieht den Menschen im Zuge der Säkularisierung in eine geistige Krise geraten. Schuld daran sei der Verlust einer aus der Spannung zu Gott gelebten Existenz. (...) Der einsamen Arbeit des Philosophen obliegt es, die Rückkehr aus der Düsternis zur Transzendenz zu schaffen.« Thomas Thiel, *Frankfurter Allgemeine Zeitung*,